Sprachniveau
B1+

Anne Buscha ▪ Szilvia Szita

Begegnungen

Deutsch als Fremdsprache

Integriertes Kurs- und Arbeitsbuch

Sprachniveau B1+

Teilband 2

Mit Zeichnungen von Jean-Marc Deltorn

SCHUBERT Verlag

Das vorliegende Lehrwerk beinhaltet Hörtexte.

1.02 Hörtext

Die Hörmaterialien stehen in unserer App **SCHUBERT-Audio** und auf unserer Website unter **schubert-verlag.de/medien** zum Download zur Verfügung.

Redaktion: Albrecht Klemm
Layout und Satz: Arnold & Domnick GbR, Regina Lang, Diana Liebers
Zeichnungen: Jean-Marc Deltorn

Die Hörtexte wurden gesprochen von:
Patrick Becker, Burkhard Behnke, Claudia Gräf, Caroline Hassert, Beatrix Hermens, Philipp Oehme, Susanne Prager, Axel Thielmann

1. Auflage 2021

Printed in Germany
ISBN: 978-3-96915-013-9

Kursübersicht

Vorwort

Begegnungen B1⁺ ist ein modernes und kommunikatives Lehrwerk für den Anfängerunterricht. Es richtet sich an erwachsene Lerner, die auf schnelle und effektive Weise Deutsch lernen möchten. Das Lehrbuch berücksichtigt die sprachlichen, inhaltlichen und intellektuellen Anforderungen erwachsener Lerner.

Begegnungen B1⁺ bietet:

- **einen klar strukturierten Aufbau**
  Die Kapitel des Buches sind in jeweils vier Teile gegliedert:

  Teil A: Themen und Aufgaben *(obligatorischer Teil)*
  Dieser Teil umfasst Lese- und Hörtexte, Dialogübungen, Wortschatztraining, Grammatik- und Phonetikübungen zu einem Thema. Hier werden grundlegende Fertigkeiten einführend behandelt und trainiert.

  Teil B: Wissenswertes *(fakultativer Teil)*
  Im Teil B finden Sie landeskundliche Texte, Grafiken und Quizaufgaben als Sprechanlässe, die auf interessante Weise das Thema erweitern und landeskundliche Einblicke vermitteln. Teil B geht über die Anforderungen des Europäischen Referenzrahmens hinaus, ist aber durchaus bereits auf diesem sprachlichen Niveau zu bewältigen.

  Teil C: Übungen zu Wortschatz und Grammatik
  Dieser Teil ermöglicht mit zahlreichen Übungen die Vertiefung der Wortschatz- und Grammatikkenntnisse. Er enthält auch systematisierende Grammatikübersichten.

  Teil D: Rückblick
  Teil D besteht aus drei Komponenten: Redemittel, Verben und Selbstevaluation. Er dient zur Festigung des Gelernten und zur Motivation weiterzulernen.

- **die Integration von Lehr- und Arbeitsbuch in einem Band**
  Dadurch sind Vermittlung sowie Training und Übung des sprachlichen Materials eng miteinander verflochten. Das ist unkompliziert, praktisch und ermöglicht effektives Lernen.

- **eine anspruchsvolle Progression**
  Mit dem Buch gibt es keine Langeweile. Die Progression ist auf erwachsene Lerner abgestimmt, die erkennbare Lernerfolge erzielen möchten. Ein durchdachtes Wiederholungssystem sorgt für die Nachhaltigkeit der sprachlichen Fortschritte.

Die vorliegende Ausgabe von **Begegnungen B1⁺** besteht aus zwei Teilbänden mit jeweils vier Kapiteln: Teilband 1 – Kapitel 1 bis 4; Teilband 2 – Kapitel 5 bis 8. Jeder Teilband enthält einen Anhang mit den Lösungen zu den Übungen. Teilband 2 beinhaltet außerdem einen Vorbereitungstest auf die Sprachprüfung und eine zusammenfassende Übersicht der behandelten Strukturen. Die Hörtexte stehen kostenfrei in unserer App SCHUBERT-Audio sowie online auf unserer Website zur Verfügung.

Die Reihe **Begegnungen** führt in sechs Teilbänden bzw. in drei Vollbänden zum Niveau B1 des Europäischen Referenzrahmens für Sprachen und bereitet mit einem umfangreichen und anspruchsvollen Aufgabenangebot auf alle Sprachprüfungen vor. Die Lehr- und Arbeitsbücher werden ergänzt durch Lehrerhandbücher, die zahlreiche Arbeitsblätter und Tests zu den einzelnen Kapiteln enthalten, sowie ein Glossar zum Sprachniveau A1. Außerdem werden vielfältige Zusatzmaterialien, wie zweisprachige Redemittellisten, im Internet auf der Seite **begegnungen-deutsch.de** bereitgestellt. Die Lehrwerke der Reihe sind auch digital als interaktive Ausgaben erhältlich, wozu Sie unter **schubert-verlag.de/digital** weitere Informationen finden.

Wir wünschen Ihnen viel Freude beim Lernen und Lehren.

Anne Buscha und Szilvia Szita

Kapitel 5

Lernen, lernen und nochmals lernen

Kommunikation

- Über Erfahrungen und Strategien beim Sprachenlernen berichten
- Tipps zum Sprachenlernen geben
- Über die physischen Vorgänge beim Sprachenlernen und Lerntypen diskutieren
- Sich über Weiterbildungsangebote in Anzeigen und schriftlich informieren
- Über lebenslanges Lernen sprechen
- Über die Schulzeit reden
- Über Noten und Leistungsbeurteilung diskutieren

Wortschatz

- Sprachen lernen
- Lebenslanges Lernen und Weiterbildung
- Lerntipps
- Schule, Zeugnisse und Noten

Sprachen lernen

A1 Diskussion: Sprachenlernen

Diskutieren Sie in kleinen Gruppen und berichten Sie anschließend im Plenum.

- Welche Sprachen sprechen Sie schon?
- Welche Sprache ist neben Ihrer Muttersprache Ihre Lieblingssprache?
- Welche Mittel/Medien benutzen Sie beim Sprachenlernen?
- Wie lernen Sie neue Wörter?
- Was motiviert/demotiviert Sie beim Lernen am meisten?
- Ist Deutsch eine schwierige Sprache für Sie?
  Was finden Sie logisch/unlogisch/leicht/schwer?
- Motiviert es Sie beim Sprachenlernen, wenn Sie eine Prüfung ablegen können/müssen?

A2 Tipps zum Sprachenlernen

a) Welche Ratschläge würden Sie jemandem geben, der mit dem Lernen einer neuen Sprache anfangen möchte? Erstellen Sie einen „Sprachlerner-Knigge" mit fünf Regeln.

1. ....
   ....
2. ....
   ....
3. ....
   ....
4. ....
   ....
5. ....
   ....

b) Lesen Sie den folgenden Text.
Inwieweit stimmen Ihre Vorschläge mit diesen Lerntipps überein?
Welchen Aussagen würden Sie anhand Ihrer Erfahrungen nicht zustimmen?

1. Hören Sie mit dem Lernen sofort auf, wenn Sie sich nicht mehr so gut konzentrieren können.
2. Beschäftigen Sie sich jeden Tag mindestens zehn Minuten mit der neuen Sprache.
3. Lernen Sie neue Wörter immer im Kontext.
4. Merken Sie sich viele Redemittel und komplette Sätze, die Sie in einem Gespräch einsetzen können.
5. Benutzen Sie so viele Medien wie möglich: Lehrbuch, Smartphone, Podcasts, Fernseher, Zeitung, Internet.
6. Bitten Sie deutschsprachige Bekannte, Kollegen und Nachbarn, Sie zu korrigieren.
7. Lernen Sie keine fehlerhaften Strukturen.
8. Seien Sie fest davon überzeugt, dass Sie sprachbegabt sind. Glauben Sie niemandem, der das Gegenteil behauptet.

A3 Ihre Meinung

Stimmen Sie den Aussagen zu oder nicht? Diskutieren Sie und entscheiden Sie.

1. Deutsch kann man nur in einem deutschsprachigen Land richtig lernen.
   - a) ☐ Ich bin der gleichen Meinung.
   - b) ☐ Das glaube ich nicht.
   - c) ☐ Ich weiß nicht.
2. Durch eine neue Sprache lernt man auch eine fremde Kultur kennen.
   - a) ☐ Ich stimme zu.
   - b) ☐ Das ist Quatsch!
   - c) ☐ Ich bin mir da nicht so sicher.
3. Muttersprachler sind die besten Sprachlehrer.
   - a) ☐ Ja, das ist richtig.
   - b) ☐ Diese Meinung kann ich nicht teilen.
   - c) ☐ Keine Ahnung.
4. Es gibt begabte und unbegabte Sprachlerner.
   - a) ☐ Damit bin ich einverstanden.
   - b) ☐ Das glaube ich nicht.
   - c) ☐ Ich habe dazu keine Meinung.
5. Mathematik und Musik helfen beim Sprachenlernen.
   - a) ☐ Ja, (das) kann sein.
   - b) ☐ Ich sehe keinen Zusammenhang zwischen den beiden Sachen.
   - c) ☐ Dazu kann ich nichts sagen.
6. Die deutsche Grammatik ist sehr logisch.
   - a) ☐ Das denke ich auch.
   - b) ☐ Wie bitte?
   - c) ☐ Ich kann das nicht beurteilen.
7. Die zweite oder dritte Fremdsprache ist immer leichter als die erste.
   - a) ☐ Das ist auch meine Meinung.
   - b) ☐ Das ist falsch.
   - c) ☐ Das ist möglich.
8. Man lernt eine fremde Sprache nur als Kind richtig.
   - a) ☐ Ja, klar.
   - b) ☐ Das stimmt nicht.
   - c) ☐ Ja, vielleicht.

A4 Wie landet das Wort im Kopf?

Schlagen Sie zur Vorbereitung des Textes in A5 die folgenden Wörter im Wörterbuch nach.

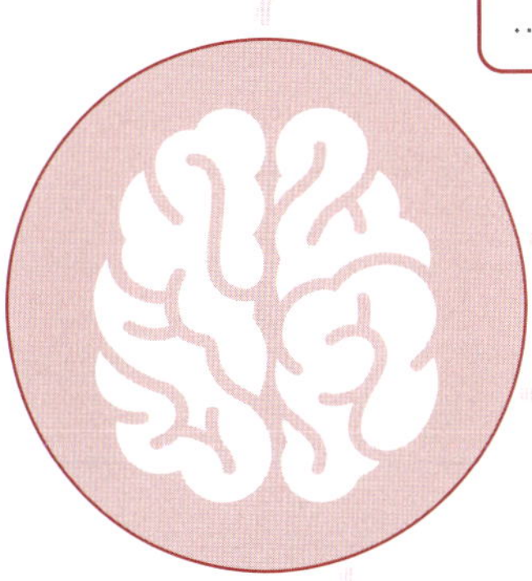

Gedächtnis ....

Langzeitgedächtnis ....

Kurzzeitgedächtnis ....

Gehirn ....

Speicher/speichern ....

A5 Was passiert beim Sprachenlernen?

Lesen und hören Sie den Text.

2.02

Wie landet das Wort im Kopf?

Jede neue Vokabel muss eine weite Reise machen, bis sie endgültig in unserem Langzeitgedächtnis landet. Beim ersten Lesen oder Vorlesen kreisen die neuen Vokabeln im Ultrakurzzeitgedächtnis. Normalerweise würden sie von dort ganz schnell wieder verschwinden. Wenn sie jedoch[1] mit besonderer Energie in Form von Aufmerksamkeit und Konzentration verstärkt werden, gelangen[2] sie ins Kurzzeitgedächtnis. Dort haben die neuen Wörter eine Lebenszeit von ca. 20 Minuten. Innerhalb dieser Zeit sollte man die wichtigsten Wörter wiederholen, sonst werden sie gelöscht. Der Weg vom Kurzzeitgedächtnis zum Langzeitgedächtnis dauert sechs Stunden.

Das funktioniert so, als ob das Gehirn die Speichertaste drückt und eine Datei wie beim PC auf der Festplatte[3] speichert, erklärt der Psychologe Matthew Walker von der Harvard Medical School in Boston. Doch auch wenn die neuen Wörter in den Langzeitspeicher aufgenommen worden sind, können sie sich dort nicht ausruhen. Sie müssen in bestimmten, individuell verschiedenen Zeitabständen[4] wiederholt werden. Andernfalls versinken sie im passiven Speicher des Langzeitgedächtnisses, also im passiven Wortschatz. Das klingt ein bisschen kompliziert, doch der Mensch kann auf diese Weise bis zu 200 neue Wörter am Tag ins Langzeitgedächtnis aufnehmen. Die beschriebenen Stationen machen aber deutlich, warum es eine gewisse[5] Zeit dauert, bis man eine neue Sprache perfekt beherrscht.

Wie die Speicherung der Wörter und ihre Vernetzung[6] mit anderen Wörtern am besten funktioniert, dafür gibt es keine allgemeinen Empfehlungen. Denn jedes Gehirn ist anders, jeder muss die für ihn effektivste Lernmethode selbst herausfinden[7].

Hilfreich ist dabei zu erkennen, zu welchem Lerntyp man gehört: Der *visuelle* Typ kann sich neue Wörter am besten einprägen[8], wenn er sie erst einmal geschrieben sieht, also liest, der *haptische* Lerner muss die Wörter selbst schreiben. Der *auditive* Typ möchte sie lieber hören. Wer an die neue Sprache analytisch herangeht[9] und nach grammatikalischen Regeln sucht, ist ein *kognitiver* Lerntyp, der unbedingt einen systematischen Kurs braucht. Außerdem gibt es noch den *imitativen* Typ, der am leichtesten durch Hören und Nachsprechen lernt. Doch unabhängig davon, was für ein Lerntyp man ist – man sollte auch im Alltag jede Gelegenheit nutzen, die neue Sprache zu üben. Kleine Sprachabenteuer kann man überall finden, im Internet, im Fernsehen, im Radio oder am Geldautomaten, wenn man sich die Anweisungen auf Deutsch geben lässt.

1 jedoch = aber
2 gelangen = kommen
3 Festplatte = *engl.* hard disk
4 Zeitabständen = Perioden
5 gewisse = bestimmte
6 Vernetzung = Verbindung
7 herausfinden = erkennnen
8 einprägen = merken
9 wer an die neue Sprache analytisch herangeht = wer die Sprache analysiert

A6 Globales Textverständnis

Was ist richtig, was ist falsch? Kreuzen Sie an.

	richtig	falsch
1. Es ist wichtig, dass man aufmerksam und konzentriert ist, wenn man neue Wörter lernt.	☐	☐
2. Wenn die Wörter 20 Minuten im Kurzzeitgedächtnis „überleben“, vergessen wir sie nie mehr.	☐	☐
3. Um Wörter aktiv gebrauchen zu können, müssen sie regelmäßig wiederholt werden.	☐	☐
4. Wie man Wörter am besten lernt, hängt vom Lerntyp ab.	☐	☐

A7 Wie man am besten lernt

a) Auf welche Weise lernen die folgenden Lerntypen am besten?

Der visuelle Typ *lernt am besten, wenn er die Wörter liest.*

Der haptische Typ ....

Der auditive Typ ....

Der kognitive Typ ....

Der imitative Typ ....

b) Welcher Lerntyp sind Sie nach den oben genannten Definitionen?

c) Was passt zusammen? Kombinieren Sie.

(1) Wenn man neue Wörter mit Aufmerksamkeit und Konzentration lernt,

(2) Innerhalb von 20 Minuten sollten die wichtigsten Wörter wiederholt werden,

(3) Auch wenn die neuen Wörter in den Langzeitspeicher aufgenommen worden sind,

(4) Wie die Speicherung der Wörter und ihre Vernetzung mit anderen Wörtern am besten funktioniert,

(a) können sie sich dort nicht ausruhen.

(b) dafür gibt es keine allgemeinen Empfehlungen.

(c) gelangen sie ins Kurzzeitgedächtnis.

(d) sonst werden sie gelöscht.

A8 Wörternetz: Sprachen lernen

Ergänzen Sie das Wörternetz.

bestehen ▪ einprägen ▪ machen ▪ durchfallen ▪ nachschlagen ▪ schreiben ▪ lernen ▪ beherrschen ▪ fragen ▪ bitten ▪ kontrollieren ▪ korrigieren ▪ wiederholen ▪ ablegen ▪ sprechen ▪ merken ▪ notieren

SPRACHE

Wörter

- sich ein Wort *notieren*
  .... (1)
  .... (2)
- im Wörterbuch .... (3)
- Wörter *lernen*
  wiederholen
  an die Tafel .... (4)

Prüfung

- bei einer Prüfung
  .... (9)
- eine Prüfung
  .... (10)
  machen
  .... (11)

Lehrerin

- die Lehrerin
  etwas .... (5)
  um Hilfe .... (6)
- eine Aufgabe/Hausaufgaben
  .... (7)
  .... (8)

sprachbegabt sein

- eine Sprache fließend .... (12)
- eine Sprache .... (13)

A9 Wortschatz

Ergänzen Sie die Sätze. Verwenden Sie die Redemittel aus dem Wörternetz.

1. Wenn man ein Wort nicht versteht, dann muss man das Wort im Wörterbuch ....
2. Man sollte sich das Wort ...., sonst vergisst man es.
3. Viele Lerner motiviert es, wenn sie nach dem Kurs eine Prüfung .... müssen.
4. Leute, die sehr leicht Sprachen lernen können, sind ....
5. Die Hausaufgaben werden von der Lehrerin ..../..............................
6. Während des Unterrichts .... der Lehrer die Wörter an die Tafel.

A10 Bedingungen und Folgen

a) Lesen Sie die Sätze aus dem Text auf Seite 134:

Innerhalb dieser Zeit sollte man die wichtigsten Wörter wiederholen, sonst werden sie gelöscht.

Sie müssen in bestimmten, individuell verschiedenen Zeitabständen wiederholt werden. Andernfalls versinken sie im passiven Speicher des Langzeitgedächtnisses.

Konditional- und Konsekutivangaben ⇨ Teil C Seite 151

	Bedingungen	Folge
1)	Wenn man die Wörter nicht wiederholt,	werden sie gelöscht.
	→ *Wenn* leitet einen Nebensatz ein.	
2)	Man sollte die Wörter wiederholen, Man sollte die Wörter wiederholen,	sonst/andernfalls werden sie gelöscht. sie werden sonst/andernfalls gelöscht.

→ *Sonst* und *andernfalls* sind Adverbien. Sie stehen im 2. Hauptsatz und haben keine feste Position. Sie können vor oder hinter dem konjugierten Verb stehen.

b) Bilden Sie Sätze mit *sonst* oder *andernfalls*.

1. Sie sollten Ihre Hausaufgaben machen. Sie vergessen die Wörter.
   ....
2. Ich brauche deine Hilfe. Ich werde nicht fertig.
   ....
3. Ich sehe regelmäßig Nachrichten. Ich bin schlecht informiert.
   ....
4. Ich muss endlich einen Excel-Kurs besuchen. Ich kann nicht gut arbeiten.
   ....
5. Ihr müsst mich korrigieren. Ich mache immer die gleichen Fehler.
   ....
6. Ich muss mit dem Auto fahren. Ich komme zu spät.
   ....
7. Du musst Oma eine Karte schreiben. Sie ist traurig.
   ....

A11 Sprachunterricht ohne Kurs?

Eine Universität hat beschlossen, keine Sprachkurse mit Präsenzunterricht mehr anzubieten. Studenten, die eine Fremdsprache lernen oder ihre Sprachkenntnisse verbessern möchten, können das ab sofort nur noch online. Die Online-Kurse sind auf Selbstlernbasis, nur schriftliche Arbeiten wie Aufsätze werden von einem Tutor korrigiert.

Lesen Sie die folgenden Kommentare dazu in der Universitätszeitung.
Wer ist für die Umstellung der Sprachkurse auf reine Online-Kurse? Kreuzen Sie an.

	dafür	dagegen		dafür	dagegen
1. Patricia	☐	☐	5. Sebastian	☐	☐
2. Luise	☐	☐	6. Richard	☐	☐
3. Martin	☐	☐	7. Eva	☐	☐
4. Dr. Klaus Bach	☐	☐	8. Mareike	☐	☐

Kommentare

1

Patricia: Bei Online-Kursen kann man die Zeit besser einteilen und nach seinem eigenen Tempo arbeiten. Mir kommt das sehr entgegen.

2

Luise: Online-Kurse sind dann sinnvoll, wenn man seine Schreibfertigkeit oder seine Grammatikkenntnisse verbessern will. Aber wer korrigiert dann die Fehler bei der Aussprache? Meiner Meinung nach kann ein Online-Kurs nur ein zusätzliches Angebot sein und nicht einen „richtigen" Sprachkurs ersetzen.

3

Martin: Für mich steht beim Sprachenlernen die mündliche Kommunikation im Vordergrund. Ich finde es sehr schade, dass es die Möglichkeit zum Sprechen und Lachen mit anderen Teilnehmern im Online-Kurs nicht gibt.

4

Dr. Klaus Bach: Ich denke, dass die Universität mit der Streichung der Gruppenkurse nur Geld sparen will, indem sie die Lehrergehälter einspart. Meiner Meinung nach müsste man zwischen beiden Kurstypen wählen können. Das Kursangebot nur auf Online-Kurse zu reduzieren, scheint mir nicht sinnvoll.

5

Sebastian: Wir machen heute alles online: Rechnungen bezahlen, Zeitung lesen, Bücher kaufen, warum soll man online nicht auch eine Sprache lernen? In einem Gruppenkurs verschwendet man zu viel Zeit mit den Fehlern der anderen. Die eigenen Fehler kommen oft viel zu kurz.

6

Richard: Ich brauche Druck durch vorgegebene Hausaufgaben, feste Termine und einen Lehrer, der mich korrigiert. Alleine kann ich mich nicht ausreichend motivieren.

7

Eva: Ich lerne sehr langsam und ein Online-Kurs ermöglicht mir, viele Sachen zu wiederholen. Im normalen Sprachkurs geht mir das immer zu schnell. Das einzige Problem ist, dass man für einen Online-Kurs Selbstdisziplin braucht – daran muss ich noch etwas arbeiten, doch ich glaube, das Problem ist zu lösen.

8

Mareike: Während des Studiums passiert so viel auf der Lernplattform im Netz, dass ich es als selbstverständlich empfinde, dass auch Sprachkurse auf der Lernplattform stattfinden und keine zusätzliche Zeit mehr für Sprachkurse in der Gruppe verschwendet wird.

A12 Was meinen Sie?

Schreiben Sie nun Ihre Meinung zu dem Thema an die Online-Redaktion der Universitätszeitung (ca. 80 Wörter). Gehen Sie dabei auf folgende Punkte ein:

- Kurse mit Präsenzunterricht: ja oder nein?
- Online lernen: Wann ist das sinnvoll?
- Worauf legen Sie beim Sprachenlernen besonderen Wert?
- Womit haben Sie besonders gute Erfahrungen gemacht?

Lebenslanges Lernen

A13 Interview

Fragen Sie Ihre Nachbarin/Ihren Nachbarn und berichten Sie.

- Was möchten Sie unbedingt noch lernen?

kochen ▪ fotografieren ▪ malen ▪ Klavier spielen ▪ Mitarbeiter führen ▪ besser kommunizieren ▪ …?

- Wo kann man in Ihrem Heimatland Kurse besuchen, um z. B. Sprachen, ein Computerprogramm, Management-Strategien oder ein Instrument zu lernen?

A14 Jeder will etwas lernen

Die folgenden Personen wollen auch noch etwas lernen. Suchen Sie die passende Anzeige für sie heraus. Es ist auch möglich, dass es keine passende Anzeige gibt. In diesem Fall schreiben Sie Ø.

a **Urlaub in den Alpen**

Sie wollen alles? Sport, Spaß, Sonne und Berge? Informieren Sie sich über unsere Hotels und unser Ferienprogramm unter: **www.alpentourismus.de**. Hier finden Sie Spitzenhotels, Spitzenrestaurants und ein detailliertes Angebot über Ski- und Kletterkurse in einer wunderschönen Natur.

b **Ihr Chef kommt zum Essen? Keine Panik!**

Möchten Sie Ihre Gäste mit einem Drei-Sterne-Menü überraschen? Wir kochen, was Sie sich wünschen, in bester Qualität mit besten Zutaten, auch bei Ihnen zu Hause. Bestellen Sie bei uns Ihr Traummenü und Sie brauchen sich um nichts mehr zu kümmern – außer um Ihre Gäste.

Kochstudio LECKER, Bachstraße 43, Tel.: 9864217

c **Sommerkurse an der Universität Leipzig**

Im Rahmen unseres Sommerprogramms bieten wir Weiterbildungskurse für Interessierte in den Bereichen Literatur, kreatives Schreiben, Zeichnen und Kunstgeschichte an.

Infos unter: **www.uni-leipzig.de**

d **Computerkenntnisse für Anfänger und Fortgeschrittene**

Keine Angst vor dem Computer! Die Volkshochschule hat für jeden den richtigen Kurs, egal, ob Sie Ihre Excel-Kenntnisse verbessern oder nur einfach lernen wollen, wie man das Internet benutzt.

Informieren Sie sich über unser Angebot: Volkshochschule, Gerberstraße 13, Tel.: 98721313

e **Neu! Abendkurse für Manager**

Die Wirtschaftshochschule Dresden bietet jetzt auch Abendkurse für zukünftige Führungskräfte.

Themen sind unter anderem: Mitarbeiterführung, Kommunikationsstrategien, Körpersprache und Leistungsbewertung.
Dauer: 10 Wochen, Preis: 850 Euro

Anmeldung unter: 63542785 oder *info@whs.de*

f **Sprachschule „INTERKOM“**

Spanisch • Englisch im Beruf • Deutsch als Fremdsprache • Französisch • Chinesisch • Japanisch • Arabisch

Einzel- oder Gruppenunterricht, neue Unterrichtskonzepte! Rufen Sie an: (070) 7465392 oder senden Sie uns eine E-Mail: *service@interkom.de*

g **Entspannen mit Yoga, Tai-Chi oder Qigong**

Neue Kurse im Sportzentrum „Aqua“ ab Oktober, jetzt auch tagsüber von 11.00 Uhr bis 13.00 Uhr.

Einfach anrufen unter 56742333 oder vorbeikommen.

h **Erste Hilfe für schlechte Noten!**

Privatlehrer bietet Nachhilfeunterricht in den naturwissenschaftlichen Fächern – auch zur Vorbereitung auf das Abitur.

Tel.: 764593866

1. Susanne ist Assistentin und kann gut schreiben. Sie möchte einen Kurs besuchen, in dem sie lernt, Romane zu schreiben. ☐
2. Familie Otto sucht einen Lehrer für ihren Sohn, weil er in Chemie so schlechte Noten hat. ☐
3. Karin braucht für ihre neue Stelle einen sicheren Umgang mit Windows-Office-Programmen. ☐
4. Marlis möchte sich im Bergsteigen noch verbessern. ☐
5. Udo will unbedingt lernen, italienisch zu kochen. ☐
6. Herr Schulze hat vor, Karriere zu machen. Er sucht einen Kurs, in dem er das Leiten einer Abteilung lernt. ☐
7. Frau Kohl hat den Wunsch, eine asiatische Entspannungstechnik zu erlernen. ☐
8. Moritz möchte nach Japan fahren und dafür ein bisschen Japanisch lernen. ☐

A15 Finalangaben

Finalangaben ⇨ Teil C Seite 153

Susanne möchte einen Kurs besuchen, um später Romane schreiben zu können.
→ Infinitivsatz

Susanne möchte Romane schreiben, damit ihr Freund beeindruckt ist.
→ Nebensatz

Schreiben Sie Finalsätze. Benutzen Sie *um … zu* oder *damit*.

1. um … zu: Karin besucht einen Kurs, *(den sicheren Umgang mit Windows-Office-Programmen lernen)*

   ....

2. damit: Karin besucht einen Computerkurs, *(ihr Chef mit ihrer Arbeit zufrieden sein)*

   ....

3. um … zu: Marlis fährt in die Alpen, *(sich im Bergsteigen noch verbessern)*

   ....

4. um … zu: Udo macht einen Kochkurs, *(italienische Gerichte kochen lernen)*

   ....

5. damit: Udo macht einen Kochkurs, *(seine Frau nicht mehr so oft kochen müssen)*

   ....

6. um … zu: Herr Schulze will an einem Managementkurs teilnehmen, *(Karriere machen)*

   ....

7. um … zu: Frau Kohl lernt eine asiatische Entspannungstechnik, *(sich entspannen)*

   ....

8. um … zu: Moritz möchte Japanisch lernen, *(in Japan Straßenschilder lesen können)*

   ....

9. damit: Moritz möchte Japanisch lernen, *(seine Mutter mit ihm nach Tokio fahren)*

   ....

A16 Anfrage bei der Volkshochschule

Neue Nachricht

Von: **An:**

Betreff:

Sie möchten im nächsten Jahr einmal in der Woche an der Volkshochschule einen Kurs besuchen. Sie interessieren sich für Sprachen, Essen und Kultur in Asien, Sie müssen aber auch Ihr Englisch für geschäftliche E-Mails und Telefonate verbessern.

Schreiben Sie eine E-Mail an eine Volkshochschule und fragen Sie nach dem Kursangebot, den Preisen, der Dauer des Kurses, der Unterrichtszeit usw.

Senden

A17 Lebenslanges Lernen

Hören Sie ein Gespräch zum Thema: Lebenslanges Lernen. Sie hören dieses Gespräch zweimal.

2.03

a) Kreuzen Sie beim Hören oder danach an, welche Aussage richtig oder falsch ist.

		richtig	falsch
1.	Das Sprichwort: „Was Hänschen nicht lernt, lernt Hans nimmermehr." trifft auf die moderne Gesellschaft nicht mehr zu.	☐	☐
2.	Das lebenslange Lernen wird in erster Linie durch den technologischen Fortschritt bestimmt.	☐	☐
3.	Im Berufsleben kann lebenslanges Lernen die Karrierechancen verbessern.	☐	☐
4.	Weiterbildung führt nur zum Erfolg, wenn man einen Kurs besucht.	☐	☐
5.	Die Allgemeinbildung ist wichtiger als die berufliche Weiterbildung.	☐	☐
6.	Arbeitslose, die sich nicht weiterbilden, haben es schwer, eine Arbeitsstelle zu finden.	☐	☐

b) Antworten Sie.

- Was ist der Unterschied zwischen Ausbildung und Weiterbildung?

c) Ergänzen Sie die Nomen.

Verantwortung ▪ Studium ▪ Arbeitsmarkt ▪ Chancen ▪ Herausforderungen ▪ Sprache ▪ Kurs ▪ Strategien ▪ Kompetenzen ▪ Rolle

Lernen hört nach der Schule oder nach dem .... (1) nicht auf. Deshalb sprechen wir heute auch von lebenslangem Lernen. Wenn man sich auf dem .... (2) durchsetzen will, bedeutet das, dass man sich ständig weiterbilden und immer etwas Neues dazulernen muss. Bei der Globalisierung spielen Fremdsprachen eine wichtige .... (3). Mitarbeiter, die bereit sind, eine fremde .... (4) zu lernen, haben die besten .... (5). Auch eine neue Stelle kann .... (6) mit sich bringen. Man muss zum Beispiel .... (7) übernehmen, plötzlich Mitarbeiter führen. Das sind .... (8), die viele erst erlernen müssen. Das bedeutet aber nicht, dass man immer einen .... (9) besuchen muss. Man kann zum Beispiel auch ein Buch über Management-.............................. (10) lesen.

A18 Weiterbildungen

a) Ergänzen Sie die Sätze anhand Ihrer Erfahrungen oder frei.

berufliche Weiterbildung = Fortbildung

1. Weiterbildungen finde ich …
2. Wenn ich weiß, dass ich an einer Weiterbildung teilnehmen muss, dann fühle ich mich …
3. Mich motiviert es besonders, wenn …
4. Ich möchte gern noch lernen, wie …
5. Es wäre gut, wenn Weiterbildungen …
6. Ich habe einmal an einer besonders *(guten/nützlichen/langweiligen/interessanten/schwierigen)* Weiterbildung teilgenommen. Dort habe ich/bin ich …

b) Tauschen Sie sich über Ihre Erfahrungen aus.

A19 Gruppenarbeit: Weiterbildung

Organisieren Sie eine Weiterbildung für Ihre Deutschgruppe. Erarbeiten Sie Ihre Vorschläge in Kleingruppen und präsentieren Sie sie anschließend.

Berichten Sie,

- was der Inhalt der Weiterbildung ist,
- wie lange die Weiterbildung dauert,
- wo sie stattfindet,
- was dort neu gelernt wird bzw. welche Fähigkeiten man dort trainieren kann,
- was sie kostet,
- wer an der Weiterbildung teilnehmen soll/darf,
- wer die Weiterbildung leitet.

einen Arbeitsplatz finden ▪ mit *(dem Computer)* besser umgehen können ▪ ein bestimmtes Computerprogramm lernen ▪ Führungskompetenzen lernen ▪ eine neue Sprache/eine neue Kultur … lernen/kennenlernen ▪ mehr Erfahrung auf dem Gebiet von … sammeln ▪ Erfahrungen mit anderen austauschen ▪ keine Angst mehr haben vor …

A20 Offizieller Sprachgebrauch

Nomen-Verb-Verbindungen ⇨ Teil C Seite 155

Bei der Globalisierung spielen Fremdsprachen eine wichtige Rolle.	Bei der Globalisierung sind Fremdsprachen wichtig.
Man muss plötzlich Verantwortung übernehmen.	Man ist plötzlich verantwortlich.

→ Im Geschäftsleben, in der Politik oder auf Ämtern werden oft feste Verbindungen aus einem Nomen und einem Verb verwendet (Nomen-Verb-Verbindungen), die der Sprache einen offiziellen Charakter verleihen.

Sagen Sie es formeller. Verwenden Sie dazu Nomen-Verb-Verbindungen.

▪ Was macht Otto beruflich? *(Beruf ausüben)* *Welchen Beruf übt Otto aus?*

1. Die Verhandlungen wurden erfolgreich abgeschlossen. *(zum Abschluss bringen)*

   ……………………………………………………………

2. Haben Sie das Problem gelöst? *(eine Lösung finden für)*

   ……………………………………………………………

3. Wann haben Sie mit den Mitarbeitern gesprochen? *(Gespräche führen)*

   ……………………………………………………………

4. Sie müssen den Urlaub rechtzeitig beantragen. *(einen Urlaubsantrag stellen)*

   ……………………………………………………………

5. Die Ausbildungsmöglichkeiten für Jugendliche werden immer schlechter. Die Regierung muss endlich etwas tun. *(Maßnahmen ergreifen)*

   ……………………………………………………………

6. Das Rote Kreuz hilft in Katastrophengebieten. *(Hilfe leisten)*

   ……………………………………………………………

7. Wir hoffen, dass sich die Lage verbessert. *(die Hoffnung haben)*

   ……………………………………………………………

8. Die Kommission muss sich jetzt entscheiden. *(eine Entscheidung treffen)*

   ……………………………………………………………

Besondere Lerntipps

A21 Wie kann man besser lernen oder denken?

a) Berichten Sie.

- Haben Sie Tipps zum besseren Lernen oder Denken, die vielleicht noch keiner kennt?
- Wie lernen/denken/lesen Sie am liebsten?

im Liegen ▪ im Sitzen ▪ im Stehen ▪ mit Musik ▪ mit laufendem Fernseher ▪ …

2.04

b) Lesen und hören Sie die folgenden Tipps und erfinden Sie Überschriften.

TIPP 1 ....

Musik baut Stress ab und erhöht den Intelligenzquotienten, das haben Wissenschaftler mit modernen Hightech-Verfahren jetzt bewiesen. Beim Musikhören verändern sich im Gehirn komplette Strukturen, die Speicherkapazität des Gehirns erhöht sich um 30 Prozent. Ideal für die Entspannung der Zuhörer und die Steigerung der Leistungsfähigkeit ist klassische Musik, zum Beispiel Bach, Vivaldi oder Mozart. Mozart-Klänge, so sagen die Wissenschaftler, regen das Gehirn zu Höchstleistungen an, denn die Laut- und Leisezyklen in Mozarts Musik entsprechen einem Grundmuster des Gehirns. In einem Versuch haben einige Studenten vor einer Prüfung Mozart gehört. Das Ergebnis war für alle überraschend: Sie erreichten bis zu 60 Prozent bessere Resultate als die anderen Studenten. Den positiven Einfluss auf das Gehirn konnten die Wissenschaftler auch bei Jazz oder Entspannungsmusik nachweisen. Besonders positiv wirkt Musik im Takt des Herzens mit ca. 70 Schlägen pro Minute. Doch was ist mit Rock, Rap und Techno? Auch das haben Wissenschaftler untersucht. Eine Studie der Iowa State University zeigt: Rap macht aggressiv, Techno mobilisiert die Stresshormone. Monotone, schnelle oder aggressive Musik macht schlechte Laune und wirkt sich negativ auf die Gehirnleistung aus.

TIPP 2 ....

Gute Ideen kommen nicht im Schlaf – aber im Liegen! Australische Psychologen fanden in Experimenten heraus, dass das Liegen entspannend auf den Körper und anregend auf das Gehirn wirkt. Das Einnehmen einer liegenden Position erhöht die Kreativität und das Denkvermögen, komplexe Probleme lassen sich besser lösen. Als Ursache vermuten die Wissenschaftler, dass beim Liegen der Kopfbereich besser durchblutet wird und damit bestimmte Teile im Gehirn angeregt werden. So kann sich das Gehirn beim Denken vollkommen auf die Problemlösung konzentrieren. Also beim nächsten Mal: Denken Sie lieber im Liegen!

c) Fassen Sie die beiden Tipps anhand der Wortvorgaben kurz zusammen.

Musik: den Intelligenzquotienten erhöhen – die Leistungsfähigkeit steigern
Wissenschaftler haben bewiesen: klassische Musik hören – bessere Prüfungsresultate erzielen
aggressive Musik: negative Auswirkung auf Leistung haben – schlechte Laune machen
Liegen: Kreativität und Denkvermögen erhöhen
Wissenschaftler vermuten: Gehirn besser durchblutet werden – Probleme besser lösen können

d) Berichten Sie.

- Können Sie sich vorstellen, dass diese Tipps funktionieren?
- Haben Sie schon einmal bei Musik gelernt?
- Was ist Ihre Lieblingsmusik, Ihre Lieblingsband, Ihr Lieblingskomponist, Ihr Lieblingssänger usw.?

A22 Textarbeit: Wortschatz

a) Ergänzen Sie die Verben.

machen ▪ abbauen ▪ mobilisieren ▪ erhöhen ▪ steigern

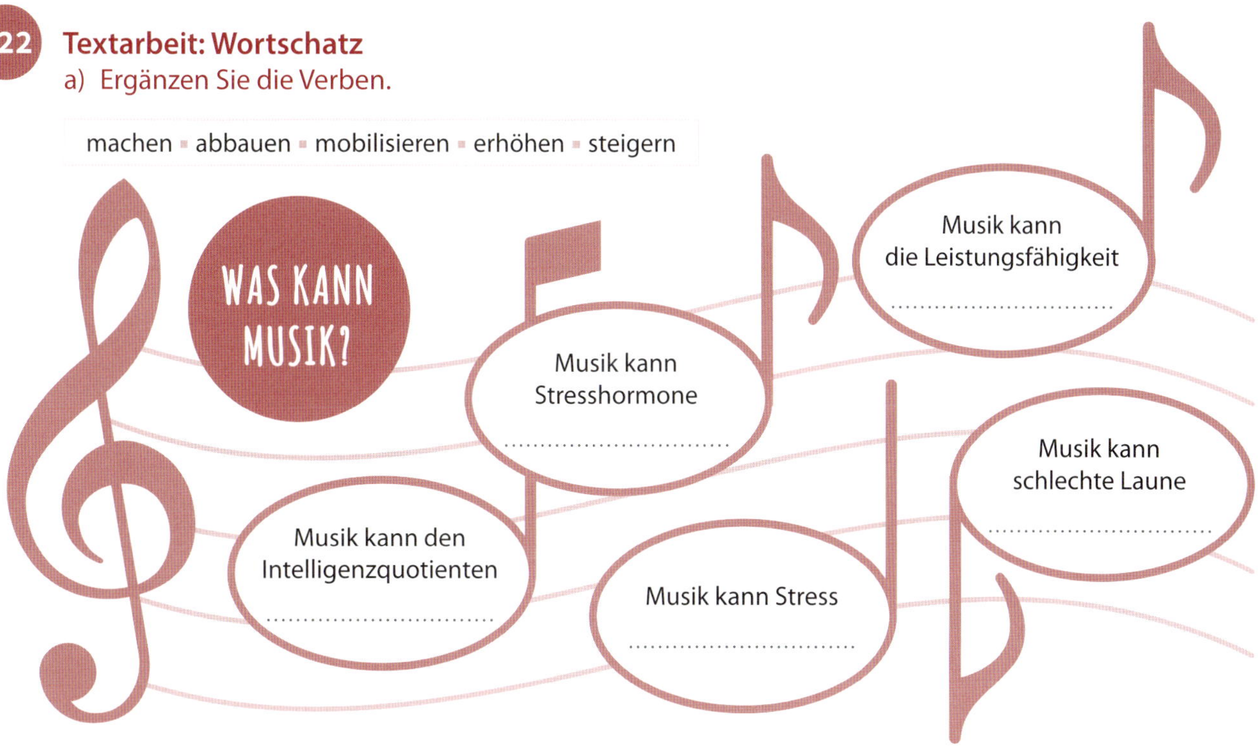

b) Ergänzen Sie die passenden Nomen bzw. Verben aus den Texten von A21.

Nomen	Verben
der Abbau	*abbauen*
die Erhöhung	……………………
die Veränderung	……………………
……………………	sich entspannen
……………………	etwas steigern/sich steigern
……………………	etwas beeinflussen
die Untersuchung	……………………
die Auswirkung	……………………
……………………	experimentieren
die Vermutung	……………………
die Konzentration	……………………
die Lösung (von Problemen)	……………………

c) Ergänzen Sie die fehlenden Nomen in der richtigen Form.

Steigerung ▪ Einfluss ▪ Entspannung ▪ Experiment ▪ Höchstleistungen ▪ Lösung

1. Mozart-Klänge regen das Gehirn zu …………………… an.
2. Ideal für die …………………… der Zuhörer und die …………………… der Leistungsfähigkeit ist klassische Musik.
3. Den positiven …………………… auf das Gehirn konnten die Wissenschaftler auch bei Jazz oder Entspannungsmusik nachweisen.
4. Australische Psychologen fanden in einem …………………… heraus, dass das Liegen entspannend auf den Körper wirkt.
5. Im Liegen kann sich das Gehirn vollkommen auf die …………………… von Problemen konzentrieren.

Schule, Zeugnisse und Noten

A23 Ihre Schulzeit/Ausbildungszeit/Studienzeit

Berichten Sie.

- Waren Sie in der Schule/in der Ausbildung/im Studium eher faul oder fleißig?
- Ist Ihnen das Lernen leicht oder schwer gefallen?
- Für welche Fächer/Fachgebiete haben Sie sich interessiert? Was hat sich geändert? Wofür interessieren Sie sich nicht mehr?
- Haben Sie manchmal Unterrichtsstunden, Seminare oder Vorlesungen geschwänzt?
- Wie sahen Ihre Zeugnisse am Jahresende aus? Hatten Sie immer gute Noten?
- Glauben Sie, dass Noten objektiv sind?

A24 Zeugnisse in Deutschland

Lesen Sie den Text und ordnen Sie den einzelnen Abschnitten die passenden Fragen zu.

Warum ist die schlechteste Note eine Sechs und keine Sieben? ▪ Geht es auch ohne Noten? ▪ Können Schulnoten objektiv sein? ▪ Seit wann gibt es Schulzeugnisse? ▪ Warum ist eine Eins besser als eine Fünf? ▪ Welchen Nutzen hat ein Zeugnis?

1. ....

Schriftliche Zeugnisse gehören in Deutschland seit mindestens 500 Jahren zum Schulalltag, wahrscheinlich reicht die Tradition aber noch weiter zurück. Schon 1530 konnte man in der sächsischen Schulordnung zum ersten Mal lesen, dass die Schüler (Jungen) jedes halbe Jahr eine Note bekommen sollen.

2. ....

Über die Frage der Notwendigkeit von Noten streiten sich die Fachleute bis heute. Die einen sagen, die Schule ist die Vorbereitung auf das Leben. In der Gesellschaft ist die Bewertung von Leistung ein ganz normaler Vorgang. Die anderen sagen, dass Noten in der Schule zu Leistungsdruck führen und vor allem schlechte Noten Schüler demotivieren können.

3. ....

Schon früher bekamen Schüler für ein gutes Zeugnis eine Belohnung. Jungen aus armen Familien konnten mit einem guten Zeugnis zum Beispiel ein Stipendium ergattern*. Das Abiturzeugnis als allgemeine Berechtigung für ein Studium wurde aber erst vor 150 Jahren eingeführt. Vorher besuchte der Schüler das Gymnasium, so lange er wollte, und wechselte dann, oft ohne Examen, zur Universität.

* ergattern = bekommen

4. ....

Hintergrund für die Bewertung ist die Sitzordnung, die früher in den Klassenzimmern üblich war: Die besten Schüler bekamen immer die Plätze in der ersten Reihe, die schlechtesten Schüler saßen in der fünften oder sechsten Reihe. Wer sich verbesserte, konnte in die ersten Reihen aufrücken, wer sich verschlechterte, musste nach hinten.

5. ....

Die Skala von Eins bis Sechs hat in Deutschland lange Tradition. Man findet sie schon in den Klassenbüchern des 16. Jahrhunderts. Die sechs Noten entsprechen den Bewertungen:

1 = sehr gut	4 = ausreichend
2 = gut	5 = mangelhaft
3 = befriedigend	6 = ungenügend

6. ....

Peinlich, peinlich! In einer deutschlandweiten Studie wurden ein und derselbe Aufsatz und ein und dieselbe Mathematikarbeit von mehr als tausend Lehrern bewertet. Alle Lehrer bekamen die Arbeit und eine Information über den (fiktiven) sozialen Hintergrund des Schülers. Das Ergebnis war erstaunlich, die Noten lagen zwischen Eins und Fünf! Die guten Noten bekamen die Söhne und Töchter von Anwälten und Ärzten, die schlechten Noten Kinder von Immigranten. Eine andere Studie ergab, dass in der Grundschule (freche) Jungs generell schlechter benotet wurden als (brave) Mädchen. So viel also zur Objektivität.

A25 Textarbeit

a) Kreuzen Sie die richtige Antwort an.

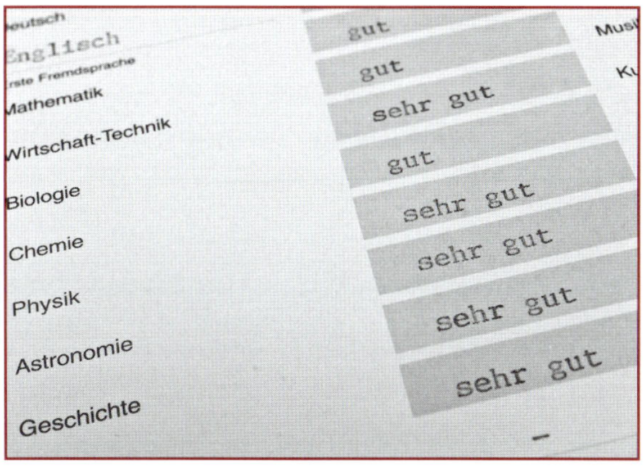

1. Früher
a) ☐ konnte man ohne Schulexamen eine Universität besuchen.
b) ☐ bekamen viele Schüler ein Stipendium.
c) ☐ gab es noch keine Noten.

2. Die Bewertung an deutschen Schulen
a) ☐ verändert sich immer wieder.
b) ☐ lässt sich auf die frühere Sitzordnung in Klassenzimmern zurückführen.
c) ☐ gibt es erst seit zwei Jahrhunderten.

3. Noten
a) ☐ sind immer objektiv.
b) ☐ demotivieren die Schüler.
c) ☐ sind von vielen Faktoren abhängig und nicht immer objektiv.

b) Ergänzen Sie die Nomen.

Tradition ▪ Schulordnung ▪ Zeugnisse ▪ Schulalltag ▪ Note

Schriftliche ....(1) gehören in Deutschland seit mindestens 500 Jahren zum ....(2), wahrscheinlich reicht die ....(3) aber noch weiter zurück. Schon 1530 konnte man in der sächsischen ....(4) zum ersten Mal lesen, dass die Schüler (Jungen) jedes halbe Jahr eine ....(5) bekommen sollen.

c) Ergänzen Sie die Verben in der richtigen Form.

sitzen ▪ einführen ▪ können ▪ bekommen (2×) ▪ wechseln ▪ verbessern ▪ verschlechtern ▪ besuchen

Schon früher ....(1) Schüler für ein gutes Zeugnis eine Belohnung. Jungen aus armen Familien ....(2) mit einem guten Zeugnis zum Beispiel ein Stipendium ergattern.

Das Abiturzeugnis als allgemeine Berechtigung für ein Studium wurde aber erst vor 150 Jahren ....(3). Vorher ....(4) der Schüler das Gymnasium, so lange er wollte, und ....(5) dann, oft ohne Examen, zur Universität.

Die besten Schüler ....(6) früher immer die Plätze in der ersten Reihe, die schlechtesten Schüler ....(7) in der fünften oder sechsten Reihe. Wer sich ....(8), konnte in die ersten Reihen aufrücken, wer sich ....(9), musste nach hinten.

A26 Veränderungen

Verben mit dem Präfix *ver-* drücken im Deutschen neben Fehlhandlungen *(Kapitel 4)* oft auch Veränderungen aus, zum Beispiel: *besser werden = sich/etwas verbessern, größer werden = sich/etwas vergrößern.*

a) Bilden Sie Verben mit *ver-*.

- ■ besser werden – sich/etwas *verbessern*
1. schlechter werden – sich/etwas ....
2. größer werden – sich/etwas ....
3. kleiner werden – sich/etwas ....
4. schöner werden – sich/etwas ....
5. länger machen – sich/etwas ....
6. feiner machen – sich/etwas ....
7. einfacher machen – sich/etwas ....
   (*Achtung:* Das *-r* fällt weg.)

b) Ergänzen Sie.

- ■ Mein Spanisch ist noch nicht so gut. Ich muss es unbedingt *verbessern*.
1. Ich lese gerne Bücher auf Deutsch. Damit kann ich meinen Wortschatz ....
2. Paul hat Probleme in der Schule. Seine Noten haben sich ....
3. Mein Urlaub war viel zu kurz. Ich möchte ihn gern ....
4. Diese Erklärung ist viel zu kompliziert. Du musst sie ....
5. Die Suppe schmeckt noch nicht wie in einem guten Restaurant.
   Kannst du sie nicht noch ein bisschen ....?
6. Mein Büro ist so hässlich. Ich werde ein paar Bilder an die Wand hängen und es ....
7. Die Buchstaben sind viel zu groß. Die müssen unbedingt .... werden.

A27 Sind Noten gerecht?

a) Lesen Sie noch einmal die Kurztexte Nr. 2 und 6 aus A24 und fassen Sie die Texte zusammen.

b) Sind Schulnoten Ihrer Meinung nach sinnvoll?

Sammeln Sie in Gruppen Argumente zu den Vor- und Nachteilen von Noten und berichten Sie anschließend darüber.

Vorteile

....
....
....
....
....
....
....
....
....

Nachteile

....
....
....
....
....
....
....
....
....

c) Berichten Sie schriftlich über das Thema: Noten in Ihrem Heimatland.

Schreiben Sie etwas zu folgenden Punkten:

- Welche Noten gibt es?
- Wie wichtig sind Noten, zum Beispiel für einen Studienplatz oder eine Arbeitsstelle?
- Sind die Noten immer gerecht?
- Gibt es ein Beispiel, wo Sie Ihrer Meinung nach zu gut oder zu schlecht beurteilt wurden?

A28 Ein und derselbe Aufsatz

Lesen Sie den Satz aus dem Text A24.

In einer deutschlandweiten Studie wurden ein und derselbe Aufsatz und ein und dieselbe Mathematikarbeit von mehr als tausend Lehrern bewertet.

Demonstrativpronomen: *derselbe/dieselbe/dasselbe* ⇨ Teil C Seite 156

Die Demonstrativpronomen *derselbe, dieselbe, dasselbe* machen deutlich, dass Personen oder Sachen identisch sind.

A29 Lebensweisheiten

2.05

Zum Schluss noch ein paar Lebensweisheiten von klugen Leuten. Wählen Sie eine Lebensweisheit aus und sagen Sie dazu Ihre Meinung.

Wenn man zu viele Talente hat, endet man irgendwann als Übersetzer bei den Vereinten Nationen.
(Peter Ustinov)

Gegen Angriffe kann man sich wehren, gegen Lob ist man machtlos.
(Sigmund Freud)

Jeder Mensch macht Fehler. Das Kunststück liegt darin, sie dann zu machen, wenn keiner hinschaut.
(Peter Ustinov)

Der Vorteil der Klugheit besteht darin, dass man sich dumm stellen kann. Das Gegenteil ist schon schwerer.
(Kurt Tucholsky)

Ein kluger Mann macht nicht alle Fehler selbst. Er gibt auch anderen eine Chance.
(Winston Churchill)

Ein Experte ist ein Mann, der hinterher genau sagen kann, warum seine Prognose nicht gestimmt hat.
(Winston Churchill)

Es kann nicht früh genug darauf hingewiesen werden, dass man Kinder nur dann vernünftig erziehen kann, wenn man zuvor die Lehrer vernünftig erzieht.
(Erich Kästner)

Wissenswertes *(fakultativ)*

B1 Richtig schreiben

Berichten Sie.

- Gibt es in Ihrer Muttersprache Regeln für die Rechtschreibung? Wissen Sie zufällig, seit wann?
- Wo kann man nachschlagen, wie man ein Wort richtig schreibt?
- Finden Sie die Rechtschreibung in Ihrer Muttersprache schwierig? Finden Sie die deutsche Rechtschreibung schwierig?

B2 Die deutsche Rechtschreibung

Lesen Sie den folgenden Text.

Konrad Duden

Der „Vater der deutschen Rechtschreibung" heißt Konrad Duden. Er lebte von 1829 bis 1911 und beschäftigte sich sein ganzes Leben mit der deutschen Sprache. Konrad Duden studierte in Bonn Philosophie, klassische Philologie, Geschichte, deutsche Sprache und Literatur und arbeitete später als Hauslehrer, Gymnasiallehrer und Lexikograf. 1880 schuf er mit seinem „Orthographischen Wörterbuch" die Grundlage für eine einheitliche deutsche Rechtschreibung. Bis dahin schrieb jeder, wie er wollte. Einige orientierten sich an der Schreibweise des Mittelhochdeutschen, andere hatten das Motto: „Schreibe, wie du sprichst." Dudens „Orthographisches Wörterbuch" umfasste damals 27 000 Wörter und wurde bald von vielen Menschen als Nachschlagewerk genutzt. Nach seinem Tod erschien das Buch erstmals unter dem Titel „Duden – Rechtschreibung der deutschen Sprache und der Fremdwörter".

B3 Wichtige Regeln zur deutschen Rechtschreibung

Lesen und üben Sie die Regeln.

a) Laut-Buchstaben-Zuordnung

Regel	Beispiele
1. *ss* oder *ß*? *ss* steht nach kurz gesprochenem Vokal. *ß* steht nach lang gesprochenem Vokal.	 Fluss, müssen, muss, Kuss, Stress, dass Fußball, Grüße, Maß, groß, Fleiß
2. Fremdwörter können im Original oder eingedeutscht geschrieben werden.	Spaghetti oder Spagetti, Joghurt oder Jogurt, Delphin oder Delfin
3. Bei Wortzusammensetzungen bleiben alle Buchstaben erhalten. Man kann sie zusammen oder mit Bindestrich schreiben.	Schifffahrt oder Schiff-Fahrt Bestellliste oder Bestell-Liste Geschirrreiniger oder Geschirr-Reiniger

ss oder *ß* – Was ist richtig? Markieren Sie die korrekte Schreibweise.

1. Oh, mein Fuß/Fuss tut so weh!
2. Wußtest/Wusstest du, daß/dass Fritz auch zur Party kommt? – Nein, woher weißt/weisst du das?
3. Viele Grüße/Grüsse aus München sendet dir Otto.
4. Mein neuer Freund ist groß/gross und schön. Du mußt/musst ihn kennenlernen.
5. Wißen/Wissen Sie vielleicht, welche Schuhgröße/Schuhgrösse Franz Beckenbauer hat?
6. Ich haße/hasse diesen Streß/Stress auf Arbeit!

b) Groß- und Kleinschreibung

Regel	Beispiele
1. Nomen schreibt man groß.	das Haus, die Sonne, der Baum
2. Als Nomen gebrauchte Wörter schreibt man groß.	das Essen, der Dicke und der Dünne, das Grün der Wiese
3. Nomen in Verbindung mit Verben schreibt man groß. Nomen in Verbindung mit *sein*, *bleiben* und *werden* schreibt man klein.	Ich habe Angst. Ich fahre gerne Auto. Franz spielt Fußball. Die Firma ist pleite. Ich bin schuld.
4. Adjektive wie *deutsch, englisch* usw. schreibt man klein. Wenn sie im Sinne von *deutsche* bzw. *englische Sprache* gebraucht werden, schreibt man sie groß.	Ich esse gern italienisch. Paul arbeitet in einer deutschen Firma. Ich spreche Deutsch. Der Vortrag ist auf Englisch.
5. Als Nomen gebrauchte Ordnungszahlen und Tageszeiten nach *gestern*, *heute*, *morgen* schreibt man groß.	Wir treffen uns am vierten Zweiten (= Februar). Wer ist der Erste? morgen Abend, übermorgen Nachmittag
6. Die Höflichkeitsanrede mit *Sie* schreibt man groß. Die informelle Anrede mit *du*, *ihr*, *dein* usw. schreibt man klein, nur in Briefen und E-Mails kann man sie groß schreiben.	Soll ich Sie abholen? Wie geht es Ihnen? Soll ich dich abholen? Wie geht es dir?

Was ist richtig? Markieren Sie die korrekte Schreibweise.

Liebe Frau Fischer,
herzliche Grüße aus Berlin sendet ihnen/Ihnen ihre/Ihre Sarah. Wir sind gestern Vormittag/Gestern Vormittag/gestern vormittag hier angekommen und haben uns schon das Brandenburger Tor angesehen. Gestern abend/Abend waren wir in einer Vorstellung der Volksbühne. Es wurde das Stück „Warten auf Godot" gespielt, auf deutsch/Deutsch! Das gute/Gute ist ja, dass wir das Stück mit ihnen/Ihnen im Unterricht schon behandelt haben. Deshalb haben wir auch fast alles verstanden. Morgen gehen wir in ein typisch deutsches Restaurant. Darauf freue ich/Ich mich, denn ich/Ich liebe das deutsche essen /Essen.

c) Getrennt- und Zusammenschreibung

Regel	Beispiele
1. Verbindungen aus Nomen und Verb schreibt man getrennt. Ausnahmen:	Auto fahren, Klavier spielen, Schlange stehen, Ski laufen eislaufen, leidtun, teilnehmen, schlussfolgern
2. Verbindungen aus Verb (Infinitiv oder Partizip) und Verb schreibt man getrennt. Einige Verbindungen können getrennt oder zusammen geschrieben werden.	spazieren gehen, ein Wort getrennt schreiben, etwas geschenkt bekommen kennen lernen/kennenlernen, sitzen bleiben/ sitzenbleiben *(in der Schule eine Klasse wiederholen)*
3. Verbindungen aus Adjektiv und Verb schreibt man in der Regel getrennt.	etwas ernst nehmen, gut gehen, etwas klein schneiden
4. Verbindungen mit *sein* schreibt man getrennt.	zusammen sein, dabei sein
5. Verbindungen mit *irgend-* schreibt man zusammen.	irgendjemand, irgendetwas

Was ist richtig? Markieren Sie die korrekte Schreibweise.

1. Weiß hier irgendjemand/irgend jemand, wo der Schlüssel/Schlüßel ist?
2. Hast du am Sonntag Zeit/zeit? Dann können wir spazieren gehen/spazierengehen oder Fahrrad fahren/ fahrradfahren?
3. Beim Endspiel der Fußballmeisterschaft/Fussballmeisterschaft will ich unbedingt dabei sein/dabeisein.
4. Beim Kartenverkauf musste/mußte man ewig Schlange stehen/schlangestehen.
5. Kannst du bitte die Zwiebeln klein schneiden/kleinschneiden?

d) Zeichensetzung

Regel	Beispiele
1. Hauptsatz und Nebensatz werden durch ein Komma getrennt.	Ich komme nicht, weil ich krank bin. Ich weiß, dass du keine Zeit hast. Peter fragte, wie sie heißt. Ist das der Mann, den du magst?
2. Hauptsatz und Hauptsatz werden durch ein Komma getrennt.	Er spielte Tennis, sie lernte Deutsch. Ich fahre im September nach Italien, denn dort ist es noch warm. Ich möchte eine Prüfung machen, deshalb lerne ich fleißig.
Wenn zwei Hauptsätze mit *und* oder *oder* verbunden sind, wird in der Regel kein Komma gesetzt.	Er spielte Tennis und sie lernte Deutsch. Kommst du mit oder bleibst du hier?
3. Infinitivgruppen können durch ein Komma abgetrennt werden.	Ich habe heute keine Lust(,) noch zu lernen. Sie nahm sich vor(,) ihre Hausaufgaben zu machen.
Man muss ein Komma setzen, wenn die Infinitivgruppe mit *als, statt/anstatt, außer, ohne* oder *um* eingeleitet wird.	Er ging, ohne zu grüßen. Sie sah fern, statt zu lernen. Er fuhr nach Spanien, um sich zu erholen.
Man muss auch ein Komma setzen, wenn die Infinitivgruppe mit einem hinweisenden Wort angekündigt wird.	Ich bitte Sie darum, die Rechnung sofort zu bezahlen.

Wo muss ein Komma stehen und wo kann ein Komma stehen?

1. Viele Lerner motiviert es wenn sie nach dem Kurs eine Prüfung machen.
2. Bis 1880 schrieb jeder wie er wollte.
3. Wie die Speicherung der Wörter am besten funktioniert dafür gibt es keine allgemeinen Empfehlungen.
4. Man sollte die wichtigsten Wörter wiederholen sonst werden sie gelöscht.
5. Es ist wichtig dass man aufmerksam und konzentriert ist wenn man neue Wörter lernt.
6. Es ist wichtig beim Wörterlernen aufmerksam zu sein.

7. Konrad Duden lebte von 1829 bis 1911 und er beschäftigte sich sein ganzes Leben mit der deutschen Sprache.
8. Nichtleser können gut leben ohne regelmäßig zu lesen.
9. Ich lese um mich zu entspannen.
10. Abends habe ich keine Lust noch zu lesen.
11. Eine Kollegin von mir die die französischen Kunden betreut hat ist seit zwei Wochen krank.
12. Ich habe meinen Fotoapparat vergessen deshalb kann ich jetzt den Regenbogen nicht fotografieren.
13. Trinken wir einen Kaffee aus dem Automaten oder wollen wir in die Kantine gehen?
14. Ich habe mir vorgenommen jeden Abend dreißig Wörter zu lernen.
15. Er lernt Spanisch und sie besucht einen Computerkurs.
16. Ist das nicht der Schauspieler der in der neuen Fernsehserie die Hauptrolle spielt?
17. Spielst du schon wieder Computer statt Hausaufgaben zu machen?
18. Darf ich Sie darum bitten mich morgen zurückzurufen?

Sätze

Konditional- und Konsekutivangaben

Bedingung (Konditionalangabe)

Wenn man Wörter wiederholt, vergisst man sie nicht.

Wenn man Wörter nicht wiederholt, vergisst man sie.

wenn → leitet einen Nebensatz ein, der eine Bedingung nennt
→ kann im ersten oder im zweiten Satz stehen
→ steht immer an erster Stelle

Folge (Konsekutivangabe)

Man muss Wörter wiederholen, sonst/andernfalls vergisst man sie.

Man muss Wörter wiederholen, man vergisst sie sonst/andernfalls.

sonst/andernfalls → leitet einen Hauptsatz ein, der eine Folge nennt
→ steht immer im zweiten Satz
→ kann vor oder hinter dem konjugierten Verb stehen

C1 Formen Sie die Sätze um wie im Beispiel.

■ Man muss die Wörter wiederholen, sonst vergisst man sie.
Wenn man die Wörter nicht wiederholt, vergisst man sie.

1. Ich muss mich beeilen, sonst komme ich zu spät.
....
2. Wir müssen die Öffnungszeiten ändern, sonst sind wir nicht kundenfreundlich.
....
3. Wir müssen noch einen Mitarbeiter einstellen, sonst schaffen wir die Arbeit nicht.
....
4. Du musst deinen Regenschirm mitnehmen, sonst wirst du nass.
....
5. Klara muss sich wärmer anziehen, sonst erkältet sie sich.
....
6. Du musst viel mehr lernen, sonst fällst du durch die Prüfung.
....

C2 Was tun Sie, wenn Sie ...? Antworten Sie frei.

1. ... sich entspannen möchten?
2. ... nicht schlafen können?
3. ... einen neuen Job haben möchten?
4. ... Ski fahren wollen?
5. ... mit niemandem sprechen möchten?
6. ... keine Lust zum Kochen haben?
7. ... sich beruflich weiterbilden möchten?

C3 Was passiert, wenn Sie das nicht tun? Ergänzen Sie frei.

■ Ich muss einmal in der Woche Yoga machen, sonst *fühle ich mich nicht gut*.

1. Ich muss mich beruflich weiterbilden, sonst ……………………………………
2. Ich muss besser auf meine Arbeitszeiten achten, sonst ……………………………………
3. Ich muss mich bei Anita entschuldigen, sonst ……………………………………
4. Ich muss sparsamer mit dem Geld umgehen, sonst ……………………………………
5. Ich muss Deutsch lernen, sonst ……………………………………
6. Ich muss abends zeitig ins Bett gehen, sonst ……………………………………

C4 Formulieren Sie Folgen. Ergänzen Sie die Sätze wie im Beispiel.

■ Wenn man nicht genug schläft, *(sich nicht gut konzentrieren können)*

a) *Wenn man nicht genug schläft, kann man sich nicht gut konzentrieren.*

b) *Man muss genug schlafen, sonst kann man sich nicht gut konzentrieren.*

1. Wenn man zu viel arbeitet, *(Fehler machen)*
   a) *Wenn man zu viel arbeitet,* ……………………………………
   b) *Man darf nicht so viel arbeiten,* ……………………………………
2. Wenn man eine Sprache lange nicht gesprochen hat, *(viele Wörter vergessen)*
   a) ……………………………………
   b) ……………………………………
3. Wenn man im Unterricht nicht aufmerksam ist, *(sich das Gelernte nicht merken können)*
   a) ……………………………………
   b) ……………………………………
4. Wenn man im Winter nicht warm genug gekleidet ist, *(frieren)*
   a) ……………………………………
   b) ……………………………………
5. Wenn man eine Reise im Sommer nicht rechtzeitig bucht, *(mehr bezahlen müssen)*
   a) ……………………………………
   b) ……………………………………
6. Wenn man nicht genug Gemüse und Obst isst, *(Vitaminmangel bekommen)*
   a) ……………………………………
   b) ……………………………………
7. Wenn man sich nicht genug bewegt, *(zunehmen)*
   a) ……………………………………
   b) ……………………………………

Finalangaben

Finalsätze geben eine Absicht/ein Ziel an.

A Susanne möchte einen Kurs besuchen, um später Romane schreiben zu können.
→ Infinitivsatz

Den Infinitivsatz kann man nur verwenden, wenn das Subjekt in beiden Sätzen identisch ist.

[Susanne möchte einen Kurs besuchen, damit sie später Romane schreiben kann.]
→ Nebensatz

B Susanne möchte kochen lernen, damit ihre Gerichte ihrem Mann besser schmecken.
→ Nebensatz

Sätze mit *damit* verwendet man, wenn es zwei verschiedene Subjekte gibt.

C5 Formulieren Sie Sätze mit *damit* oder *um … zu*.

■ Paolo lernt Deutsch, *(in Deutschland – studieren)*
Paolo lernt Deutsch, um in Deutschland zu studieren.

1. Ich bringe mein Auto in die Werkstatt, *(es – dort – repariert werden)*
   ……………………………………
   ……………………………………
2. Christina lernt täglich 20 neue Wörter, *(ihren Wortschatz – erweitern)*
   ……………………………………
   ……………………………………
3. Ich mache meine Wohnung sauber, *(die Gäste – sich wohlfühlen)*
   ……………………………………
   ……………………………………
4. Martina nimmt ein Schlafmittel, *(besser – einschlafen können)*
   ……………………………………
   ……………………………………
5. Ich brauche eine Stunde Zeit, *(auf die Sitzung – sich gut vorbereiten können)*
   ……………………………………
   ……………………………………
6. Andreas macht den Fernseher aus, *(Katja – ihre Hausaufgaben – machen können)*
   ……………………………………
   ……………………………………
7. Ich habe sofort angerufen, *(ihn – informieren)*
   ……………………………………
   ……………………………………
8. Die Schauspielerin trägt einen großen Hut, *(nicht erkannt werden)*
   ……………………………………
   ……………………………………
9. Schenkst du mir ein Auto, *(ich – nie mehr – mit der Straßenbahn – fahren müssen)*?
   ……………………………………
   ……………………………………
10. Der Sportler trainiert täglich sechs Stunden, *(an den Olympischen Spielen – teilnehmen können)*
    ……………………………………
    ……………………………………
11. Bringst du mir ein paar frische Tomaten mit, *(ich – eine leckere Tomatensuppe – kochen können)*?
    ……………………………………
    ……………………………………

C6 Ideale Vorgesetzte

Formulieren Sie Finalsätze mit *damit* oder *um ... zu*.

	Was tun gute Führungskräfte?	Was ist ihr Ziel?
■	klare Spielregeln formulieren	Konflikte vermeiden
1.	Verantwortung abgeben	Die Mitarbeiter können eigenverantwortlich arbeiten.
2.	für gute Arbeitsbedingungen sorgen	Die Mitarbeiter bringen gute Leistungen.
3.	Mitarbeiter fördern	ihnen gute Entwicklungsmöglichkeiten bieten
4.	korrekt handeln und sich höflich benehmen	ein Vorbild für die Mitarbeiter sein
5.	die richtigen Prioritäten setzen	die Ziele wirklich erreichen
6.	richtig zuhören	Probleme rechtzeitig erkennen

■ *Sie formulieren klare Spielregeln, um Konflikte zu vermeiden.*

1. ....
2. ....
3. ....
4. ....
5. ....
6. ....

C7 Warum lernen diese Menschen Deutsch? Bilden Sie Finalsätze mit *damit* oder *um ... zu*.

1. Miriam: Ich möchte eine indogermanische Sprache kennenlernen.
....

2. Jan: Meine Frau kann sich mit mir in ihrer Muttersprache unterhalten.
....

3. Robert: Mein Chef lässt mich dann endlich in Ruhe.
....

4. John: Ich kann mit meinen österreichischen Geschäftspartnern besser verhandeln.
....

5. Karol: Meine Schwiegereltern freuen sich.
....

6. Luigi: Ich kann meinen Lieblingsautor, Max Frisch, auf Deutsch lesen.
....

7. Igor: Ich kann eine Ausbildung zum Krankenpfleger machen.
....

8. Sarah: Ich möchte in Österreich Medizin studieren.
....

Nomen-Verb-Verbindungen

Verb	Nomen-Verb-Verbindung
abschließen	etwas zum Abschluss bringen
beantragen	einen Antrag stellen
beenden	etwas zu Ende bringen/führen
sich entscheiden	eine Entscheidung treffen/zu einer Entscheidung kommen
helfen	Hilfe leisten
hoffen	Hoffnung haben
sich interessieren für	Interesse zeigen an
kritisieren	Kritik üben an
lösen	eine Lösung finden
(etwas) beruflich machen	einen Beruf ausüben
meinen	eine Meinung vertreten
(etwas) tun	Maßnahmen treffen/ergreifen
sprechen	ein Gespräch führen
sich verabschieden	Abschied nehmen
wichtig sein	eine Rolle spielen
verantwortlich sein	Verantwortung übernehmen

C8 **Sagen Sie es einfacher. Achtung! Manchmal müssen Sie den Satz umformulieren.**

■ Habt ihr noch keine Lösung für das Computerproblem gefunden?
Habt ihr das Computerproblem immer noch nicht gelöst?

1. Wann wurden die Gespräche zum Abschluss gebracht?

……………………………………………………………………

2. Haben die Politiker immer noch keine Entscheidung getroffen?

……………………………………………………………………

3. Wann hast du den Antrag für deinen neuen Pass gestellt?

……………………………………………………………………

4. Wofür zeigen die Jugendlichen heute Interesse?

……………………………………………………………………

5. Der Vorstand vertritt die Meinung, dass der Betrieb eine Million Euro einsparen muss.

……………………………………………………………………

6. Heute nahmen die Soldaten von ihren Familien Abschied.

……………………………………………………………………

7. Weiterbildung spielt im Arbeitsleben eine große Rolle.

……………………………………………………………………

8. Die Mitarbeiter übten Kritik an den Maßnahmen des Managements.

……………………………………………………………………

C9 Ergänzen Sie die richtigen Verbformen.

ausüben ▪ leisten ▪ üben ▪ treffen (2×) ▪ vertreten ▪ stellen ▪ zeigen ▪ führen

- ■ Die Opposition *übte* an der Politik der Regierung Kritik.
1. Gegen die Arbeitslosigkeit müssen schnelle Maßnahmen .... werden.
2. Die Öffentlichkeit .... am Schicksal des kleinen Jungen großes Interesse.
3. Viele Jugendliche haben ihre Berufsausbildung abgeschlossen, können aber ihren Beruf nicht ...., weil es keine Stellen gibt.
4. Im Katastrophengebiet .... viele Länder sofort Hilfe.
5. Der Außenminister .... ein Gespräch mit seinem italienischen Amtskollegen.
6. Der Minister .... die Meinung, dass die Beziehungen der beiden Staaten sehr gut sind.
7. Wer ein Stipendium erhalten möchte, muss einen Antrag ....
8. Die Bundesregierung .... heute eine Entscheidung über die Steuererhöhungen.

Demonstrativpronomen: *derselbe/dieselbe/dasselbe*

	Singular						Plural	
	maskulin		feminin		neutral			
Nominativ	derselbe	Aufsatz	dieselbe	Arbeit	dasselbe	Zeugnis	dieselben	Bücher
Akkusativ	denselben	Aufsatz	dieselbe	Arbeit	dasselbe	Zeugnis	dieselben	Bücher
Dativ	demselben	Aufsatz	derselben	Arbeit	demselben	Zeugnis	denselben	Büchern
Genitiv	desselben	Aufsatzes	derselben	Arbeit	desselben	Zeugnisses	derselben	Bücher

Die Pronomen werden im ersten Wortteil *(der-, die-, das-)* wie ein bestimmter Artikel dekliniert, die Endung von *selb-* entspricht der Adjektivdeklination.

Die Ergänzung *ein und derselbe/dieselbe …* verstärkt die Aussage, dass Personen oder Sachen identisch sind.

C10 Bilden Sie Fragen wie im Beispiel.

- ■ Kleid: Trägst du *dasselbe* Kleid wie bei der letzten Party?
1. Schuhe: ....?
2. Anzug: ....?
3. Bluse: ....?
4. T-Shirt: ....?
5. Hemd: ....?
6. Krawatte: ....?

C11 Ergänzen Sie *derselbe, dieselbe …*

1. Die Diebstähle in den beiden Juweliergeschäften waren sehr ähnlich. Es handelt sich wahrscheinlich um ein und .... Täter.
2. Außerdem wurden .... Fingerabdrücke am Tatort gefunden.
3. Ein und .... Mathearbeit wurde von 1 000 Lehrern benotet.
4. Das Resultat war aber nicht ein und .... Note.
5. Alle Hauptrollen wurden von ein und .... Schauspieler gespielt.

Rückblick

D1 Wichtige Redemittel

Hier finden Sie die wichtigsten Redemittel des Kapitels.

Zweisprachige Redemittellisten finden Sie hier: **www.schubert-verlag.de/wortschatz**

Sprachen lernen

Fremdsprachen sprechen/lernen/können/beherrschen ▪ einen Kurs machen/besuchen ▪ ein Wort im Wörterbuch nachschlagen ▪ sich ein Wort merken/einprägen/notieren ▪ ein Wort mit Konzentration und Aufmerksamkeit lernen ▪ Ein Wort verschwindet aus dem Gedächtnis. ▪ eine Aufgabe machen/überprüfen/kontrollieren ▪ einen Aufsatz schreiben/abgeben/korrigieren ▪ etwas wiederholen ▪ die Wörter an die Tafel schreiben/anschreiben ▪ eine Sprachprüfung ablegen/bestehen/machen ▪ bei einer Prüfung durchfallen ▪ einen Muttersprachler um Hilfe bitten ▪ sprachbegabt sein ▪ ein bestimmter Lerntyp sein

Lebenslanges Lernen

die Allgemeinbildung ▪ die Ausbildung ▪ die Weiterbildung ▪ die Fortbildung ▪ einen Kurs besuchen/machen ▪ an einem Kurs teilnehmen ▪ etwas Neues lernen ▪ besser mit etwas umgehen können ▪ sich auf dem Arbeitsmarkt durchsetzen ▪ Fremdsprachen spielen eine wichtige Rolle. ▪ Herausforderungen annehmen ▪ Verantwortung übernehmen ▪ Kompetenzen (er)lernen ▪ Erfahrungen sammeln und austauschen

Lerntipps

im Liegen/im Sitzen/im Stehen/mit Musik lernen ▪ Etwas erhöht den Intelligenzquotienten/das Denkvermögen/die Kreativität. ▪ Etwas steigert die Leistungsfähigkeit. ▪ Etwas hat negative/positive Auswirkungen auf die Leistung. ▪ Etwas macht schlechte/gute Laune.

Schule, Zeugnisse und Noten

Das Lernen fällt jemandem schwer/leicht. ▪ sich für bestimmte Fächer interessieren ▪ Unterrichtsstunden/Seminare/Vorlesungen schwänzen ▪ eine Leistung beurteilen ▪ gute/schlechte Noten/Zeugnisse bekommen ▪ ein Stipendium ergattern/erhalten ▪ sich verbessern/verschlechtern

D2 Kleines Wörterbuch der Verben

Unregelmäßige Verben

Infinitiv	3. Person Singular Präsens	3. Person Singular Präteritum	3. Person Singular Perfekt
durchfallen *(bei einer Prüfung)*	er fällt durch	er fiel durch	er ist durchgefallen
entscheiden *(sich)*	er entscheidet sich	er entschied sich	er hat sich entschieden
ergreifen *(Maßnahmen)*	er ergreift	er ergriff	er hat ergriffen
nachschlagen *(ein Wort)*	er schlägt nach	er schlug nach	er hat nachgeschlagen
nachweisen *(etwas)*	er weist nach	er wies nach	er hat nachgewiesen
vergessen *(Wörter)*	er vergisst	er vergaß	er hat vergessen
verschwinden *(aus dem Gedächtnis)*	er verschwindet	er verschwand	er ist verschwunden
versinken *(im Langzeitspeicher)*	er versinkt	er versank	er ist versunken

Einige regelmäßige Verben

Infinitiv	3. Person Singular Präsens	3. Person Singular Präteritum	3. Person Singular Perfekt
ablegen *(eine Prüfung)*	er legt ab	er legte ab	er hat abgelegt
ausüben *(einen Beruf)*	er übt aus	er übte aus	er hat ausgeübt
beantragen *(ein Visum)*	er beantragt	er beantragte	er hat beantragt
beeinflussen *(etwas)*	er beeinflusst	er beeinflusste	er hat beeinflusst
beherrschen *(eine Sprache)*	er beherrscht	er beherrschte	er hat beherrscht
einprägen *(sich etwas)*	er prägt sich ein	er prägte sich ein	er hat sich eingeprägt
erzielen *(ein gutes Resultat)*	er erzielt	er erzielte	er hat erzielt
konzentrieren *(sich)*	er konzentriert sich	er konzentrierte sich	er hat sich konzentriert
merken *(sich etwas)*	er merkt sich	er merkte sich	er hat sich gemerkt
speichern *(etwas)*	er speichert	er speicherte	er hat gespeichert
steigern *(die Leistungsfähigkeit)*	er steigert	er steigerte	er hat gesteigert
wiederholen *(Wörter)*	er wiederholt	er wiederholte	er hat wiederholt
weiterbilden *(sich)*	er bildet sich weiter	er bildete sich weiter	er hat sich weitergebildet
verbessern *(sich)*	er verbessert sich	er verbesserte sich	er hat sich verbessert
verschlechtern *(sich)*	er verschlechtert sich	er verschlechterte sich	er hat sich verschlechtert

D3 Evaluation

Überprüfen Sie sich selbst.

Ich kann	gut	nicht so gut
Ich kann über meine Erfahrungen und Strategien beim Sprachenlernen berichten.	☐	☐
Ich kann Tipps zum Sprachenlernen geben.	☐	☐
Ich kann populärwissenschaftliche Texte über das Sprachenlernen und über Lerntipps verstehen.	☐	☐
Ich kann mich über Weiterbildungsangebote informieren und meine Meinung zum Thema Weiterbildung äußern.	☐	☐
Ich kann über meine Schulzeit berichten und mich an einer Diskussion über Noten und Leistungsbeurteilung beteiligen.	☐	☐
Ich kenne die wichtigsten Regeln der deutschen Rechtschreibung. *(fakultativ)*	☐	☐

Kapitel 6

Verkehr und Mobilität

Kommunikation

- Über Verkehrsmittel, den täglichen Verkehr und Verkehrsprobleme berichten
- Sich über Autos und Autofahren unterhalten
- Verkehrsdurchsagen verstehen
- Sich über verschiedene Verkehrs- und Reisesituationen verständigen
- Über den Urlaub sprechen
- Eine Diskussion über Wünsche und Probleme im Urlaub führen
- Eine Beschwerdemail über den Urlaub schreiben

Wortschatz

- Probleme im Straßenverkehr
- Verkehrsmittel
- Die Berliner U-Bahn und das Auto
- Urlaub

Verkehrsprobleme

A1 Ärger im Straßenverkehr

2.06

Hören Sie eine Radiosendung zum Thema Straßenverkehr.
Was ist richtig, was ist falsch? Kreuzen Sie an.

	richtig	falsch
1. Sprecher 1 ärgert sich über Autofahrer, die keine Rücksicht auf Fahrradfahrer nehmen.	☐	☐
2. Das Wetter stört Sprecher 1 auch jeden Tag.	☐	☐
3. Die erste Sprecherin wohnt außerhalb der Stadt und fährt jeden Morgen eine Stunde mit dem Auto.	☐	☐
4. Sie ist auch der Meinung, dass Politiker zu wenig für den Straßenverkehr tun.	☐	☐
5. Sprecherin 2 ärgert sich über die Fahrpreise, die Unpünktlichkeit und die Überfüllung der öffentlichen Verkehrsmittel.	☐	☐
6. Sprecherin 2 ärgert sich vor allem über ihr Gehalt.	☐	☐
7. Der zweite Sprecher ist ein rücksichtsvoller Autofahrer. Er ärgert sich darüber, wenn andere Autofahrer die Straßenverkehrsordnung missachten.	☐	☐
8. Sprecher 3 macht es nichts aus, wenn er im Stau steht.	☐	☐

A2 Mobilität im Alltag

Berichten Sie.

- Welche Verkehrsmittel benutzen Sie im täglichen Leben?

das Fahrrad ▪ den Zug ▪ die Straßenbahn ▪ die U-Bahn ▪ den Bus ▪ die S-Bahn ▪ Ihr eigenes Auto ▪ den Firmenwagen ▪ das Motorboot ▪ das Motorrad ▪ das Moped ▪ einen Lkw (Lastkraftwagen) ▪ das Taxi ▪ das Flugzeug ▪ einen Hubschrauber ▪ die Fähre ▪ das Segelboot ▪ …?

- Was nervt Sie im täglichen Straßenverkehr, was bringt Sie nicht aus der Ruhe?
  - Stau
  - Ampeln, die immer auf Rot stehen
  - Sonntagsfahrer (Fahrer, die besonders langsam fahren)
  - Raser (Fahrer, die besonders schnell fahren)
  - rücksichtslose Verkehrsteilnehmer
  - Baustellen und Umleitungen
  - Verspätungen von öffentlichen Verkehrsmitteln
  - volle Busse/Züge/U-Bahnen …
  - unfreundliche Mitmenschen in öffentlichen Verkehrsmitteln
  - Schlangen an den Fahrkartenschaltern/Fahrkartenautomaten
  - beschmutzte Haltestellen
  - Fahrkartenkontrolleure
  - ………………………………………………

A3 Wörternetz: Verkehr

Bauen Sie in kleinen Gruppen ein Wörternetz und vergleichen Sie Ihre Ergebnisse mit anderen Gruppen.

Fahrradwege ▪ rücksichtslose Autofahrer ▪ Fahrkarte ▪ unfreundliche Mitmenschen ▪ Kontrolleure ▪ Blitzkasten ▪ ~~Raser~~ ▪ Verspätung ▪ Fahrpreise ▪ wetterfeste Kleidung ▪ Fahrkartenschalter ▪ Autobahnpolizei ▪ Verkehrsfunk ▪ Staumeldungen ▪ Stau ▪ Baustellen ▪ Umleitungen ▪ Tankstelle ▪ Haltestelle ▪ Bahnhof ▪ Gleis ▪ erste Klasse ▪ Sitzplatz

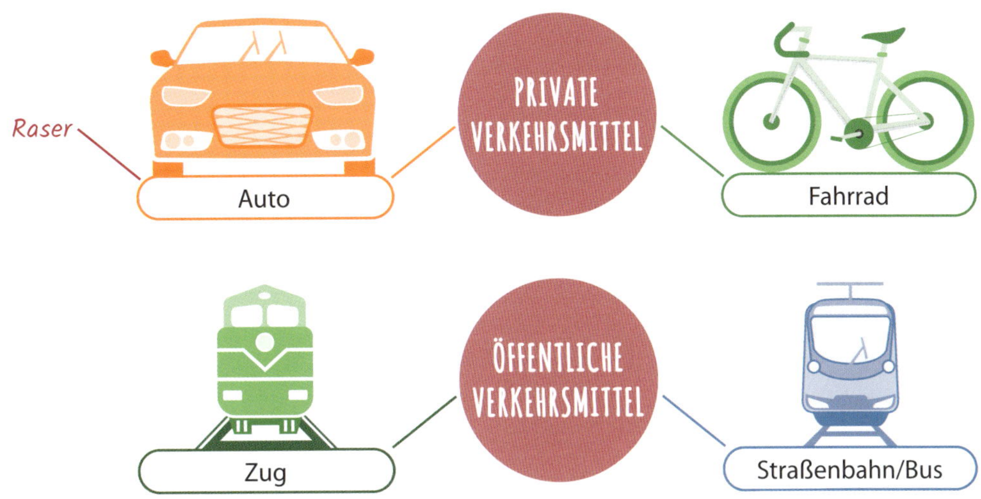

Verkehrsmittel

A4 Die U-Bahn in Berlin

Lesen und hören Sie den folgenden Text.

2.07

Spiegel der Stadt – die Berliner U-Bahn

Die Berliner U-Bahn ist mehr als nur ein Verkehrsmittel – sie ist ein Spiegel der Stadt. Doch in erster Linie dient sie den meisten Menschen dazu, schnell und ohne Stau zur Arbeit zu kommen. Morgens sitzen Männer im Anzug neben Bauarbeitern, Frauen im Kostüm neben Joggerinnen. In den Zügen und auf den Bahnhöfen trifft man Reisende aus allen Schichten der Gesellschaft und Menschen aus aller Welt.

Mehr als 1,4 Millionen Fahrgäste steigen jeden Tag auf einem der über 170 Bahnhöfe in die Waggons ein. Auf den insgesamt fast 145 Kilometern Strecke wird dann Zeitung gelesen, morgens noch ein bisschen Schlaf nachgeholt oder nach oben zum sogenannten Berliner Fenster gestarrt, wo eine Art Fernseher die Berliner über den neuesten Klatsch informiert. Am Wochenende beeindruckt die Berliner U-Bahn sogar Partygänger aus London oder Paris, denn acht der neun Linien fahren im 15-Minuten-Takt rund um die Uhr, auch nachts.

Etwas ruhiger als heute ging es am Anfang der Berliner U-Bahn zu. Ende des 19. Jahrhunderts begann man, nach Lösungen für die Verkehrsprobleme in Berlin zu suchen. ▸

Nachdem viele Ingenieure Vorschläge eingereicht hatten, wurde am 15. Februar 1902 die erste Strecke zwischen Warschauer Straße und Zoologischem Garten mit einem Abzweig zum Potsdamer Platz eingeweiht. Sie war gerade einmal sechs Kilometer lang und gar keine Untergrund-, sondern eine Hochbahn. Kurze Zeit später fuhr die Bahn tatsächlich auf dem Weg zum Zoologischen Garten in den Untergrund. Die Idee zu diesem straßenunabhängigen, elektrisch betriebenen Verkehrsmittel stammte übrigens von Werner von Siemens.

Die Berliner genossen das neue Transportmittel zunächst mit Vorsicht: In den ersten Tagen waren die Wagen fast leer. Das lag aber wohl daran, dass die Fahrpreise besonders hoch waren, weil man eine Überfüllung der Wagen befürchtete.

Im Jahr 1903 wurden mit der U-Bahn bereits rund 30 Millionen Fahrgäste befördert, die für einen Fahrschein zwischen 10 und 30 Pfennig zahlen mussten.

Wie Berlin selbst war auch die U-Bahn immer Schauplatz der Politik: Die Weltwirtschaftskrise verhinderte in den Dreißigerjahren den weiteren Ausbau des 70 Kilometer langen Streckennetzes. Während des Zweiten Weltkrieges wurden große Teile des U-Bahn-Netzes beschädigt oder zerstört. Die letzten Schäden konnten erst 1951 beseitigt werden.

Die nächste Krise folgte mit dem Bau der Berliner Mauer 1961, die den West- vom Ostteil der Stadt trennte. Die U-Bahn-Linie 2 wurde dadurch ebenfalls in einen West und einen Ostteil getrennt. Die Nord-Süd-Linien fuhren ohne Halt durch die sogenannten Geisterbahnhöfe des Ostteils. Diese Bahnhöfe waren dunkel und leer, nur DDR-Soldaten waren manchmal zu sehen. Nach dem Fall der Mauer wurde das getrennte U-Bahn-Netz wieder zusammengeschlossen, die Geisterbahnhöfe im Ostteil der Stadt wurden wiedereröffnet. Aus dem Bahnhof Bernauer Straße treten die Touristen heute auf der Suche nach echten Resten der Mauer direkt auf den ehemaligen Grenzstreifen.

A5 Textverständnis

Welche Aussage ist richtig? Kreuzen Sie an.

1. Die Berliner U-Bahn
   - a) ☐ wird von vielen Menschen für den Arbeitsweg genutzt.
   - b) ☐ befördert hauptsächlich Touristen.
   - c) ☐ verhindert Staus im Straßenverkehr.

2. Die Berliner U-Bahn fährt
   - a) ☐ auch am Wochenende die ganze Nacht durch.
   - b) ☐ wochentags im 15-Minuten-Takt.
   - c) ☐ nachts für Partygänger aus London und Paris.

3. Am 15. Februar 1902
   - a) ☐ wurde die erste U-Bahn-Strecke gebaut.
   - b) ☐ wurde die erste U-Bahn konstruiert.
   - c) ☐ fuhr die erste U-Bahn.

4. In den ersten Tagen waren die Wagen fast leer,
   - a) ☐ weil die Fahrpreise sehr hoch waren.
   - b) ☐ weil der Fahrschein zwischen 10 und 30 Pfennig kostete.
   - c) ☐ weil die Menschen Angst vor der neuen Bahn hatten.

5. Die deutsche Politik
   - a) ☐ hatte auch Auswirkungen auf die U-Bahn.
   - b) ☐ hatte keine Auswirkungen auf die U-Bahn.
   - c) ☐ trug zur kompletten Zerstörung des U-Bahn-Netzes bei.

A6 Textarbeit: Synonyme

Ordnen Sie den unterstrichenen Wendungen passende Synonyme zu.

(1) die U-Bahn dient in erster Linie
(2) Gesellschaftsschicht
(3) Es wird nach oben gestarrt.
(4) rund um die Uhr
(5) Am Anfang ging es ruhiger zu.
(6) Die Berliner genossen das Verkehrsmittel mit Vorsicht.
(7) Sie befürchteten die Überfüllung der Wagen.
(8) Geisterbahnhöfe

(a) 24 Stunden am Tag
(b) war
(c) hatten Angst vor
(d) menschenleere
(e) hauptsächlich
(f) Bevölkerungsgruppe (in gleicher sozialer Lage)
(g) nutzten … nicht
(h) unbeweglich geschaut

A7 Sätze aus dem Text

Was kann man miteinander verbinden?

(1) Die Berliner U-Bahn dient den meisten Menschen dazu,
(2) In den Zügen trifft man Reisende
(3) Am Wochenende beeindruckt die Berliner U-Bahn
(4) Ende des 19. Jahrhunderts suchte man
(5) Die Idee zu diesem Verkehrsmittel stammte
(6) Im Jahr 1903 wurden mit der U-Bahn
(7) Die Weltwirtschaftskrise verhinderte
(8) Während des Zweiten Weltkrieges wurden

(a) große Teile des U-Bahn-Netzes beschädigt oder zerstört.
(b) nach Lösungen für die Verkehrsprobleme.
(c) schnell und ohne Stau zur Arbeit zu kommen.
(d) bereits rund 30 Millionen Fahrgäste befördert.
(e) aus allen Schichten der Gesellschaft.
(f) sogar Partygänger aus London und Paris.
(g) von Werner von Siemens.
(h) den weiteren Ausbau des Streckennetzes.

A8 Die Betonung des Vorgangs

Formen Sie die Aktivsätze in Passivsätze um wie im Beispiel.
Achten Sie auf die Zeitform. Die unterstrichenen Ausdrücke entfallen im Passivsatz.

■ In den Waggons lesen die Menschen Zeitung.
In den Waggons wird Zeitung gelesen.

1. Am Ende des 19. Jahrhunderts suchte man nach Lösungen für die Verkehrsprobleme.
....
2. Viele Ingenieure reichten Vorschläge ein.
....
3. Am 15. Februar 1902 weihte man die erste U-Bahn-Strecke ein.
....
4. Im Jahre 1903 beförderte die U-Bahn bereits 30 Millionen Fahrgäste.
....
5. Der Zweite Weltkrieg beschädigte oder zerstörte große Teile des U-Bahn-Netzes.
Während des Zweiten Weltkrieges ....
6. Die letzten Schäden konnte man erst 1951 beseitigen.
....
7. Der Bau der Berliner Mauer trennte den West- und den Ostteil der Stadt.
Durch den Bau der Berliner Mauer ....
8. Nach 1989 schloss man das U-Bahn-Netz wieder zusammen.
....

A9 Verben

Was passt? Ordnen Sie zu.

lesen ▪ beseitigen ▪ nachholen ▪ einreichen ▪ befördern ▪ einweihen

1. Vorschläge kann man ....
2. Eine Fahrstrecke kann man ....
3. Schäden kann man ....
4. Fahrgäste kann man ....
5. Eine Zeitung kann man ....
6. Schlaf kann man ....

A10 Städtenamen

Bilden Sie die richtigen Verbindungen.

Städtenamen bekommen in Verbindung mit anderen Nomen die Endung *-er*. Sie werden nicht dekliniert.

■ die Mauer in Berlin	*die Berliner Mauer*
1. die U-Bahn in London	....
2. der Viktualienmarkt in München	....
3. der Dom in Köln	....
4. die Paulskirche in Frankfurt	....
5. die Messe in Leipzig	....
6. die Würstchen aus Nürnberg	....
7. der Fußballverein aus Cottbus	....
8. die Straße, die nach Moskau benannt wurde	....
9. die Kunstmuseen in New York	....
10. der Hafen in Rotterdam	....
11. der Eiffelturm in Paris	....
12. der Prater in Wien	....
13. der Flughafen in Amsterdam	....

A11 Nicht-Gleichzeitigkeit: Das Plusquamperfekt

Lesen Sie den Satz aus dem Text A4:

Nachdem viele Ingenieure Vorschläge eingereicht hatten, wurde am 15. Februar 1902 die erste U-Bahn-Strecke eingeweiht.

Der Satz berichtet über zwei Vorgänge in der Vergangenheit, die nicht gleichzeitig erfolgten. Erst hatten die Ingenieure die Vorschläge eingereicht – danach wurde die U-Bahn-Strecke eingeweiht. Für den ersten Vorgang benutzt man normalerweise das Plusquamperfekt.

Plusquamperfekt ⇨ Teil C Seite 176

Ingenieure hatten den Vorschlag eingereicht.	→ *hatten* + Partizip II
Wir waren schon abgefahren.	→ *waren* + Partizip II

A12 Was war vorher passiert?

Ergänzen Sie die Sätze im Plusquamperfekt frei.

- ■ Ich war am Wochenende sehr müde. *Ich hatte die ganze Woche hart gearbeitet.*

1. Peter war traurig. ....
2. Otto war glücklich. ....
3. Martin kam zu spät zur Besprechung. ....
4. Eva verpasste ihr Flugzeug. ....
5. Bernd suchte den ganzen Vormittag sein Portemonnaie. ....
6. Kathrin bekam endlich eine neue Stelle. ....
7. Anita bestand die Prüfung. ....
8. Sebastian ärgerte sich über sich selbst. ....

A13 Nicht-Gleichzeitigkeit: Sätze mit *bevor* und *nachdem*

Temporalsätze

⇨ Teil C Seite 177

Bevor er die Fahrertür öffnete, schloss er das Auto auf.

→ Nebensätze, die mit *bevor* eingeleitet werden, geben die nachfolgende Handlung an. Haupt- und Nebensatz stehen in der gleichen Zeitform.

Nachdem er das Auto aufgeschlossen hatte, öffnete er die Fahrertür.
(aufgeschlossen hatte: Plusquamperfekt; öffnete: Präteritum)

Nachdem er das Auto aufgeschlossen hat, öffnet er die Fahrertür.
(aufgeschlossen hat: Perfekt; öffnet: Präsens)

→ Nebensätze, die mit *nachdem* eingeleitet werden, geben die vorausgehende Handlung an. *Achtung:* Haupt- und Nebensatz stehen in unterschiedlichen Zeitformen.

Paul hatte gestern seine erste Fahrstunde. Berichten Sie darüber.
Bilden Sie Sätze mit *bevor* (Präteritum – Präteritum) und *nachdem* (Plusquamperfekt – Präteritum).

1. ins Auto einsteigen – den Schlüssel ins Zündschloss stecken
   Bevor *Paul den Schlüssel ins Zündschloss steckte, stieg er ins Auto ein.*
   Nachdem *Paul ins Auto eingestiegen war,* ....
2. den Sicherheitsgurt anlegen – das Auto starten
   Bevor *Paul das Auto* ....
   Nachdem *er* ....
3. die Kupplung treten – den Gang einlegen
   Bevor ....
   Nachdem ....
4. den Blinker setzen – Gas geben
   Bevor ....
   Nachdem ....
5. in den Rückspiegel sehen – losfahren
   Bevor ....
   Nachdem ....

A14 Alles rund ums Auto

a) Ordnen Sie die Begriffe den Zeichnungen zu.

die Hupe ▪ die Bremse ▪ das Gaspedal ▪ die Gangschaltung ▪ die Tür ▪ der Reifen ▪ der Kofferraum ▪ der Sicherheitsgurt ▪ die Motorhaube ▪ der Motor ▪ der Türgriff ▪ die Frontschutzscheibe ▪ die Heckscheibe ▪ der Rückspiegel ▪ der Seitenspiegel ▪ das Seitenfenster ▪ der Blinker ▪ das Rücklicht ▪ die Kupplung ▪ das Autoradio ▪ das Lenkrad ▪ der Scheinwerfer ▪ das Nummernschild ▪ der Tachometer

b) Welche Verben passen zu den Nomen?

wechseln ▪ bremsen ▪ geben ▪ lenken ▪ verstauen ▪ anlegen ▪ warten ▪ putzen ▪ hupen ▪ einlegen ▪ öffnen ▪ schließen ▪ einparken ▪ blinken ▪ kuppeln ▪ treten ▪ setzen ▪ anschalten

■	die Hupe	*hupen*	
1.	die Bremse	....	
2.	der Blinker	....	den Blinker ....
3.	die Kupplung	....	die Kupplung ....
4.	das Gaspedal	Gas	
5.	die Gangschaltung	einen Gang	
6.	die Tür	die Tür	
7.	der Reifen	den Reifen	
8.	der Kofferraum	etwas im Kofferraum	
9.	der Sicherheitsgurt	den Sicherheitsgurt	
10.	die Motorhaube	die Motorhaube	
11.	der Motor	den Motor	
12.	die Frontschutzscheibe	die Scheibe	
13.	der Seitenspiegel	mit dem Seitenspiegel	
14.	die Scheinwerfer	Licht	
15.	das Lenkrad	....	

A15 Interview: Autos

Fragen Sie Ihre Nachbarin/Ihren Nachbarn und berichten Sie.

- Haben Sie einen Führerschein?
- Ist es schwer/leicht, in Ihrem Heimatland einen Führerschein zu bekommen? Was muss man dafür tun?
- Fahren Sie gern Auto? Haben Sie ein Traumauto?
- Wie schnell darf man in Ihrem Heimatland auf der Autobahn/auf der Landstraße/in der Stadt fahren?
- Gibt es in Ihrem Wohnort viele Elektroautos?
- Welche guten Alternativen zum Auto gibt es im Alltag in Ihrem derzeitigen Wohnort?

Unterwegs

A16 Fundbüro Autobahn

Lesen und hören Sie den Text.

2.08

Kuh auf der Autobahn

„Und hier noch ein wichtiger Hinweis für Autofahrer ...", so oder ähnlich beginnt der Verkehrsfunk seine Durchsagen. Doch er warnt die Autofahrer nicht immer nur vor Staus. Letzten Dienstag zum Beispiel wanderte eine Schildkröte auf der Autobahn A3 Richtung Köln. Und das nette Tier ist nicht das einzige, was sich verlaufen hat. Von Hund und Katze bis zu Waschbär und Känguru marschiert, in zeitlichen Abständen natürlich, ein ganzer Zoo über Deutschlands Schnellstraßen.

Im Bundesland Hessen warnt der Verkehrsfunk im Durchschnitt 18,2-mal am Tag die Autofahrer vor Gefahren, Tiere und Gegenstände auf der Fahrbahn gehören dazu. Nach den Erfahrungen der Radiosprecher ist Donnerstag der Tag, an dem die meisten Dinge verloren gehen. Nicht selten ist die Ursache dafür schlecht gesicherte Ladung. Die Hitliste der gefundenen Güter führen Holz- und Stahlplatten, Reifenteile und Verpackungsmaterial an. Aber auch Kühlschränke, Fernseher und Campingstühle wurden schon gefunden.

Jedes Jahr im Dezember fliegen zahlreiche Weihnachtsbäume von den Autodächern, im Sommer rollen leere Kinderwagen über den Asphalt. Die Autobahnpolizei muss sich aber auch oft als Tierfänger betätigen und Schweine, Enten, Pferde oder Kühe wieder einfangen.

450 Unfälle mit Tieren zählte die Statistik im letzten Jahr. Doch nicht immer gibt es dabei ein Happy End wie bei der Entenfamilie, die gestern die Autobahn überqueren wollte: Alle Küken konnten von der Polizei gerettet werden.

A17 Textarbeit

a) Beantworten Sie die Fragen zum Text in ganzen Sätzen.

1. Warum war die Schildkröte auf der Autobahn? ....
2. Ist das ein Einzelfall? ....
3. Was kann man sonst noch auf der Autobahn finden? ....
4. Wie oft warnt der Verkehrsfunk täglich vor Gefahren auf der Autobahn? ....
5. An welchem Tag gehen die meisten Dinge auf der Autobahn verloren? ....
6. Warum verlieren die Autofahrer so viel? ....
7. Was sind typische Gegenstände, die im Sommer und im Dezember auf der Autobahn verloren werden? ....
8. Wie viele Unfälle gab es im letzten Jahr mit Tieren? ....

b) Wie heißt die passende Präposition? Wählen Sie aus.

auf der ▪ auf die ▪ auf dem	1. Letzten Dienstag wanderte eine Schildkröte .... Autobahn A 3.
über ▪ am ▪ im für ▪ gegen ▪ vor	2. In Hessen warnt der Verkehrsfunk 18,2-mal .... Tag die Autofahrer .... Gefahren.
Nach ▪ Mit ▪ Bei um ▪ im ▪ am	3. .... den Erfahrungen der Radiosprecher gehen .... Donnerstag die meisten Dinge verloren.
Im ▪ Am ▪ Über aus ▪ von ▪ hinter	4. .... Dezember fliegen zahlreiche Weihnachtsbäume .... den Autodächern.

c) Was passt zusammen? Ordnen Sie die Genitivattribute zu.

(1) die Durchsagen	(a) vieler Unfälle
(2) die Hitliste	(b) des Verkehrsfunks
(3) der Einsatz	(c) der Geschichte
(4) die Ursache	(d) der Polizei
(5) das Happy End	(e) der verlorenen Gegenstände

A18 Etwas verlieren

Berichten Sie. Haben Sie schon mal (auf einer Reise) irgendetwas verloren? Was? Wo? Wann? Wohin sind Sie gereist?

A19 Verkehrsdurchsagen

2.09

Sie hören vier kurze Texte. Welche Aussage ist richtig? Kreuzen Sie an.

	richtig	falsch
1. Sie befinden sich im Auto auf der A 2. Bei Braunschweig müssen Sie langsamer fahren.	☐	☐
2 Sie wollen nach Athen fliegen und können jetzt in die Maschine einsteigen.	☐	☐
3. Sie müssen bis zur Hackerbrücke fahren und dann noch ca. 40 Minuten zur Theresienwiese laufen.	☐	☐
4. Sie können heute nicht nach Dresden fahren.	☐	☐

A20 Probleme im Straßenverkehr

Schreiben Sie eine SMS und führen Sie ein Telefongespräch. Wählen Sie dafür jeweils eine Situation aus.

Verspätung

Sie haben um 12.00 Uhr einen Termin mit Frau Brand in Berlin. Ihr Flugzeug hatte Verspätung. Sie sind jetzt erst in Berlin gelandet, es ist 11.50 Uhr. Informieren Sie Frau Brand und entschuldigen Sie sich.

Stau auf der Autobahn

Sie sind in Österreich und fahren mit dem Auto nach Linz. Es ist ein Unfall auf der Autobahn passiert und Sie stehen im Stau. Informieren Sie Ihre Freunde in Linz und erklären Sie die Situation. Sagen Sie auch, wann Sie ankommen.

Auto kaputt

Ihre Kollegin/Ihr Kollege hat Sie zu einer Party eingeladen. Leider ist Ihr Auto kaputt. Fragen Sie sie/ihn, wie man mit öffentlichen Verkehrsmitteln am besten zu ihr/ihm fährt.

A21 Präsentation: Wie komme ich zur Uni oder ins Büro?

Präsentieren Sie das Thema. Dazu stehen Ihnen fünf Folien zur Verfügung. Orientieren Sie sich bei Ihrer Präsentation an den Anweisungen auf der linken Seite. Beantworten Sie nach Ihrer Präsentation die Fragen Ihrer Zuhörer.

Stellen Sie Ihr Thema vor. Erklären Sie den Inhalt und die Struktur Ihrer Präsentation.

1 Wie komme ich zur Uni oder ins Büro?
- zu Fuß
- mit dem Fahrrad
- mit dem Auto
- mit öffentlichen Verkehrsmitteln
- …

Berichten Sie von Ihrer Situation oder einem Erlebnis im Zusammenhang mit dem Thema.

2 Wie komme ich zur Uni oder ins Büro?
Meine persönlichen Erfahrungen

Berichten Sie von der Situation in Ihrem Heimatland und nennen Sie Beispiele.

3 Wie komme ich zur Uni oder ins Büro?
Die Verkehrssituation in meinem Heimatland

Nennen Sie Vor- und Nachteile und Ihre Meinung zu dem Thema.

4 Wie komme ich zur Uni oder ins Büro?
Welche Vorteile und Nachteile hat die Benutzung bestimmter Verkehrsmittel?
\+
–

Beenden Sie Ihre Präsentation und bedanken Sie sich bei den Zuhörern.

5 Wie komme ich zur Uni oder ins Büro?
Abschluss und Dank

A22 Richtungsangaben

Wer fährt/reist wann womit wohin? Bilden Sie Sätze.

	Wer?	Wann?	Womit?	Wohin?
1.	ich	Freitag	Zug	München
2.	Frau Schiller	Wochenende	Auto	Italien
3.	wir	heute Abend	Taxi	Hause
4.	Matthias	jeden Tag	U-Bahn	Arbeit
5.	Fahrer	Montag	Lkw	Schweiz
6.	Ingrid	nächste Woche	Fähre	Fraueninsel
7.	mein Kollege	Sommer	Fahrrad	Prag
8.	Herr Schmidt	Juni	Motorrad	Fußballendspiel
9.	Karlchen	Sonntag	U-Bahn	Oma
10.	Ute und Michael	jeden Tag	Straßenbahn	Schule
11.	Chef	heute	Firmenwagen	Flughafen
12.	Annemarie	morgen	Bus	Stadt/Einkaufen

Richtungsangaben ***(Wiederholung)*** ⇨ Teil C Seite 180

1. *Ich fahre am Freitag mit dem Zug nach München.*
2. ....
3. ....
4. ....
5. ....
6. ....
7. ....
8. ....
9. ....
10. ....
11. ....
12. ....

Urlaub: Wenn einer eine Reise macht ...

A23 Beliebte Reiseziele

In welche Länder fahren Sie am liebsten?
Berichten Sie und begründen Sie Ihre Wahl.

A24 Traumurlaub

Was gehört zu Ihrem Traumurlaub? Was stört Sie im Urlaub?
Erarbeiten Sie alleine oder mit Ihrer Nachbarin/Ihrem Nachbarn Antworten.

Denken Sie dabei an: Verkehrsmittel ▪ Hotel ▪ Wetter ▪ Essen ▪ Preis ▪ Sauberkeit ▪ Bademöglichkeiten ▪ Landschaft ▪ Personal (z. B. im Hotel) ▪ Möglichkeiten zum Ausgehen ▪ …

Was gehört zu Ihrem Traumurlaub?

....
....
....
....
....
....
....
....
....
....
....
....
....

Was stört Sie im Urlaub?

....
....
....
....
....
....
....
....
....
....
....
....
....

A25 Reisebericht

Berichten Sie mündlich oder schriftlich über den schönsten oder den schrecklichsten Urlaub Ihres Lebens.

A26 Reiseinformationen

a) Sie suchen im Internet nach einer Reise und finden die folgenden Beschreibungen. Wirken die Beschreibungen auf Sie positiv oder negativ? Kreuzen Sie an.

	positiv	negativ
1. Idylle in ruhiger Lage	☐	☐
2. direkt am Meer	☐	☐
3. Zimmer an der Meerseite	☐	☐
4. naturbelassener Strand	☐	☐
5. verkehrsgünstige Lage	☐	☐
6. direkt an der Strandpromenade	☐	☐
7. mitten in der Altstadt	☐	☐
8. internationale Atmosphäre	☐	☐
9. familiäre Atmosphäre	☐	☐
10. kinderfreundliches Haus	☐	☐
11. zweckmäßig eingerichtete Zimmer	☐	☐
12. unaufdringlicher Service	☐	☐
13 kontinentales Frühstück	☐	☐
14. beheizbarer Swimmingpool	☐	☐

b) Was erwarten Sie, wenn Sie die Beschreibung lesen?

- Idylle in ruhiger Lage: Da erwarte ich ein Haus im Wald/ein Hotel auf einer einsamen Insel …

A27 Die Sprache der Reiseveranstalter

Lesen und hören Sie den Text.

2.10

Idylle in ruhiger Lage

Naturbelassener Strand, familiäre Atmosphäre, beheizbarer Swimmingpool – was im Urlaubskatalog unter dem sonnigen Bildchen des Hotels steht, verspricht auf den ersten Blick einen Traumurlaub. Doch wenn der Urlauber am Ziel seiner Träume ankommt, werden die Erwartungen oft nicht erfüllt. Um eine Enttäuschung zu vermeiden, sollte man die Beschreibungen des Reiseziels ganz genau lesen. Dort findet man versteckte Hinweise auf Dinge, die in Wirklichkeit gar nicht so schön sind. Das schützt die Reiseveranstalter für den Fall, dass sich Urlauber nach den schönsten Wochen des Jahres beschweren wollen. Denn für die Gerichte ist entscheidend, was in der Reisebeschreibung steht. Jetzt gibt es eine Übersetzungshilfe für die Sprache der Anbieter, mit der sich normale Menschen über die wahre Bedeutung der phantasievollen Wendungen informieren können:

- Idylle in ruhiger Lage: Die Unterkunft liegt weit weg von Geschäften, Bushaltestellen und der gesamten touristischen Infrastruktur.
- Direkt am Meer: Das Hotel liegt an einer Steilküste oder am Hafen, nicht an einem Badestrand.
- Zimmer an der Meerseite: Das bedeutet keinen Blick aufs Meer, sondern dass der Blick aufs Meer vermutlich durch andere Häuser versperrt ist.
- Naturbelassener Strand: Dahinter verbirgt sich ein schmutziger, ungepflegter Strand mit Steinen, manchmal sogar Müll.
- Verkehrsgünstige Lage: Das Hotel liegt wahrscheinlich an einer Hauptverkehrsstraße. Sie können mit Straßenlärm rund um die Uhr rechnen.
- Direkt an der Strandpromenade: Das klingt nach viel befahrener Küstenstraße.
- Mitten in der Altstadt: Die Gäste sollten tagsüber schlafen, denn nachts ist es zu laut.
- Internationale Atmosphäre: Hier kann man befürchten, dass sich junge Leute aus aller Welt mit Alkohol lautstark amüsieren.
- Familiäre Atmosphäre: Es ist damit zu rechnen, dass Ihre Tischnachbarn das Abendessen in Bikini oder Jogginghose einnehmen.
- Kinderfreundliches Haus: Menschen, die Ruhe suchen, sollten hier nicht übernachten, denn Kinder sind nun mal etwas lauter.
- Zweckmäßig eingerichtete Zimmer: Das ist ein Hinweis auf eine Minimalausstattung ohne Komfort.
- Unaufdringlicher Service: Das Abendessen kann etwas länger dauern.
- Kontinentales Frühstück: Brot, Marmelade, Butter, Kaffee und Tee – das ist alles.
- Beheizbarer Swimmingpool: Das garantiert nicht, dass das Wasser auch tatsächlich erwärmt wird.

A28 Textarbeit

a) Beantworten Sie die Fragen.

- Stimmt der Text mit Ihrer eigenen Bewertung überein?
- Welche Bedeutung hat Sie überrascht?

b) Unterstreichen Sie im Text alle Redemittel zur Begriffsinterpretation und schreiben Sie sie auf. Welche Redemittel drücken Sicherheit aus, welche Vermutung?

- Das bedeutet .../Dahinter verbirgt sich ...

A29 Verben

Ergänzen Sie die Verben in der richtigen Form.

amüsieren ▪ klingen ▪ befürchten ▪ suchen ▪ dauern ▪ garantieren ▪ rechnen ▪ liegen ▪ versperren ▪ verbergen

1. Die Unterkunft .... weit weg von Geschäften.
2. Der Blick aufs Meer ist vermutlich durch andere Häuser ....
3. Dahinter .... sich ein schmutziger, ungepflegter Strand.
4. Das .... nach viel befahrener Küstenstraße.
5. Hier kann man ...., dass sich junge Leute aus aller Welt mit Alkohol lautstark ....
6. Es ist damit zu ...., dass Ihre Tischnachbarn das Abendessen in Jogginghose einnehmen.
7. Menschen, die Ruhe ...., sollten hier nicht übernachten.
8. Das Abendessen kann etwas länger ....
9. Das .... nicht, dass das Wasser auch tatsächlich erwärmt wird.

A30 Eine Beschwerde

Lesen Sie die Beschwerde und wählen Sie das passende Wort aus.

■ a) beschweren b) ärgern c) informieren	1. a) bestellt b) gefragt c) gebucht	2. a) Deinem b) Ihrem c) Ihren	3. a) ruhigen b) ruhige c) ruhiger	4. a) über b) mit c) von
5. a) mit b) zu c) über	6. a) an dem b) an die c) an der	7. a) die b) der c) den	8. a) worauf b) worüber c) wovon	9. a) weil b) denn c) obwohl

Neue Nachricht

Von: Otto Friedrich Munkel **An:** Reisebüro

Betreff: Beschwerde

Sehr geehrte Damen und Herren,

gestern bin ich aus dem Urlaub zurückgekommen und ich möchte mich sofort bei Ihnen über das Hotel „Grüner Wald" in Eichendorf *beschweren*. Ich habe die Reise vor einem halben Jahr bei Ihnen .... (1), nachdem ich mir im Reiseprospekt alle Hotels in der Gegend des Altmühltals genau angesehen hatte. In .... (2) Prospekt steht, dass sich das Hotel „Grüner Wald" in .... (3) Umgebung befindet, ... (4) einen Wellnessbereich verfügt und vier Sterne hat. Im Prospekt steht außerdem, dass das Restaurant für seine kulinarischen Spezialitäten berühmt ist. Ich verstehe absolut nicht, wie Sie solche Angaben .... (5) diesem Hotel machen können. Das Hotel liegt direkt .... (6) Autobahn. Der Lärm ist so stark, dass man nachts nicht schlafen kann. Der Wellnessbereich, ... (7) Sie in Ihrem Prospekt ausführlich beschreiben, besteht nur aus einem Whirlpool und einer Dusche. Die Zimmer waren sehr einfach eingerichtet, es gab keinen Fernseher und keine Minibar. Das Essen im Restaurant war schlecht, ... (8) ich mich besonders geärgert habe. Ich erwarte von Ihnen, dass Sie mir die Hälfte des bezahlten Preises zurückzahlen, ... (9) mehr waren das Hotel und der Service wirklich nicht wert.

Mit freundlichen Grüßen
Otto Friedrich Munkel

Senden

A31 Eine Beschwerdemail

Schreiben Sie eine Beschwerdemail an einen Reiseveranstalter.

Das hat Ihnen nicht gefallen:

- die Lage des Hotels
- das Essen im Hotel
- die Zimmerausstattung
- der schmutzige Strand

Wissenswertes *(fakultativ)*

B1 **Das Leben von Rudolf Diesel**

Lesen Sie die traurige Geschichte eines berühmten Erfinders, der die Entwicklung der Verkehrsmittel entscheidend beeinflusst hat. Ergänzen Sie gleichzeitig die Verben im Präteritum.

Rudolf Diesel

Rudolf Diesel ist der Erfinder des gleichnamigen Verbrennungsmotors, des Dieselmotors.

Er *wurde* am 18. März 1858 in Paris geboren. Seine Eltern ....(1) Deutsche, sein Vater ....(2) in Paris eine kleine Lederwarenfabrik. Seine Kindheit ....(3) er in Paris und Umgebung. Mit neun Jahren ....(4) er bei der Weltausstellung in Paris erste Bekanntschaft mit den neuen Maschinen und Motoren.

werden
sein
haben
verbringen
machen

Unter den Kriegseinwirkungen 1870/71 ....(5) die Familie von Paris nach London. Rudolf Diesel ....(6) im berühmten Science Museum Originale und Modelle der Dampfmaschinen von Watt, Savery, Newcomen und Trevithick bewundern. Aufgrund der wirtschaftlich schwierigen Situation wurde Rudolf Diesel kurz darauf nach Augsburg zu seinem Onkel Christoph Barnickel gegeben, der an der örtlichen Gewerbeschule Mathematik ....(7).

flüchten
können
unterrichten

1872 ....(8) Rudolf Diesel, „Mechaniker“ (Ingenieur) zu werden. Nach der Gewerbeschule ....(9) er die Ingenieurschule in Augsburg. 1875 ....(10) er sein Studium am Polytechnikum München. Seinen Abschluss machte er im Januar 1880 an der Technischen Hochschule München mit der besten Leistung seit Bestehen der Hochschule.

beschließen
besuchen
beginnen

Einen großen Einfluss auf die Industrialisierung hatte die Dampfmaschine, mit der er sich schon während seines Studiums intensiv ....(11). Aber die Dampfmaschine ....(12) zu viel Energie. 1892 ....(13) Rudolf Diesel die Idee einer neuen „Wärmekraftmaschine“, die effektiver mit Energie ....(14).

beschäftigen
verbrauchen
kommen
umgehen

Von 1893 an wurde der Dieselmotor in der Maschinenfabrik Augsburg mit finanzieller Beteiligung der Firma Friedrich Krupp entwickelt. Rudolf Diesel ....(15) im Jahre 1897 schließlich das erste funktionstüchtige Modell seines Motors. Dieser Motor ....(16) sehr viel weniger Kraftstoff und ....(17) 20 PS. Heute steht er im Deutschen Museum in München. Danach war der Siegeszug des Dieselmotors nicht mehr aufzuhalten. Am 1. Januar 1898 wurde die Dieselmotorenfabrik Augsburg gegründet, anderthalb Jahre danach kam es zur Gründung der Allgemeinen Gesellschaft für Dieselmotoren. Die ersten Motorschiffe mit Dieselmotor ....(18) 1903. 1908 wurden der erste Klein-Dieselmotor, der erste Lastwagen und die erste Diesellokomotive gebaut.

bauen
verbrauchen
leisten
entstehen

Doch der Erfolg ....(19) Rudolf Diesel nicht treu. 1911 wurde die Dieselmotorenfabrik Augsburg wieder aufgelöst. Der geniale Ingenieur ....(20) sich nicht zum Geschäftsmann. Er ....(21) eine Menge Geld, weil er es falsch angelegt hatte. Außerdem .... sich jahrelange Patentprozesse negativ auf seine Gesundheit ....(22). ▶

bleiben
eignen, verlieren
auswirken

Obwohl Rudolf Diesel seine Erfindung als Patent angemeldet hatte, ... (23) andere Ingenieure immer wieder, sie hätten einen ähnlichen Motor erfunden. Als 1912 der erste mit einem Dieselmotor angetriebene Ozeandampfer das Meer .... (24), war Rudolf Diesel zwar ein berühmter Mann, aber er war finanziell und gesundheitlich ruiniert.

Am 29. September 1913 .... (25) Rudolf Diesel mit einem Postschiff von Antwerpen nach England. Er .... (26) in London an der Einweihung einer neuen Fabrik für Dieselmotoren teilnehmen. Er .... (27) gute Laune zu haben. Nachdem er abends in seine Kabine gegangen war, wurde er nie wieder gesehen.

Fischer .... (28) viele Tage später im Wasser eine Leiche, von der sie einige Gegenstände, unter anderem zwei Ringe, ... (29). Die Ringe .... (30) Rudolf Diesel. Die genaue Todesursache ist bis heute nicht geklärt. Manche .... (31) an Selbstmord, die Familienangehörigen .... (32) einen Mord.

1936 ging der Pkw-Dieselmotor erstmals in Serie. Er wurde in den Mercedes-Benz Typ 260 D eingebaut.

behaupten
überqueren
fahren
wollen
scheinen
finden
mitnehmen
gehören
denken
vermuten

B2 Interview

Fragen Sie Ihre Nachbarin/Ihren Nachbarn und berichten Sie selbst.

- Interessieren Sie sich für Verkehrsmittel und Technik?
- Welches Verkehrsmittel interessiert/fasziniert Sie am meisten?
  Gibt es in Ihrem Heimatland berühmte Hersteller von Verkehrsmitteln (Autofirmen, Flugzeugbauer usw.)?
- Gibt es in Ihrem Heimatland Verkehrsprobleme? Wenn ja, beschreiben Sie die Probleme.

B3 Gruppenarbeit: Verkehrsprobleme

Stellen Sie sich vor: Sie werden Verkehrsminister in Ihrem Heimatland/Bürgermeister in Ihrer Heimatstadt. Was würden Sie ändern? Wählen Sie ein Problem aus und schlagen Sie Lösungen vor. Halten Sie eine kurze Präsentation.

Mögliche Lösungen:
- mehr/weniger Fußgängerzonen
- mehr/weniger Autobahnen
- mehr/weniger öffentliche Verkehrsmittel
- mehr/weniger Polizeikontrollen
- höhere/niedrigere Benzinpreise
- höhere/niedrigere Fahrpreise für öffentliche Verkehrsmittel
- höhere/niedrigere Autosteuern
- mehr/weniger Geschwindigkeitskontrollen
- das Tempolimit senken/erhöhen auf (… km/h)
- autofreier Sonntag
- eine Mautgebühr für das Autofahren in der Stadt einführen usw.

Diskutieren Sie anschließend darüber.

Verben

Vergangenheitsformen

	Präteritum		Perfekt		Plusquamperfekt	
ich	ich fuhr		bin	gefahren	war	gefahren
du	fuhrst		bist	gefahren	warst	gefahren
er/sie/es	fuhr		ist	gefahren	war	gefahren
wir	fuhren		sind	gefahren	waren	gefahren
ihr	fuhrt		seid	gefahren	wart	gefahren
sie/Sie	fuhren		sind	gefahren	waren	gefahren

	Präteritum		Perfekt		Plusquamperfekt	
ich	kaufte	ein	habe	eingekauft	hatte	eingekauft
du	kauftest	ein	hast	eingekauft	hattest	eingekauft
er/sie/es	kaufte	ein	hat	eingekauft	hatte	eingekauft
wir	kauften	ein	haben	eingekauft	hatten	eingekauft
ihr	kauftet	ein	habt	eingekauft	hattet	eingekauft
sie/Sie	kauften	ein	haben	eingekauft	hatten	eingekauft

C1 Ergänzen Sie.

Präsens	Präteritum	Perfekt	Plusquamperfekt
ich laufe	*ich lief*	....	....
ihr fotografiert	....	....	....
er bewirbt sich	....	....	....
wir unterhalten uns	....	....	....
sie liest	....	....	....
er steht auf	....	....	....
das Konzert beginnt	....	....	....
die Firma verbietet	....	....	....
er verliert	....	....	....
wir empfehlen	....	....	....
ich bitte	....	....	....

C2 Was war vorher passiert? Ergänzen Sie die Sätze im Plusquamperfekt.

- Gottfried konnte nicht mitsingen. *(sich erkälten)* *Er hatte sich erkältet.*

1. Ich konnte nicht ins Haus. *(meine Schlüssel – im Büro – vergessen)* ....
2. Edwin konnte nicht schreiben. *(die Hand – sich brechen)* ....
3. Martha konnte nicht an der Prüfung teilnehmen. *(sich nicht anmelden)* ....
4. Emilia konnte nicht mit dem Auto kommen. *(das Auto – ihrem Bruder – leihen)* ....
5. Frank konnte kein Geschenk kaufen. *(sein Geld – vorher – ausgeben)* ....

Sätze

Temporalsätze

Gleichzeitigkeit	wenn	Wenn du nach München kommst, besuch mich doch mal! *(Zukunft und Gegenwart)*
		Immer wenn er sich bewegte, schmerzte sein Bein. *(Vergangenheit: mehrmaliges Geschehen)*
	als	Als sie ihn wiedersah, freute sie sich sehr. *(Vergangenheit: einmaliges Geschehen)*
		Als ich sieben Jahre alt war, lernte ich schwimmen. *(Vergangenheit: Zustand)*
	während	Während sie mit Klaus sprach, beobachtete sie Karin. *(Gegenwart oder Vergangenheit)*
Nicht-Gleichzeitigkeit	bevor	Bevor du deine Fahrprüfung machst, solltest du die Verkehrsregeln lernen. *(Sätze haben die gleiche Zeitform)*
	nachdem	Nachdem er seine Fahrprüfung bestanden hatte, feierte er mit seinen Freunden die ganze Nacht.
		Nachdem ich meinen Kaffee getrunken habe, fange ich an. *(Sätze haben unterschiedliche Zeitformen)*
Dauer	bis	Ich warte, bis du zurückkommst. *(Endpunkt)*
	seit/seitdem	Seit er nach Frankfurt gezogen ist, hat er sie nicht mehr gesehen. *(Anfangspunkt)*

C3 **Verbinden Sie die Sätze mit *wenn* oder *als*. Achten Sie auf die Zeitform.**

■ Ich fahre im Sommer nach Paris. Ich besuche meine Schwester.
Wenn ich im Sommer nach Paris fahre, besuche ich meine Schwester.

1. Ludwig wurde befördert. Wir machten eine große Party.
....
2. Tante Annelies war krank. Ich besuchte sie dreimal im Krankenhaus.
....
3. Ich war im Mai in Rom. Ich habe die leckersten Spaghetti meines Lebens gegessen.
....
4. Früher fuhr ich mit der Straßenbahn zur Arbeit. Ich kam jeden zweiten Tag zu spät.
....
5. Heute fahre ich mit dem Auto zur Arbeit. Ich komme immer zu spät.
....
6. Er war 14 Jahre alt. Er bekam seinen ersten Kuss.
....
7. Der erste Schnee fällt. Es gibt auf den Straßen ein Verkehrschaos.
....
8. In unserer Bibliothek wird eine Stelle frei. Du kannst dich bewerben.
....

C4 Was ist zur gleichen Zeit passiert? Antworten Sie frei.

- Als ich heute früh ins Krankenhaus fahren wollte, *ging mein Auto kaputt.*

1. Als ich dir eine Karte aus Paris schreiben wollte, ...
2. Gerade als ich mit dem Chef reden wollte, ...
3. Gerade als ich dich anrufen wollte, ...
4. Als ich heute früh in die U-Bahn steigen wollte, ...
5. Als ich mit Rolf tanzen gehen wollte, ...
6. Als ich dir zum Geburtstag gratulieren wollte, ...
7. Gerade als ich aus dem Haus gehen wollte, ...
8. Als ich gestern Abend ins Bett gehen wollte, ...
9. Als ich gerade in die Kantine gehen wollte, ...

C5 Ein perfekter Abend. Formulieren Sie Sätze im Präteritum und verbinden Sie sie mit *während*.

- Er geht einkaufen. Sie macht die Wohnung sauber.
  Während er einkaufen ging, machte sie die Wohnung sauber.

1. Er schneidet das Gemüse. Sie brät das Fleisch an.
   ....
2. Er deckt den Tisch. Sie putzt die Gläser.
   ....
3. Er begrüßt die Gäste. Sie öffnet den Wein.
   ....
4. Er serviert das Essen. Sie redet mit den Gästen.
   ....
5. Er räumt das Geschirr ab. Sie bereitet das Dessert vor.
   ....

C6 Ergänzen Sie die Verben in den Sätzen mit *nachdem* in der richtigen Zeitform.

1. Nachdem er auf dem Bahnhof .... *(ankommen)*, fuhr er mit dem Taxi nach Hause.
2. Er bemerkte den Einbruch sofort, nachdem er die Wohnung .... *(betreten)*.
3. Nachdem er die Polizei .... *(informieren)*, kamen zwei Beamte an den Tatort.
4. Die Polizisten verließen die Wohnung erst wieder, nachdem sie alle Spuren .... *(sichern)*.
5. Nachdem es noch drei weitere Einbrüche in der Gegend .... *(geben)*, konnten die Diebe gefasst werden.
6. Die Diebe gestanden die Tat, nachdem sie der Hauptkommissar .... *(verhören)*.

C7 Formulieren Sie nicht gleichzeitig ablaufende Handlungen mit *nachdem*. Orientieren Sie sich am Beispiel.

- Die Gäste aßen. Edwin hielt seine Rede.
  Nachdem die Gäste gegessen hatten, hielt Edwin seine Rede.

1. Martina schloss das Studium ab. Sie bewarb sich bei der Deutschen Bank.
   ....
2. Axel bekam sein erstes Gehalt. Er kaufte sich ein Auto.
   ....
3. Monika suchte zehn Jahre den richtigen Mann fürs Leben. Sie traf Ludwig.
   ....
4. Kathrin fuhr fünf Jahre lang nicht weg. Im Winter reiste sie nach Argentinien.
   ....
5. Michael gab sein ganzes Geld aus. Er konnte sich nichts zu essen kaufen.
   ....
6. Andrea fiel zweimal durch die Prüfung. Am Dienstag bestand sie die Prüfung mit „gut".
   ....

C8 Bilden Sie Satzketten mit *nachdem* wie im Beispiel.

a) Wie kauft man sich eine Fahrkarte?

einen Fahrkartenautomaten finden → die Sprache auswählen → Hinweise lesen → die passende Fahrkarte aussuchen → Geld einwerfen → warten, bis die Fahrkarte herauskommt

Zuerst findet man einen Fahrkartenautomaten. Nachdem man einen Fahrkartenautomaten gefunden hat, wählt man die Sprache aus. Nachdem man die Sprache ....

....

....

....

b) Wie bekommt man den Führerschein?

sich bei einer Fahrschule anmelden → Regeln im Straßenverkehr lernen → Fahrstunden nehmen → die Fahrprüfung machen und bestehen → den Führerschein bekommen

....

....

....

....

c) Wie bereitet man eine Reise vor?

ins Reisebüro gehen und sich nach Angeboten erkundigen → eine Reise auswählen → eine Reise bezahlen → den Koffer packen → zum Flughafen fahren → ins Flugzeug einsteigen → sich entspannen

....

....

....

....

C9 Bilden Sie Sätze. Beginnen Sie jeweils mit: *Bevor ich anfange, …*

- Kaffee: Bevor ich anfange, *muss ich noch einen Kaffee trinken.*
1. Mittagsschlaf: ....
2. Schreibtisch: ....
3. Krimi: ....
4. Hände: ....
5. CD: ....

C10 *Bis* oder *seit/seitdem*? Ergänzen Sie die richtige Subjunktion.

1. Ich warte, ... du kommst.
2. .... er sein Studium abschließen kann, muss er noch viel lernen.
3. .... er nach London umgezogen ist, habe ich nichts mehr von ihm gehört.
4. .... der Sänger sein erstes Benefiz-Konzert organisiert hat, konnte er 35 Millionen Euro sammeln.
5. Ich weiß nicht, ... wann ich die Arbeit abgeben soll.
6. Er leidet unter diesen Kopfschmerzen, ... er 17 Jahre alt ist.

Präpositionen

Orts- und Richtungsangaben *(Wiederholung)*

Wohin gehen/fahren/fliegen Sie?	Wo waren Sie?	
nach + Dativ *(bei Richtungsangaben ohne Artikel)* nach Deutschland, nach München, nach Europa nach Norden nach Hause	*in* + Dativ in Deutschland, in München, in Europa im Norden zu (!) Hause	 *Länder ohne Artikel,* *Städte und Kontinente* *Himmelsrichtungen*
in + Akkusativ **im Sinne von *hinein*:** in die Kirche, in die Schule, in das Restaurant, in den Park in die Schweiz, in den Sudan, in die Niederlande, in die USA	*in* + Dativ in der Kirche, in der Schule, im Restaurant, im Park in der Schweiz, im Sudan, in den Niederlanden, in den USA	 *Länder mit Artikel*
an + Akkusativ **im Sinne von *heran*:** an das Fenster an die Nordsee, an den Strand	*an* + Dativ am Fenster an der Nordsee, am Strand	 *Wasser*
auf + Akkusativ **im Sinne von *hinauf*:** auf den Berg auf eine einsame Insel auf den Potsdamer Platz	*auf* + Dativ auf dem Berg auf einer einsamen Insel auf dem Potsdamer Platz	 *Inseln* *Plätze*
zu + Dativ *(meistgebrauchte Richtungsangabe)* zu meinen Eltern, zum Arzt, zum Friseur zur Polizei, zum Unterricht, zu Mercedes	*bei* + Dativ bei meinen Eltern, beim Arzt, beim Friseur bei der Polizei, beim Unterricht, bei Mercedes	 *Personen* *einige Behörden, Veranstaltungen o. Ä.*

C11 Ergänzen Sie die Präpositionen und die Artikel. Manchmal gibt es mehrere Lösungen.

	Wohin fahrt/geht/fliegt ihr?		Wo wart ihr?	
	Wir fahren/gehen/fliegen ...		*Wir waren ...*	
1.	....	Vereinigten Staaten	....	Vereinigten Staaten
2.	....	Arzt	....	Arzt
3.	....	Brandenburger Tor	....	Brandenburger Tor
4.	....	Siemens	....	Siemens
5.	....	Museum für moderne Kunst	....	Museum für moderne Kunst
6.	....	Frankfurt	....	Frankfurt
7.	....	Supermarkt	....	Supermarkt
8.	....	Kanarischen Inseln	....	Kanarischen Inseln
9.	....	Goethe-Institut	....	Goethe-Institut
10.	....	Paul und Claudia	....	Paul und Claudia
11.	....	Spanien	....	Spanien
12.	....	Hause	....	Hause
13.	....	Türkei	....	Türkei
14.	....	Büro	....	Büro
15.	....	Kunden *(Pl.)*	....	Kunden *(Pl.)*
16.	....	Kino	....	Kino

C12 Beantworten Sie die Fragen.

Wohin gehen Sie, ...

- wenn Ihre Haare zu lang sind? *(Friseur)*
  Wenn meine Haare zu lang sind, gehe ich zum Friseur.

1. wenn Sie sich neue Kleidung kaufen möchten? *(ein großes Kaufhaus)*
   ....
2. wenn Sie eine Fremdsprache lernen möchten? *(Volkshochschule)*
   ....
3. wenn Sie einen Film sehen möchten? *(Kino)*
   ....
4. wenn Sie einen schönen Blick über Ihre Stadt haben möchten? *(Kirchturm)*
   ....
5. wenn Sie frisches Brot brauchen? *(Bäcker)*
   ....
6. wenn Sie Zahnschmerzen haben? *(Zahnarzt)*
   ....
7. wenn Sie sich mit Freunden treffen möchten? *(Kneipe)*
   ....
8. wenn Ihnen Ihr Portemonnaie gestohlen wurde? *(Polizei)*
   ....

C13 Wer geht wohin? Bilden Sie Sätze.

1. Wohin geht Elsa in Wien?
   (Kunsthistorisches Museum, Burgtheater, Party)
2. Wohin geht Dietrich in Berlin?
   (Zoo, Wannsee, Brandenburger Tor, Potsdamer Platz)
3. Wohin geht Jana in München?
   (Alte Pinakothek, Olympiastadion, Englischer Garten, ihre Freundinnen)
4. Wohin geht Erik in Basel?
   (Kunstmuseum, Botanischer Garten, Grillabend)
5. Wohin geht Roland in Hamburg?
   (Hotel „Vier Jahreszeiten", Gewürzmuseum, Planetarium)

Wechselpräpositionen *(Wiederholung)*

Präpositionen	Kasus	Beispielsätze
an – auf – hinter – in – neben – über – unter – vor – zwischen	Dativ: wo? Akkusativ: wohin?	Das Bild hängt an der Wand. Ich hänge den Mantel an die Garderobe.

C14 Wo oder wohin? Ergänzen Sie den Artikel.

- Stellst du bitte die Stehlampe neben *den* Sessel?

1. Hast du den Topf auf .... Kochplatte gestellt?
2. In der 30. Spielminute schoss der Fußballspieler den Ball in .... Tor.
3. Petra und Peter gehen auf .... Berg.
4. Dein Führerschein liegt immer noch auf .... Schreibtisch.

5. Wollen wir diese Lampe über .... Esstisch hängen?
6. Unter .... Stadt gab es früher Katakomben.
7. Ich warte vor .... Eingang auf dich.
8. In .... Restaurant kann man sehr gut essen.
9. Ich habe die Dokumente in .... Schrank gelegt.
10. Du kannst dein Auto direkt vor .... Haustür parken.

C15 Mein Handy ist weg! Bilden Sie die Fragen im Perfekt wie im Beispiel.

- es – Auto – lassen – ? *Hast du es im Auto gelassen?*

1. schon – dein – Handtasche – nachsehen – ? ....
2. es – vielleicht – Büro – vergessen – ? ....
3. schon – Küche – suchen – ? ....
4. schon – Schrank – nachgucken – ? ....
5. es – Straßenbahn – verlieren – ? ....
6. es – ausschalten – ? ....

C16 Stellen Sie Fragen und beantworten Sie sie mit einer Orts- und einer Richtungsangabe.

■ Terrasse 

Hast du meine Schuhe gesehen?

a) *Ja, sie sind/stehen auf der Terrasse.*

b) *Ja, ich habe sie auf die Terrasse gestellt.*

1 Tasche 

Hast du meinen Kalender ....

a) ....

b) ....

2 Schrank 

....

a) ....

b) ....

3 Bücherregal 

....

a) ....

b) ....

4 Kühlschrank 

....

a) ....

b) ....

5 Schublade 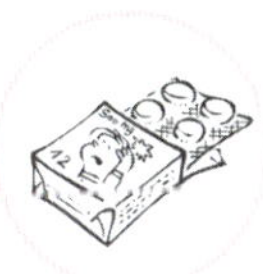

....

a) ....

b) ....

6 Buch 

....

a) ....

b) ....

7 Auto 

....

a) ....

b) ....

8 Nachttisch 

....

a) ....

b) ....

9 Koffer 

....

a) ....

b) ....

10 Peters Büro 

....

a) ....

b) ....

11 Jackett 

....

a) ....

b) ....

Adverbien

Lokale Adverbien: ***heraus, hinaus, raus …***

Wo war Otto und wohin geht Otto?

Otto war unten.
Jetzt geht er rauf.
(herauf/hinauf)

Otto war oben.
Jetzt geht er runter.
(herunter/hinunter)

Otto war draußen.
Jetzt geht er rein.
(herein/hinein)

Otto war drinnen.
Jetzt geht er raus.
(heraus/hinaus)

Otto war drüben. Jetzt geht er rüber.
(herüber/hinüber)

her oder *hin*?

her bedeutet auf den Sprecher zu: *Otto kommt herein.*
hin bedeutet vom Sprecher weg: *Otto geht hinein.*

Umgangssprachlich werden die verkürzten Formen *rein* und *raus* verwendet: *Otto kommt rein. Otto geht raus.*

C17 Otto hat es nicht leicht. Formulieren Sie Fragen wie im Beispiel.

a) Otto ist immer am falschen Ort.

- Otto ist draußen. *Otto, kannst du mal bitte hereinkommen/reinkommen?*

1. Otto ist drinnen. ……………………
2. Otto ist oben. ……………………
3. Otto ist unten. ……………………
4. Otto ist drüben. ……………………

b) Die Gegenstände sind auch am falschen Ort.

- Der Blumentopf steht noch draußen im Garten. *(bringen)*
  Otto, kannst du bitte den Blumentopf hereinbringen/reinbringen?

1. Der Fotoapparat liegt oben auf dem Schrank. *(holen)*
   ……………………
2. Der Zucker steht drüben am anderen Ende des Tisches. *(geben)*
   ……………………
3. Das Paket steht draußen vor der Tür. *(holen)*
   ……………………
4. Die Weinflaschen stehen unten im Keller. *(holen)*
   ……………………
5. Mein Wintermantel hängt oben auf dem Dachboden. *(bringen)*
   ……………………
6. Die Handtücher sind im Kleiderschrank. *(geben)*
   ……………………

Rückblick

D1 Wichtige Redemittel

Hier finden Sie die wichtigsten Redemittel des Kapitels.

Zweisprachige Redemittellisten finden Sie hier: www.schubert-verlag.de/wortschatz

Verkehrsmittel

das Fahrrad ▪ der Zug ▪ die Straßenbahn ▪ die U-Bahn ▪ die S-Bahn ▪ der Bus ▪ das Auto ▪ der (*Firmen*-)Wagen ▪ das Taxi ▪ das Motorrad ▪ das Moped ▪ der Lkw (Lastkraftwagen) ▪ das Flugzeug ▪ der Hubschrauber ▪ die Fähre ▪ das Motorboot ▪ das Segelboot ▪ das Schiff ▪ die öffentlichen Verkehrsmittel

Der tägliche Straßenverkehr

der Stau ▪ die Ampel/Ampeln, die immer auf Rot steht/stehen ▪ hupende Autofahrer ▪ Sonntagsfahrer ▪ Raser ▪ die Baustelle ▪ die Umleitung ▪ die Verspätung ▪ volle Busse/Züge/U-Bahnen ▪ unfreundliche Mitmenschen ▪ Schlangen an den Fahrkartenschaltern/Fahrkartenautomaten ▪ Fahrkartenkontrolleure

Die Berliner U-Bahn …

befördert mehr als 1,4 Millionen Fahrgäste am Tag. ▪ beeindruckt sogar Partygänger aus London. ▪ fährt im 15-Minuten-Takt rund um die Uhr. ▪ wurde am 15. Februar 1902 eingeweiht. ▪ hatte am Anfang hohe Fahrpreise. ▪ war immer Schauplatz der Politik. ▪ wurde während des Zweiten Weltkrieges beschädigt. ▪ wurde in einen West- und einen Ostteil getrennt. ▪ fuhr durch Geisterbahnhöfe. ▪ wurde nach dem Fall der Mauer wieder zusammengeschlossen.

Rund ums Auto

die Hupe – hupen ▪ die Bremse – bremsen ▪ das Gaspedal – Gas geben ▪ die Gangschaltung – einen Gang einlegen ▪ die Tür öffnen/schließen ▪ der Reifen – den Reifen wechseln ▪ der Kofferraum – etwas im Kofferraum verstauen ▪ der Sicherheitsgurt – den Sicherheitsgurt anlegen ▪ die Motorhaube öffnen/schließen ▪ der Motor – den Motor warten ▪ die Frontschutzscheibe/die Rückscheibe putzen ▪ der Rückspiegel – in den Rückspiegel sehen ▪ der Seitenspiegel – in den Seitenspiegel sehen ▪ das Seitenfenster ▪ der Blinker – blinken – den Blinker setzen ▪ die Kupplung treten/kuppeln ▪ die Scheinwerfer anschalten ▪ das Lenkrad – lenken ▪ einen Führerschein machen/haben/besitzen ▪ die Fahrprüfung ablegen ▪ die Verkehrsregeln kennen/lernen

Urlaub

eine Enttäuschung erleben/vermeiden ▪ am Ziel seiner Träume sein ▪ einen Traumurlaub erleben ▪ Zu meinem Traumurlaub gehört/gehören … ▪ Der Reiseveranstalter schützt sich vor Beschwerden.

Beschreibungen im Reisekatalog: Das Hotel befindet sich in ruhiger Lage/in verkehrsgünstiger Lage/direkt am Meer/direkt an der Strandpromenade/mitten in der Altstadt.

Das Hotel liegt an einer Steilküste/am Hafen/an einem Badestrand/an einer Hauptverkehrsstraße. ▪ einen/keinen Blick aufs Meer haben ▪ Das Hotel bietet zweckmäßig eingerichtete Zimmer, eine internationale/familiäre Atmosphäre, unaufdringlichen Service, einen beheizbaren Swimmingpool, kontinentales Frühstück.

D2 Kleines Wörterbuch der Verben

Unregelmäßige Verben

Infinitiv	3. Person Singular Präsens	3. Person Singular Präteritum	3. Person Singular Perfekt
genießen	sie genießt	sie genoss	sie hat genossen
(auf)schließen	sie schließt (auf)	sie schloss (auf)	sie hat (auf)geschlossen

Einige regelmäßige Verben

Infinitiv	3. Person Singular Präsens	3. Person Singular Präteritum	3. Person Singular Perfekt
amüsieren *(sich)*	sie amüsiert sich	sie amüsierte sich	sie hat sich amüsiert
anlegen *(den Sicherheitsgurt)*	sie legt an	sie legte an	sie hat angelegt
befördern *(Fahrgäste)*	sie befördert	sie beförderte	sie hat befördert
befürchten *(etwas)*	sie befürchtet	sie befürchtete	sie hat befürchtet
beschädigen *(etwas)*	sie beschädigt	sie beschädigte	sie hat beschädigt
betätigen *(sich, als Tierfänger)*	sie betätigt sich	sie betätigte sich	sie hat sich betätigt
blinken	sie blinkt	sie blinkte	sie hat geblinkt
bremsen	sie bremst	sie bremste	sie hat gebremst
einreichen *(Vorschläge)*	sie reicht ein	sie reichte ein	sie hat eingereicht
hupen	sie hupt	sie hupte	sie hat gehupt
kuppeln	sie kuppelt	sie kuppelte	sie hat gekuppelt
lenken	sie lenkt	sie lenkte	sie hat gelenkt
nachholen *(Schlaf)*	sie holt nach	sie holte nach	sie hat nachgeholt
(ein)parken	sie parkt (ein)	sie parkte (ein)	sie hat (ein)geparkt
starren *(auf einen Bildschirm)*	sie starrt	sie starrte	sie hat gestarrt
überqueren *(die Straße)*	sie überquert	sie überquerte	sie hat überquert
verstauen *(etwas im Kofferraum)*	sie verstaut	sie verstaute	sie hat verstaut
verstecken *(sich, hinter etwas)*	sie versteckt sich	sie versteckte sich	sie hat sich versteckt
zerstören	sie zerstört	sie zerstörte	sie hat zerstört

D3 Evaluation

Überprüfen Sie sich selbst.

Ich kann	gut	nicht so gut
Ich kann über Verkehrsmittel, den täglichen Verkehr und Verkehrsprobleme berichten.	☐	☐
Ich kann beschreiben, wie man Auto fährt.	☐	☐
Ich kann verschiedene Texte über Verkehrsmittel und Verkehrsprobleme sowie Verkehrsdurchsagen verstehen.	☐	☐
Ich kann mich problemlos in allen Verkehrs- und Reisesituationen verständigen.	☐	☐
Ich kann über meinen Urlaub berichten und mich an einer Diskussion über Wünsche und Probleme im Urlaub beteiligen.	☐	☐
Ich kann eine Beschwerdemail über Mängel im Hotel oder im Urlaub verfassen.	☐	☐
Ich kann eine ausführliche Biografie verstehen und über interessante Menschen biografisch berichten. (*fakultativ*)	☐	☐

Kapitel 7

Gefühle und Eigenschaften

Kommunikation

- Über Gefühle sprechen
- Über Glückssymbole berichten
- Ratschläge und Tipps zu den Themen Glück und Stress geben
- Vermutungen ausdrücken
- Personen und ihre Charaktere beschreiben
- Über Stress, Ärger und Freude reden
- Gründe und Folgen nennen

Wortschatz

- Gefühle
- Vermutungen
- Eigenschaften
- Stress, Ärger und Freude

Glücksgefühle

A1 Diskussion: Gefühle

Diskutieren Sie in kleinen Gruppen und berichten Sie anschließend im Plenum.
Welche Gefühle wecken bei Ihnen die folgenden Situationen?

sich ärgern ▪ sich freuen ▪ glücklich sein ▪ traurig sein ▪ stolz sein ▪ neidisch sein ▪ gestresst sein ▪ aufgeregt sein ▪ sich entspannt fühlen ▪ Angst haben ▪ …

- Sie sind im Urlaub. Die Sonne scheint. Sie liegen am Strand.
- Sie stehen auf dem Bahnhof und wollen mit dem Zug zum Flughafen fahren. Sie fliegen heute in den Urlaub. Ihr Zug hat eine Stunde Verspätung.
- Ihr Nachbar hat ein neues Auto. Es ist Ihr Traumauto!
- Sie bekommen eine Gehaltserhöhung.
- Jemand hat Ihnen einen wunderschönen Blumenstrauß geschickt. Es gibt keinen Absender.
- Sie haben sich verliebt.
- Jemand hat Ihre E-Mails gelesen, ohne Sie zu fragen.
- Sie haben morgen eine Prüfung.
- In zwei Tagen ist Weihnachten.
- Ihr Nachbar (der mit dem neuen Auto) feiert jede Nacht eine Party. Sie können nicht schlafen.

A2 Interview

Fragen Sie Ihre Nachbarin/Ihren Nachbarn und berichten Sie.

- Worüber haben Sie sich in letzter Zeit richtig geärgert?
- Waren Sie schon einmal neidisch? Wenn ja, worauf?
- Worauf sind Sie besonders stolz?
- Womit kann man Ihnen eine Freude machen?
- Wann waren Sie das letzte Mal richtig glücklich? Was hat Sie glücklich gemacht?

Adjektive mit Präpositionen ⇨ Teil C Seite 205

neidisch sein auf
stolz sein auf

A3 Was ist Glück?

a) Lesen Sie die Thesen aus: „Hectors Reise oder die Suche nach dem Glück" von Francois Lelord.

Welcher These stimmen Sie zu? Welche These bezweifeln Sie?

- „Glück ist, mit Menschen zusammen zu sein, die man liebt."
- „Glück ist, wenn man eine Beschäftigung hat, die man liebt."
- „Glück ist, wenn man ein Haus und einen Garten hat."
- „Glück ist schwieriger in einem Land, das von schlechten Menschen regiert wird."
- „Glück ist, wenn man spürt, dass man den anderen nützlich ist."
- „Glück ist, wenn man richtig feiert."
- Frage: Ist Glück vielleicht eine chemische Reaktion?

b) Schreiben Sie Ihre eigene These und vergleichen Sie sie anschließend mit den Thesen der anderen Kursteilnehmer.

○ Glück ist: …

A4 Wie wird man glücklich?

Lesen und hören Sie den folgenden Text.

2.11

Wo ist der richtige Weg zum Glück?

Sehnt sich der Mensch nach einem angenehmen Leben, nach möglichst viel Glück? Die Antwort lautet: Ja! Jeder will so viel Glück wie möglich. Einen Beweis dafür liefern unter anderem die vielen Ratgeber, die man zum Thema Glück kaufen kann: „365 Ideen für das kleine Glück“ oder „Der Weg zum Glück“, um nur einige zu nennen. Allein die Tatsache, dass es so viele Bücher über das Glück gibt, könnte man als Signal dafür interpretieren, dass unsere Suche nach dem Glück nicht besonders erfolgreich ist. Wären wir glücklich, würden wir keine Ratgeber kaufen.

Doch wie findet man den richtigen Weg zum Glück? Mit Geld vielleicht? „Glück kann man kaufen“, das behauptet jedenfalls die Lottogesellschaft – „Glück kann man nicht kaufen“, das beweist die Realität. Wissenschaftlichen Untersuchungen zufolge sind viele Lottomillionäre einige Jahre nach ihrem Gewinn nicht glücklicher als zuvor. Nehmen wir als Beispiel die Geschichte von Marianne aus Hannover, die als 48-Jährige sechs Richtige im Lotto ankreuzte. Sofort erfüllte sie sich ihre Herzenswünsche: Sie kündigte ihren Job als Sekretärin, ließ Freunde und Verwandte am neuen Reichtum teilhaben[1], kaufte sich eine Eigentumswohnung, reiste nach Afrika, in die Karibik, nach Marokko – und wurde trotzdem nicht glücklich. „Ich langweile mich entsetzlich[2]“, erklärte sie nach drei Jahren. „Deshalb würde ich gern wieder arbeiten.“

Als Glücksbringer scheint sich ein gut gefülltes Portemonnaie also nicht in jedem Fall zu eignen. Diese Meinung vertritt auch der Psychologe Gerhard Susen, der es so interpretierte: „Wir kaufen uns Sachen, die wir nicht brauchen, um Leuten zu imponieren, die wir nicht leiden können.“

Aber wenn es nicht am Geld liegt – wenn Geld allein weder glücklich noch unglücklich macht – woher kommt dann die unerfüllte Suche nach dem Glück? Die Antwort ist sehr einfach: Häufig aus uns selbst! Viele Menschen verfolgen Strategien, mit denen sie sich selbst unglücklich machen. Sie haben alles: Geld, ein gesichertes Leben, beruflichen Erfolg – aber keine Zufriedenheit! Sie wollen noch erfolgreicher sein, sich noch weiter qualifizieren und glauben, je mehr sie sich anstrengen, desto glücklicher werden sie. Doch wer so denkt, hat sein Unglück fest gebucht, denn die Anstrengungen reichen natürlich niemals aus.

1 jemanden am Reichtum teilhaben lassen = den Reichtum teilen/abgeben
2 entsetzlich = schrecklich/sehr

A5 Textverständnis

Beantworten Sie die Fragen in ganzen Sätzen.

1. Wonach sehnen sich die Menschen?

....

2. Warum gibt es so viele Bücher zum Thema Glück?

....

3. Macht Geld glücklich?

....

4. Was machte Marianne aus Hannover nach ihrem Lottogewinn?

....

5. Wie fühlt sich Marianne heute?

....

6. Woher kommt die unerfüllte Suche nach dem Glück?

....

A6 Verben

Welches Verb passt? Ordnen Sie zu.

kaufen ▪ führen ▪ sehnen ▪ suchen ▪ erfüllen ▪ verfolgen

1. Man kann sich nach einem angenehmen Leben ....
2. Man kann das Glück ....
3. Man kann hoffen, dass sich die Wünsche ....
4. Das Glück kann man nicht ....
5. Menschen können Strategien ....
6. Man kann ein erfolgreiches Leben ....

A7 Ihre Wünsche

Wenn es eine gute Fee gäbe, die Ihnen drei Wünsche erfüllen könnte, welche Wünsche hätten Sie?

....

....

....

....

....

....

A8 Angabe einer Informationsquelle

- *Wissenschaftlichen Untersuchungen zufolge sind viele Lottomillionäre einige Jahre nach ihrem Gewinn nicht glücklicher als davor.*
- *Laut Bericht einer Lottomillionärin fühlt man sich einige Jahre nach dem Gewinn nicht glücklicher als davor.*

Die Präpositionen *zufolge* und *laut* geben eine Informationsquelle an.
Zufolge ist in der Regel nachgestellt und fordert in nachgestellter Position den Dativ. *Laut* fordert den Genitiv oder den Dativ. Oft wird *laut* ohne Artikel verwendet (z. B. *laut Bericht, laut Grundgesetz*).

Bilden Sie Sätze mit *zufolge* und *laut*. Verwenden Sie *laut* ohne Artikel oder mit Genitiv.

■ ein Pressebericht – Ölpreise steigen im nächsten Jahr

Einem Pressebericht zufolge steigen die Ölpreise im nächsten Jahr.

Laut Pressebericht/eines Presseberichtes steigen die Ölpreise im nächsten Jahr.

1. eine Studie – verbringen die Deutschen ihren Urlaub am liebsten im eigenen Land

   ....

   ....

2. ein Artikel der FAZ – können Mäuse singen

   ....

   ....

3. ein Spiegel-Bericht – wurde der ehemalige Spion vergiftet

   ....

   ....

A9 Tipps zum Glücklichsein

a) Sie arbeiten für eine Zeitschrift und sollen fünf Tipps zum Glücklichsein geben, die in der nächsten Ausgabe erscheinen. Erarbeiten Sie die Tipps in Gruppen.

1. ....
2. ....
3. ....
4. ....
5. ....

b) Schreiben Sie einen kurzen Text zu diesen Tipps. Begründen Sie darin Ihre Meinung und nennen Sie Beispiele.

A10 Glückssymbole

a) Kennen Sie diese Glückssymbole? Ordnen Sie zu.

Marienkäfer ▪ Hufeisen ▪ vierblättriges Kleeblatt ▪ Schornsteinfeger ▪ Schwein ▪ Fliegenpilz

1

....

2

....

3

....

4

....

5
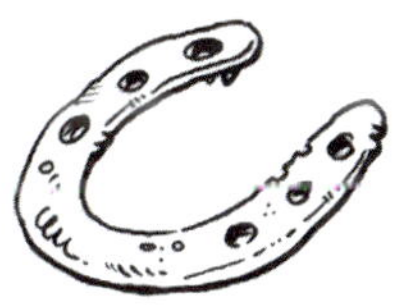
....

6

....

b) Welche Beschreibung passt zu welchem Symbol? Ordnen Sie zu.

1. Es ist in der Natur nur sehr selten und man braucht Glück, um es zu finden. Die biblische Gestalt Eva nahm es als Erinnerung aus dem Paradies mit. Heute sagt man, dass jemand, der es hat, ein Stück vom Paradies besitzt. ....
2. Seine Bedeutung als Glücksbringer basiert auf der hohen Wertschätzung des Pferdes, das schon immer Kraft und Stärke verkörpert. ....
3. Bereits für die germanischen Völker war es ein heiliges Tier. Es ist ein Zeichen für Wohlstand und Reichtum, Fruchtbarkeit und Stärke. ....
4. Eigentlich ist er giftig und kann zu Krankheit oder Tod führen. Die genaue Herkunft dieses Symbols als Glücksbringer ist nicht bekannt. Eine mögliche Ursache könnte sein, dass durch die Einnahme in geringen Mengen eine Rauschwirkung entsteht. ....
5. Früher war es eine Katastrophe für den Haushalt, wenn der Kamin verstopft war, denn dann konnte das Essen nicht mehr zubereitet werden und es wurde kalt im Haus. In einer solchen Situation brachte er die Rettung. Er säuberte den Kamin und es war wieder möglich, zu kochen und zu heizen. So brachte er das „Glück" zurück. ....
6. Der Grund für seine Beliebtheit liegt darin, dass er im Gartenbau und in der Landwirtschaft sehr nützlich ist, weil er kleine Pflanzenschädlinge frisst. Deshalb gilt er als Glückssymbol. ....

c) Berichten Sie über Glückssymbole in Ihrem Heimatland.

A11 Ein glücklicher Tag in Ihrem Leben

Berichten Sie mündlich oder schriftlich über einen glücklichen Tag.

A12 Glück und Zufriedenheit

2.12

a) Sie hören jetzt ein Gespräch zum Thema: Glück und Zufriedenheit. Hören Sie das Gespräch zweimal. Was ist richtig, was ist falsch? Kreuzen Sie an.

	richtig	falsch
1. Eine Arbeit zu haben, die man mag, ist eine wichtige Voraussetzung für ein glückliches Leben.	☐	☐
2. Materieller Wohlstand spielt beim Glücklichsein genauso eine große Rolle wie die Beziehungen zu anderen Menschen.	☐	☐
3. Menschen, die in einer demokratischen Gesellschaftsordnung leben, sind im Durchschnitt glücklicher als Menschen, die in einer autoritären Gesellschaftsordnung leben.	☐	☐
4. In den letzten 50 Jahren sind die Menschen immer reicher und glücklicher geworden.	☐	☐
5. Das Glücksgefühl ist unabhängig von Geschlecht und Alter.	☐	☐
6. Zufälliges Glück und zufälliger Erfolg haben immer Depressionen zur Folge.	☐	☐

b) Ergänzen Sie die Nomen.

Depressionen ▪ Freude ▪ ~~Gefühl~~ ▪ Bedingungen ▪ Vergleich ▪ Karriere ▪ Druck ▪ Nachteil ▪ Zufriedenheit ▪ Durchschnitt ▪ Umfragen ▪ Anteil ▪ Unterschiede ▪ Beziehungen

■ Arbeit gibt den Menschen das *Gefühl*, dass sie etwas Nützliches tun.

1. Wichtig für das Glück sind auch die .... zu anderen Menschen.
2. Man kann sagen, dass im .... reiche Menschen glücklicher sind als arme.
3. In den USA gaben bei verschiedenen .... 40 Prozent der reichen Leute an, dass sie glücklich sind.
4. Der .... der Glücklichen hat sich aber in den letzten 50 Jahren nicht verändert.
5. Beim Glücklichsein gibt es keine großen .... zwischen Männern und Frauen.
6. Dass wir zwischen 25 und 45 weniger glücklich sind, liegt an den äußeren ...., die uns dann belasten: Kinder, Kredite, ...
7. In diesem Alter ist der ...., etwas zu erreichen, besonders groß.
8. Das Streben nach immer mehr Erfolg, der .... mit den anderen ist auch ein Teil des Drucks.
9. Wenn man Glück hat, ist das kein .... fürs Leben.
10. Filmstars, die Erfolg und Anerkennung haben, können trotzdem in .... versinken.
11. Das zufällige Glück führt nicht automatisch zu mehr ....
12. Glück ist für mich die .... am eigenen Leben.

c) Ergänzen Sie die Verben in der richtigen Form.

mögen ▪ geben ▪ arbeiten ▪ empfinden ▪ ausüben ▪ veröffentlichen

1. Frau Mitschke .... als Psychologin und hat schon einige Bücher zum Thema Glück ....
2. Sie .... Menschen Tipps für die Suche nach dem Glück.
3. Die meisten Menschen, die einen Beruf gerne ...., sind glücklich.
4. Viele Behinderte .... in ihrem Leben genauso Freude und Glück wie nicht behinderte Menschen.
5. .... Sie das, was Sie tun – das ist die wichtigste Voraussetzung für ein glückliches Leben.

A13 Wo sind die Menschen am glücklichsten?

a) Beschreiben Sie die folgende Grafik.

Die Weltkarte des Glücks

Quelle: World Happiness Report

Länder mit den glücklichsten Menschen:

1. **Finnland**
2. **Dänemark**
3. **die Schweiz**

4. Island
5. Norwegen
6. die Niederlande
7. Schweden
8. Neuseeland
9. Österreich
10. Luxemburg

…

17. Deutschland

Die unglücklichsten Menschen leben in:

1. Afghanistan
2. Südsudan
3. Simbabwe

b) In welchen Ländern sind die Menschen glücklich, in welchen unglücklich? Welche Ursachen könnte das haben? Vermuten Sie.

Vermutungen:

- Vielleicht/Wahrscheinlich …
- Ich vermute, dass …
- Ich glaube, dass …
- Es könnte sein, dass …

Vermutungen ⇨ Teil C Seite 206

- Die ökonomische Lage ist gut/schlecht.
- Die Menschen leben (nicht) in materiellem Wohlstand.
- Das Wetter ist gut/schlecht.
- Die soziale Versorgung ist gut/schlecht.
- Die politische Lage ist (nicht) stabil.
- Die Menschen sind mit der Arbeit der Regierung (nicht) zufrieden.
- Man hat eine positive Einstellung zum Leben.
- Es gibt andere Werte als Reichtum.

Eigenschaften und Verhaltensweisen

A14 Diskussion: Sympathie

Diskutieren Sie die Frage in kleinen Gruppen und berichten Sie anschließend über Ihre Diskussionsergebnisse.

Wann wirkt eine Person Ihrer Meinung nach sympathisch?

- Wenn sie attraktiv ist.
- Wenn sie intelligent ist.
- Wenn sie andere Meinungen akzeptiert.
- Wenn sie freundlich lächelt.
- Wenn sie gerne im Mittelpunkt steht.
- Wenn sie sich für andere Menschen wirklich interessiert.
- Wenn sie Mitgefühl zeigt.
- Wenn …

A15 Sympathische Eigenschaften und Verhaltensweisen

2.13

a) Sie hören jetzt ein Radiogespräch. Hören Sie das Gespräch einmal. Sind die Aussagen richtig oder falsch? Kreuzen Sie an.

		richtig	falsch
1.	In dem Gespräch geht es darum, wie man die Wirkung auf andere verbessern kann.	☐	☐
2.	Sympathie spielt im beruflichen Umfeld eine große Rolle.	☐	☐
3.	Sympathisches Auftreten kann man nicht lernen.	☐	☐
4.	Wenn man im Gespräch ab und zu auf sein Handy blickt, gilt man als allgemein interessierte Person.	☐	☐
5.	Menschen, die gerne im Mittelpunkt stehen, sind besonders sympathisch.	☐	☐
6.	Wenn man seine Meinung häufig ändert, wirkt man unehrlich.	☐	☐
7.	Ein freundliches Lächeln sendet positive Signale.	☐	☐
8.	Es ist immer gut, wenn man für alle so viel wie möglich macht.	☐	☐

b) Vergleichen Sie die Aussagen des Textes mit Ihren Diskussionsergebnissen in Aufgabe A14. Sind Sie mit den Aussagen der Expertin einverstanden? Möchten Sie noch etwas ergänzen? Begründen Sie Ihre Meinung.

A16 Textarbeit

a) Was passt zusammen? Ordnen Sie zu.

(1) jemanden sympathisch → (d)	(a) blicken
(2) als sympathisch	(b) ändern
(3) an etwas nichts	(c) sorgen
(4) jemandem gut	(d) finden
(5) offene Fragen	(e) zeigen
(6) auf das Handy	(f) wahrgenommen werden
(7) die eigene Meinung nicht ständig	(g) erzielen
(8) sich in den Vordergrund	(h) vermeiden
(9) eine gegenteilige Wirkung	(i) ändern können
(10) für positive Gefühle	(j) stellen
(11) abwehrende Gesten	(k) zuhören
(12) Interesse und Verständnis für andere	(l) schieben

b) Bilden Sie aus den Vorgaben Sätze. Achten Sie auf fehlende Präpositionen.

■ beim Kontakt *zwischen* Personen – es – oft – *um* Sympathie – gehen
Beim Kontakt zwischen Personen geht es oft um Sympathie.

1. auf der Basis .... Sympathie – man – leichter – miteinander – kommunizieren – und besser – zusammenarbeiten – können
....
2. wir – unsere Wirkung – .... andere – selbst bestimmen – können
....
3. .... neueren Untersuchungen – Eigenschaften wie Ehrlichkeit, Transparenz und Verständnis – .... der Sympathie – eine große Rolle – spielen
....
4. es – ein paar ganz einfache Verhaltensweisen – geben, – die – Menschen – sympathisch machen
....
5. ganz wichtig – dabei – Interesse, Aufmerksamkeit, Ehrlichkeit und Aufrichtigkeit – sein
....
6. das Smartphone – .... eines Gesprächs – .... der Tasche – bleiben – müssen
....
7. man – die eigene Meinung – .... guten Argumenten – vertreten – sollten
....
8. man – aber – auch – .... die Vorschläge anderer – nachdenken – müssen
....
9. die Körpersprache – ebenfalls – von Bedeutung – sein
....
10. dazu – ein freundliches Lächeln, ein fester Handschlag und eine aufrechte Körperhaltung – gehören
....

c) Ergänzen Sie die Nomen aus dem Hörtext.

■ sympathisch sein *die Sympathie*

1. attraktiv sein ....
2. intelligent sein ....
3. ehrlich sein ....
4. transparent sein ....
5. verständnisvoll sein ....
6. interessiert sein ....
7. aufmerksam sein ....
8. aufrichtig sein ....
9. freundlich sein ....
10. zurückhaltend sein ....
11. hilfsbereit sein ....
12. mitfühlend sein ....

d) Antonyme

Von welchen Adjektiven aus c) kann man das Antonym mit einem Präfix (*un-/in-/des-*) oder einem Suffix (*-los*) bilden?

unsympathisch, ...
....
....

e) Welche weiteren Antonyme passen zu den Adjektiven? Ordnen Sie zu.

selbstsüchtig ▪ kontaktfreudig ▪ taktlos ▪ gelangweilt ▪ gefühllos ▪ hinterhältig

1. freundlich – ....
2. hilfsbereit – ....
3. aufrichtig – ....
4. mitfühlend – ....
5. zurückhaltend – ....
6. interessiert – ....

A17 Das Alphabet der Eigenschaften

a) Bilden Sie Gruppen und finden Sie zu jedem Buchstaben ein Adjektiv, das eine Eigenschaft oder eine Verhaltensweise beschreibt. Sie können ein Wörterbuch benutzen. Vergleichen Sie Ihre Liste danach mit anderen Gruppen.

A:	I:	Q: *qualifiziert,* ....
B:	J: *jugendlich,*	R: ....
C: *charmant,*	K:	S: ....
D:	L:	T: ....
E:	M:	U: ....
F:	N:	V: ....
G:	O:	W: ....
H:	P:	Z: ....

b) Welche Eigenschaften und Verhaltensweisen wünschen Sie sich bei …

- Ihren Freunden?
- einer/einem Vorgesetzten?
- Ihren Kolleginnen/Kollegen oder Kommilitoninnen/Kommilitonen?

A18 Aufzählungen

Aufzählungen ⇨ Teil C Seite 207

Sympathische Menschen sind nicht nur freundlich, sondern auch aufrichtig.
→ Sie haben beide Eigenschaften (positive Aufzählung).

Sympathische Menschen sind sowohl hilfsbereit als auch zurückhaltend.
→ Sie haben beide Eigenschaften (positive Aufzählung).

Sympathische Menschen sind weder gefühllos noch hinterhältig.
→ Sie haben beide Eigenschaften nicht (negative Aufzählung).

Bilden Sie Sätze mit einer positiven und einer negativen Aufzählung. Beschreiben Sie zwei Personen.

■ *Mein Freund Peter ist sowohl zuverlässig als auch ehrlich. Er ist weder unfreundlich noch desinteressiert.*

1. ....
2. ....

A19 Stellenanzeige

Ergänzen Sie die Adjektive in der Anzeige und bewerben Sie sich um die Stelle. Beschreiben Sie in einer E-Mail an die Personalabteilung Ihre Fähigkeiten.

zahlreiche ▪ kommunikative ▪ wichtigste ▪ abgeschlossene ▪ gesamte ▪ pragmatisch ▪ abwechslungsreiche ▪ professionell

Wir suchen ab 1. Oktober eine Personalassistentin/einen Personalassistenten.
Unsere Personalabteilung betreut unsere .... (1) Ressource: unsere Mitarbeiterinnen und Mitarbeiter. Das Aufgabenfeld reicht von der Unterstützung in Bewerbungsverfahren bis zur Mitarbeit am Angebot von Trainingsmöglichkeiten für das .... (2) Personal.

Wir bieten hervorragende Karrierechancen, eine .... (3) Tätigkeit, ein gutes Gehalt und .... (4) Weiterbildungsmöglichkeiten.

Sie arbeiten strukturiert und präzise und verfügen über sehr gute .... (5) Fähigkeiten. Sie sind hilfsbereit und treten kompetent und .... (6) auf. Sie sind sowohl offen als auch neugierig und handeln auch in schwierigen Situationen .... (7). Wenn Sie eine .... (8) kaufmännische Berufsausbildung haben, freuen wir uns auf Ihre Bewerbung.

Stress, Ärger und Freude

A20 Umfrage: Was erzeugt bei diesen Menschen Stress?

Passt der Satz zu Sprecher 1, Sprecherin 2 oder Sprecher 3? Hören Sie die Situationen.

2.14

		Sprecher/in
1.	Sie/Er ist angespannt, wenn sie/er eine Fremdsprache sprechen muss.	....
2.	Sie/Er traut sich nicht, dem Chef Nein zu sagen.	....
3.	Letzte Woche war sie/er zu einer Party mit ausländischen Freunden eingeladen.	....
4.	Sie/Er kann mit dem Stress überhaupt nicht umgehen.	....
5.	Sie/Ihn stresst einfach alles.	....
6.	Wegen der Arbeit hat sie/er nicht genug Zeit für die Familie.	....

A21 Stress

a) Berichten Sie. Welche Situation empfinden Sie als stressig?
Welche Situation erzeugt keinen Stress bei Ihnen?

- am Arbeitsplatz
- auf der Straße, im Straßenverkehr
- im Deutschkurs
- im täglichen Leben (z. B. beim Einkaufen, vor dem Bankautomaten)

b) Wählen Sie eine Situation aus und erstellen Sie eine Liste in Kleingruppen.

- Ich bin gestresst, wenn …
- Ich mag es nicht, wenn …
- Es ist mir unangenehm, wenn …
- Ich fühle mich unter Druck gesetzt, wenn …

A22 Wortschatz rund um den Stress

Schreiben Sie das Gegenteil.

Mit dem Stress umgehen können	Mit dem Stress nicht umgehen können
Ich kann mit dem Stress gut umgehen.	Ich kann mit dem Stress *(gar/überhaupt)* nicht umgehen.
Ich kann stressige Situationen gut bewältigen.	....
....	Ich leide oft unter Stress.
Bei mir erzeugt fast nichts Stress.	....
Ich bin nie gestresst.	....
....	Ich kann den Stress nicht immer abbauen.
Die meisten Probleme verursachen keinen Stress.	....
....	Ich kann mich schwer entspannen.
Nur wenige Sachen lösen bei mir Stress aus.	....
Ich lasse mich nicht von anderen Menschen unter Druck setzen.	....

A23 Ursachen von Stress

a) Lesen Sie den folgenden kurzen Text über die möglichen Ursachen von Stress.

Das Gefühl, gestresst zu sein, entsteht immer dann, wenn wir den Eindruck haben, eine Situation nicht kontrollieren zu können. Typische Denkgewohnheiten von Menschen, die sich inneren Stress erzeugen:

1. Sie haben Angst vor Ablehnung. Deshalb sagen sie nicht, was sie möchten.
2. Sie äußern ihre Meinung nicht und sie wehren sich nicht, weil sie Konflikte vermeiden möchten.
3. Sie haben Angst, anderen Menschen weh zu tun. Als Folge davon sagen sie nie Nein, sondern sie tun, was andere von ihnen erwarten.
4. Sie wollen alles einwandfrei (perfekt) machen und überfordern sich.
5. Sie haben Angst vor Fehlern. Als Folge davon trauen sie sich nicht an neue Aufgaben.

b) Gibt es Ihrer Meinung nach andere Faktoren, die Stress erzeugen können? Wenn ja, welche?

c) Suchen Sie einen Satz oder einen Ausdruck mit ähnlicher Bedeutung aus dem Text.

- ■ Sie möchten nicht abgelehnt werden. = *Sie haben Angst vor Ablehnung.*
1. Sie wollen keine Konflikte haben. = ...
2. Sie sagen nicht, was sie meinen. = ...
3. Sie tun mehr, als gesund ist. = ...
4. Sie möchten andere Menschen nicht verletzen. = ...
5. Sie wollen die Wünsche anderer Menschen erfüllen. = ...

A24 Stress und seine Folgen

a) Ergänzen Sie in dem folgenden Zeitungsartikel die fehlenden Nomen.

Rolle ▪ Arbeitsplatz ▪ Kosten ▪ Folgen ▪ Stress ▪ Lösungen ▪ Untersuchungen

Stress und seine Folgen

Eigentlich versteht man unter *Stress* die Auswirkungen von stressauslösenden Faktoren auf den Menschen. Das können äußere Faktoren (Kälte, Hitze, Lärm oder Zigarettenrauch) oder innere Faktoren (bestimmte Erwartungshaltungen oder Befürchtungen) sein.

Stress ist die Anpassung des Körpers an diese Faktoren. ....(1) haben ergeben, dass Stress individuell ist. In jüngster Zeit spielen psychosoziale Stressfaktoren eine immer größere ....(2). Dazu gehören Konflikte am ....(3), Angst vor dem Versagen, soziale Isolation oder Reizüberflutung. In vielen Betrieben werden inzwischen professionelle ....(4) zur Vermeidung von Stress gesucht. Hierzu gehören unter anderem realistische Projektplanungen.

Auch die Krankenkassen unterstützen lösungsorientierte Initiativen zur Bekämpfung von Stress, da ihnen durch Stress ausgelöste psychische Erkrankungen hohe ....(5) bereiten. In Deutschland sterben laut Statistischem Bundesamt jährlich mehr als 200 000 Menschen an den ....(6) von Stress (z. B. durch Herzinfarkt).

b) Textzusammenfassung
Schreiben Sie in Gruppen oder einzeln aus den vorgegebenen Wörtern einen Text im Präsens. Ordnen Sie den Sätzen die passenden Verben zu.

in Deutschland ▪ jährlich mehr als 200 000 Menschen ▪ an den Folgen von Stress ▪ Stress ▪ die Reaktion des Körpers ▪ auf bestimmte Faktoren ▪ das ▪ äußere Faktoren wie Lärm ▪ oder ▪ innere Faktoren wie bestimmte Ängste ▪ dabei ▪ psychosoziale Stressfaktoren ▪ immer mehr ▪ viele Menschen ▪ Angst vor Einsamkeit oder vor dem Versagen ▪ einige Betriebe ▪ den Stress für die Mitarbeiter ▪ ein guter Weg ▪ zur Vermeidung von Stress ▪ z. B. realistische Projektplanungen	sein (2×) ▪ sterben ▪ haben ▪ sein können ▪ verringern wollen ▪ zunehmen

A25 Sinnvolle Strategien der Stressbewältigung

a) Formulieren Sie Vorschläge. Benutzen Sie dabei folgende Ausdrücke:

- Sie könnten/sollten …
- Ich schlage Ihnen vor, dass …
- Ich würde Ihnen vorschlagen, … zu …

1. die Faktoren, die die Stressreaktion auslösen, vermindern: z. B. einen anderen Bürostuhl kaufen, den lärmenden Kopierer aus dem Büro entfernen
   ....
2. lieber einen Konflikt oder eine Ablehnung riskieren, als sich selbst unter Druck zu setzen
   ....
3. die Anspannung durch körperliche Bewegung abbauen: Sport treiben oder einen Spaziergang machen
   ....
4. sich beruhigen: eine Atem- oder Entspannungsübung machen
   ....
5. sich durch Lachen entspannen: Comichefte lesen oder mit netten Menschen sprechen
   ....

b) Welche Strategien würden Sie zur Stressbewältigung empfehlen? Was tun Sie zum Stressabbau? Diskutieren Sie in Kleingruppen und notieren Sie Vorschläge.

....

....

A26 Stress im Alltag

Wie reagieren Sie in den folgenden Situationen? Was sagen Sie? Diskutieren Sie in Kleingruppen.

1. Ihre Chefin/Ihr Chef hat Sie gebeten, heute länger zu arbeiten. Das passiert diese Woche schon zum zweiten Mal.
2. Sie stehen in der Schlange vor einem Geldautomaten. Ein junger Mann kommt und stellt sich vor Sie.
3. Sie haben einen Termin bei einem wichtigen Kunden. Sie wissen, dass Sie es nicht schaffen, pünktlich bei ihm zu sein.
4. Sie haben unabsichtlich eine Freundin beleidigt. Sie will nicht mehr mit Ihnen sprechen.
5. Morgen haben Sie eine Prüfung. Ein Freund fragt Sie, ob Sie mit ihm etwas trinken gehen.
6. Auf einer Party diskutieren Sie mit einer kleinen Gruppe von Menschen. Eine Person unterbricht Sie ständig.

A27 Dialog

Spielen Sie eine Situation aus A26 nach.

- Entschuldigen Sie, aber …
- Es tut mir sehr/schrecklich/furchtbar leid, aber …
- Ich wollte Sie nicht *(beleidigen)*./Ich meinte es nicht so.
- Darf ich bitte mal ausreden?
- Natürlich, ich verstehe es./Kein Problem.
- Danke für dein/Ihr Verständnis.

A28 Positiver Stress

Stress kann auch positive Auswirkungen haben: Er kann unsere Leistungen verbessern und uns helfen, Probleme zu lösen. Haben Sie „positiven Stress" schon einmal erlebt?

Berichten Sie darüber.

- Es passierte vor … Jahren/Wochen/Monaten/Tagen.
- Damals habe ich *(an einem wichtigen Projekt gearbeitet)*/bin ich *(bei …)*.
- *(Mein Chef)* hat zu mir gesagt …/hat mich gebeten …
- Ich musste/sollte/wollte *(ein Projekt fertigstellen)*.
- Ich hatte *(nur zwei Wochen, um das Projekt zu beenden)*.
- Ich war …

A29 Ärger und Freude

Worüber ärgern Sie sich? Worüber freuen Sie sich? Was ist Ihnen gleichgültig? Erstellen Sie eine Liste und berichten Sie. Benutzen Sie unterschiedliche Redemittel.

Staus und Verkehrschaos ▪ schlechtes Wetter ▪ unfreundliche Kolleginnen und Kollegen ▪ neugierige Nachbarn ▪ Menschen, die um jeden Preis Karriere machen wollen ▪ politische Entscheidungen ▪ Dreck und Hundehaufen auf der Straße ▪ rücksichtslose Autofahrer ▪ Leute, die sich vordrängeln ▪ laute Touristen ▪ geschlossene Kassen in Supermärkten ▪ Ware mit schlechter Qualität ▪ Preise ▪ nicht funktionierende Geräte ▪ das Fernsehprogramm ▪ die Leistungen Ihrer Fußballnationalmannschaft ▪ fließender Verkehr ▪ pünktliche Verkehrsmittel ▪ schönes Wetter ▪ nette und hilfsbereite Mitmenschen ▪ saubere Straßen ▪ eigene Erfolge ▪ nette Überraschungen ▪ Lösung eines Konflikts ▪ Beendigung eines Projekts ▪ pünktliche Lieferung ▪ …

Das freut mich. – Das finde ich toll. – Das macht mich froh. – Davor habe ich Respekt.

....

....

....

....

....

Das ärgert mich. – Das nervt mich. – Das stört mich. – Das finde ich schlimm. – Das macht mich fertig. – Das regt mich auf. – Das bringt mich auf die Palme. – Das geht mir auf die Nerven.

....

....

....

....

....

....

....

....

....

....

Das ist mir gleichgültig. – Das ist mir egal. – Das interessiert mich überhaupt nicht.

....

....

....

....

....

A30 Bedingungen und Gründe

Konditional- und Kausalangaben ⇨ Teil C Seite 208

Wann sind Sie gestresst?	→ Frage nach einer Bedingung
Warum bist du jetzt so gestresst?	→ Frage nach einem (konkreten) Grund
Angabe einer Bedingung:	
Ich bin gestresst, wenn ich im Stau stehe.	→ *Wenn* leitet einen Nebensatz ein, das konjugierte Verb steht an letzter Stelle.
Angabe eines Grundes:	
Ich bin gestresst, weil ich im Stau stehe.	→ *Weil* leitet einen Nebensatz ein, das konjugierte Verb steht an letzter Stelle.
Ich bin gestresst, denn ich stehe im Stau.	→ Nach *denn* folgt ein Hauptsatz, das konjugierte Verb steht an zweiter Stelle nach *denn*.
Ich bin wegen dieses Staus so gestresst.	→ *Wegen* leitet keinen Satz ein. Es ist eine Präposition mit dem Genitiv und steht direkt vor einem Nomen bzw. einer Nomengruppe. *Wegen* wird hauptsächlich in der Schriftsprache verwendet.
Verweis auf einen Grund:	
Ich stehe im Stau, deshalb/darum bin ich gestresst. Ich stehe im Stau, ich bin deshalb/darum gestresst.	→ Die Adverbien *deshalb* und *darum* leiten einen Hauptsatz ein. Sie können aber auch an anderen Positionen im Satz stehen.

Warum bist du so gestresst? Antworten Sie. Bilden Sie Sätze wie im Beispiel.

■ Ärger mit einer Kollegin

a) *Ich bin wegen des Ärgers mit einer Kollegin gestresst.*

b) *Ich bin gestresst, weil ich mit einer Kollegin Ärger habe/weil ich mich über eine Kollegin ärgere.*

1. der unzuverlässige Paketzusteller

a) ....

b) ....

2. der Lärm im Nachbarhaus

a) ....

b) ....

3. die Schlange am Ticketautomaten

a) ....

b) ....

4. das tägliche Verkehrschaos

a) ....

b) ....

5. der frühe Abgabetermin für die Arbeit

a) ....

b) ....

6. der Fehler in der Kostenaufstellung

a) ....

b) ....

Wissenswertes *(fakultativ)*

B1 Böse Nachbarn

Lesen Sie den folgenden Text von Heinrich Hannover.

Herr Böse und Herr Streit

Es war einmal ein großer Apfelbaum. Der stand genau auf der Grenze zwischen zwei Gärten. Der eine Garten gehörte Herrn Böse und der andere Herrn Streit.

Als im Oktober die Äpfel reif wurden, holte Herr Böse mitten in der Nacht seine Leiter aus dem Keller und stieg heimlich und leise auf den Baum und pflückte alle Äpfel ab. Als Herr Streit am nächsten Tag ernten wollte, war kein einziger Apfel mehr auf dem Baum. „Warte!", sagte Herr Streit. „Dir werd ich's heimzahlen."

Und im nächsten Jahr pflückte Herr Streit die Äpfel schon im September, obwohl sie noch gar nicht reif waren. „Warte!", sagte Herr Böse. „Dir werd ich's heimzahlen."

Und im nächsten Jahr pflückte Herr Böse die Äpfel schon im August, obwohl sie noch grün waren. „Warte!", sagte Herr Streit. „Dir werd ich's heimzahlen."

Und im nächsten Jahr pflückte Herr Streit die Äpfel schon im Juli, obwohl sie noch ganz grün und hart und so klein waren. „Warte!", sagte Herr Böse. „Dir werd ich's heimzahlen."

Und im nächsten Jahr pflückte er die Äpfel schon im Juni, obwohl sie noch so klein wie Rosinen waren. „Warte!", sagte Herr Streit. „Dir werd ich's heimzahlen."

Und im nächsten Jahr schlug Herr Streit im Mai alle Blüten ab, sodass der Baum überhaupt keine Früchte mehr trug. „Warte!", sagte Herr Böse. „Dir werd ich's heimzahlen."

Und im nächsten Jahr im April schlug Herr Böse den Baum mit einer Axt um. „So", sagte Herr Böse, „jetzt hat Herr Streit seine Strafe."

Von da ab trafen sie sich häufiger im Laden beim Äpfelkauf.

B2 Was bedeutet *jemandem etwas heimzahlen*?

- ☐ jemand rächt sich (Rache)
- ☐ jemand freut sich (Freude)
- ☐ jemand ist traurig (Trauer)

B3 Könnte die Geschichte auch in Ihrem Heimatland spielen?

Begründen Sie Ihre Meinung.

B4 Ärger mit den Nachbarn

a) Was ärgert Sie am meisten, was stört Sie gar nicht?

- laute Musik/Partys
- Handwerkerlärm
- neugierige Nachbarn
- Unsauberkeit
- Gerüche (z. B. beim Kochen)
- Kinderlärm
- unfreundliche Nachbarn
- falsch geparkte Autos
- rassistische/politische Äußerungen
- Haustiere

b) Ist gute Nachbarschaft für Sie persönlich wichtig?

c) Aus welchen Gründen gibt es in Ihrem Heimatland oft Ärger mit den Nachbarn?

B5 Streit zwischen Nachbarn

Lesen und hören Sie den Text.

2.15

Der Feind hinterm Gartenzaun

Der Feind wohnt hinter dem Gartenzaun: Streit zwischen Nachbarn gab es schon immer, doch seit einiger Zeit nimmt er immer absurdere Formen an. So erschoss ein Lehrer aus Unna mit einem Luftgewehr den Papagei seines Nachbarn – angeblich hatte der Vogel ihn beleidigt. Ein anderer Mann versuchte, die vier Hunde seiner Nachbarin zu überfahren, und in Chemnitz schlug ein 95-Jähriger seine 77 Jahre alte Nachbarin krankenhausreif. Sie stritten sich um ein paar Äpfel.

Nachbarschaftskonflikte vergiften das Klima zwischen Menschen, die Haus an Haus oder Tür an Tür leben. Oft streiten sich Nachbarn über Jahre und sind nicht in der Lage, den Konflikt beizulegen.

„Die Deutschen haben es verlernt, Konflikte zu lösen“, sagt der Sozialpsychologe Volker Linneweber von der Universität Marburg. „Unser Leben ist insgesamt sozial ärmer geworden. Die Nachbarschaftshilfe hat an Bedeutung verloren.“ Die Familien sehen miteinander nur noch fern, gemeinsame Freizeitaktivitäten gibt es nicht mehr. Der Nachbar wird als Bedrohung der eigenen Privatsphäre empfunden.

Bei einer Umfrage fand der Psychologe heraus, dass nur 20 Prozent nichts an ihren Nachbarn auszusetzen haben.

Im Gegensatz zu südeuropäischen Ländern, wo der Streit lautstark ausgetragen wird und man sich danach wieder versöhnt, werden in Deutschland oft langwierige und komplizierte Prozesse vor Gericht geführt. Dabei gibt es in der Regel keinen Gewinner. Besonders schwierig scheint im Streitfall eine Einigung mit Menschen zu sein, die viel zu Hause sind. Für sie wird der Streit am Gartenzaun oft zum Lebensinhalt.

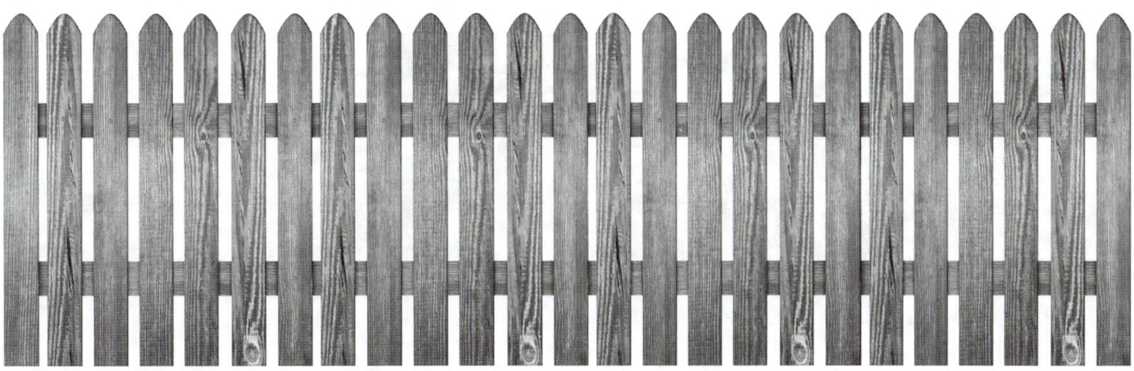

B6 Textverständnis

Was ist richtig, was ist falsch? Kreuzen Sie an.

		richtig	falsch
1.	Streit zwischen Nachbarn ist ein Phänomen der heutigen Zeit.	☐	☐
2.	Der Papagei hat nette Sachen über den Lehrer gesagt.	☐	☐
3.	Von Nachbarschaftskonflikt spricht man, wenn Menschen sich vergiften.	☐	☐
4.	Viele Nachbarn streiten sich jahrelang.	☐	☐
5.	Schuld an vielen Konflikten ist das veränderte soziale Verhalten.	☐	☐
6.	Hilfsbereitschaft unter Nachbarn spielt in Deutschland eine große Rolle.	☐	☐
7.	In südeuropäischen Ländern kann man Nachbarschaftskonflikte besser lösen.	☐	☐

B7 Textarbeit: Synonyme

Welcher Satz hat synonyme Bedeutung? Kreuzen Sie an.

1. Angeblich hatte der Vogel ihn beleidigt.
a) ☐ Der Vogel hat ihn beleidigt, das ist sicher.
b) ☐ Er behauptet, dass ihn der Vogel beleidigt hat.

2. Nachbarschaftskonflikte vergiften das Klima zwischen Menschen.
a) ☐ Nachbarschaftskonflikte verbessern das Klima zwischen Menschen.
b) ☐ Nachbarschaftskonflikte verschlechtern das Klima zwischen Menschen.

3. Die Deutschen haben es verlernt, Konflikte zu lösen.
a) ☐ Die Deutschen konnten früher ihre Konflikte besser lösen als heute.
b) ☐ Die Deutschen konnten noch nie Konflikte lösen.

4. Man versöhnt sich nach dem Streit wieder.
a) ☐ Der Streit ist vergessen und man geht wieder normal miteinander um.
b) ☐ Die Streitgegner heiraten.

B8 Textarbeit: Antonyme

Wie heißt das Gegenteil? Ordnen Sie zu.

auslösen ▪ Bereicherung ▪ sich versöhnen ▪ ist gut ▪ jemandem nicht verzeihen ▪ der Konflikt ▪ jemanden kritisieren ▪ jemandem ein Kompliment machen

1. jemanden beleidigen ....
2. sich streiten ....
3. Das Klima zwischen Menschen ist vergiftet. ....
4. einen Konflikt beilegen/lösen ....
5. Jemand/Etwas wird als Bedrohung empfunden. ....
6. an jemandem nichts auszusetzen haben ....
7. sich mit jemandem versöhnen ....
8. die Einigung ....

B9 Textarbeit: Präpositionen

Ergänzen Sie die richtigen Präpositionen.

an (2×) ▪ über ▪ zwischen ▪ vor ▪ in ▪ um ▪ im

1. Streit .... Nachbarn gab es schon immer.
2. Sie stritten sich .... ein paar Äpfel.
3. Die Nachbarn leben Tür .... Tür.
4. Oft streiten sich Nachbarn .... Jahre.
5. Die Nachbarschaftshilfe hat .... Bedeutung verloren.
6. .... Gegensatz zu südeuropäischen Ländern werden .... Deutschland oft langwierige und komplizierte Prozesse .... Gericht geführt.

B10 Nachbarschaftskonflikte lösen

Machen Sie Vorschläge.

Wie lassen sich Nachbarschaftskonflikte lösen? Wie muss man sich verhalten, wenn man mit seinen Nachbarn gut auskommen will?

Adjektive: Rektion

Adjektive mit Präpositionen

Ich bin auf den Erfolg meines Kollegen neidisch.	*neidisch sein*	*+ auf*	+ Akkusativ
Er ist auf ihren Exfreund eifersüchtig.	*eifersüchtig sein*	*+ auf*	+ Akkusativ
Ich bin über deinen Besuch sehr froh.	*froh sein*	*+ über*	+ Akkusativ

Aussage: Er ist auf den Exfreund eifersüchtig. — Ich bin über deinen Besuch froh.
Frage: Auf wen ist er eifersüchtig? *(Person)* — Worüber bist du froh? *(Sache)*

C1 Ergänzen Sie die Präpositionen und den Kasus.

■ *an + Dativ*
interessiert sein *an* einem Bild

1 ....
befreundet sein .... dem Chef
zufrieden sein .... der Arbeit

2 ....
froh sein .... das Ergebnis
glücklich sein .... den Besuch
traurig sein .... die Nachricht
erstaunt sein .... die gute Note

3 ....
böse sein .... den Freund
neidisch sein .... den Erfolg
neugierig sein .... den neuen Film
stolz sein .... den Sohn
wütend sein .... den Chef
eifersüchtig sein .... die Exfreundin

4 ....
beliebt sein .... den Fans

5 ....
nett sein .... dem Nachbarn
freundlich sein .... allen Kollegen

6 ....
dankbar sein .... die Hilfe
nützlich/schädlich sein .... die Pflanzen
verantwortlich sein .... die Abteilung
wichtig sein .... die Firma

7 ....
begeistert sein .... dem Fußballspiel
enttäuscht sein .... dem Ergebnis
überzeugt sein .... der eigenen Leistung

C2 Gunter im Glück. Ergänzen Sie die Präpositionen.

1. Gunter ist *bei* seinen Kollegen sehr beliebt. Er ist nett .... allen Kollegen.
2. Gunter arbeitet hart und sein Chef ist .... seiner Arbeit zufrieden.
3. Gunter ist jetzt verantwortlich .... die Abteilung Einkauf.
4. Er kann in diesem Jahr sehr stolz .... den Erfolg seiner Abteilung sein.
5. Gestern besuchte er mit seiner Frau ein Fußballspiel. Er war .... der Leistung der Mannschaft begeistert.

C3 Interviewen Sie Ihre Nachbarin/Ihren Nachbarn und berichten Sie. Achten Sie auf die richtigen Präpositionen.

Meine Nachbarin/Mein Nachbar ist:

- neidisch *auf die Uhr ihres/seines Freundes*

1. böse ....
2. neugierig ....
3. zufrieden ....
4. interessiert ....
5. begeistert ....
6. wütend ....
7. beliebt ....
8. freundlich ....
9. erstaunt ....

C4 Verben mit Präpositionen *(Wiederholung)*

a) Ergänzen Sie frei.

ich

rede gern *über Politik*
warte ....
freue mich ....
interessiere mich ....
fürchte mich ....

ich

träume oft ....
erinnere mich gern ....
achte sehr ....
denke immer ....
ärgere mich ....

b) Fragen und antworten Sie.

1. Träumen Sie manchmal .... einer Gehaltserhöhung?
2. Wann beginnen Sie morgens .... der Arbeit?
3. Hat sich jemals ein Mitarbeiter .... Sie beschwert?
4. Wenn ja, ... hat er sich beschwert?
5. .... interessieren Sie sich beruflich am meisten?
6. Zweifeln Sie manchmal .... Ihren eigenen Fähigkeiten oder .... den Fähigkeiten der anderen?
7. Sprechen Sie .... Ihren Freunden .... Ihre Arbeit?
8. Nehmen Sie regelmäßig .... Fortbildungsveranstaltungen teil?
9. Wenn Sie morgens zur Arbeit fahren, ... freuen Sie sich am meisten? Und .... fürchten Sie sich?
10. Was erwarten Sie .... Ihrer Chefin/Ihrem Chef und was .... Ihren Kollegen?

Vermutungen

Redemittel	Beispiel: Wo ist Otto? (Wir wissen es nicht.)
Adverbien: vielleicht/wahrscheinlich/vermutlich	Vielleicht steht er noch im Stau.
Verben: vermuten/glauben/denken	Ich vermute, er steht noch im Stau. Ich glaube, dass er noch im Stau steht.
Feste Wendungen: Es kann/könnte sein, dass …	Es kann/könnte sein, dass er noch im Stau steht.
Grammatische Mittel	
Man kann auch mit den Verben *können* und *werden* Vermutungen ausdrücken.	Er kann/könnte noch im Stau stehen. Er wird noch im Stau stehen.

C5 Wo sind die Kollegen? Vermuten Sie. Verwenden Sie jeweils zwei Möglichkeiten.

Es ist 9.00 Uhr. Der Arbeitstag beginnt. Wo sind die Kollegen?

■ Martha ist krank.

a) *Martha wird krank sein.* b) *Vielleicht ist Martha krank.*

1. Kathrins Zug hat Verspätung.
a) .... b) ....

2. Das Auto von Martin ist mal wieder kaputt.
a) .... b) ....

3. Heiner ist noch beim Bäcker und holt frische Brötchen.
a) .... b) ....

4. Fritz joggt noch durch den Park.
a) .... b) ....

Aufzählungen

Sympathische Menschen sind nicht nur freundlich, sondern auch aufrichtig. → positive Aufzählung

Sympathische Menschen sind sowohl hilfsbereit als auch zurückhaltend. → positive Aufzählung

Sympathische Menschen sind weder gefühllos noch hinterhältig. → negative Aufzählung

Aufzählungen als Sätze: Zweiteilige Konjunktionen

Das bieten unsere Produkte:

Unsere Produkte bieten nicht nur gute Qualität, sondern sie bieten auch niedrige Preise.

Hauptsatz	Hauptsatz

Kurzform: Unsere Produkte bieten nicht nur gute Qualität, sondern auch niedrige Preise.

Das bieten die Produkte der Konkurrenz:

Die Produkte der Konkurrenz bieten weder gute Qualität noch bieten sie niedrige Preise.

Hauptsatz	Hauptsatz

Kurzform: Die Produkte der Konkurrenz bieten weder gute Qualität noch niedrige Preise.

C6 Verbinden Sie die folgenden Sätze mit *nicht nur ... sondern auch.*

■ Das Auto sieht gut aus und verbraucht wenig Benzin.

Das Auto sieht nicht nur gut aus, sondern verbraucht auch wenig Benzin.

1. Das Hotel hatte einen Swimmingpool und man konnte dort gut essen.
....

2. Der Kühlschrank hat ein modernes Design, er ist auch umweltfreundlich.
....

3. Die Bedienungsanleitung ist kurz und sie ist verständlich geschrieben.
....

4. Erfolgreiche Werbung macht das Produkt bekannt und sie erhöht die Beliebtheit des Produkts.
....

C7 Verbinden Sie die folgenden Sätze mit *weder … noch*. Achten Sie auf den Satzbau.

- Das Hotel hatte keinen Swimmingpool und man konnte dort nicht gut essen.
  Das Hotel hatte weder einen Swimmingpool noch konnte man dort gut essen.

1. Martina kann kein Englisch sprechen und hat auch keine Computerkenntnisse.
2. Die Firma hatte kein gutes Sortiment und bot keinen guten Service.
3. Der Arbeitgeber bot ihr kein gutes Gehalt und keine Karrieremöglichkeiten.
4. Das Wetter im Urlaub war so schlecht. Wir konnten nicht spazieren gehen und nicht im Meer schwimmen.
5. Er kann nicht Fahrrad fahren und er hat keinen Führerschein.
6. Chaos im Büro. In meinem neuen Büro war kein Schrank und der Computer funktionierte auch nicht.
7. Im Restaurant „Zum Anker" kann man nicht bequem sitzen und auch nicht gut essen.
8. Der Reiseleiter kannte die Geschichte des Ortes nicht und er sprach auch kein Spanisch.
9. Ich bin so müde. Ich werde heute Abend nicht mehr an dem Projekt arbeiten und nicht mit dir in die Kneipe gehen.

Sätze

Kausal- und Konzessivangaben

Gründe	Gegengründe
Ich bin gestresst, weil ich im Stau stehe. → Subjunktion	Ich bin nicht gestresst, obwohl ich im Stau stehe. → Subjunktion
Ich bin gestresst, denn ich stehe im Stau. → Konjunktion	
Ich bin wegen des Staus so gestresst. → Präposition mit dem Genitiv	Ich bin trotz des Staus nicht gestresst. → Präposition mit dem Genitiv
Verweis auf einen Grund	**Verweis auf einen Gegengrund**
Ich stehe im Stau, deshalb/darum bin ich gestresst. → Adverb	Ich stehe im Stau, trotzdem bin ich nicht gestresst. → Adverb

C8 Bilden Sie Sätze im Präteritum wie im Beispiel.

■ a) trotz *(seine schlechte Leistung)* – er – die Prüfung – bestehen
Trotz seiner schlechten Leistung bestand er die Prüfung.

b) wegen *(seine schlechte Leistung)* – er – durch die Prüfung – fallen
Wegen seiner schlechten Leistung fiel er durch die Prüfung.

1. a) trotz *(das schlechte Wetter)* – der Wettkampf – stattfinden
   ....
   b) wegen *(das schlechte Wetter)* – der Wettkampf – abgesagt werden
   ....
2. a) trotz *(der Straßenlärm)* – ich – sich gut konzentrieren können
   ....
   b) wegen *(der Straßenlärm)* – ich – die Arbeit – beenden müssen
   ....
3. a) trotz *(die niedrigen Preise)* – das Produkt – wir – nicht verkaufen können
   ....
   b) wegen *(die niedrigen Preise)* – das Produkt – ein Verkaufserfolg – werden
   ....
4. a) trotz *(sein Erfolg)* – er – nicht glücklich – sein
   ....
   b) wegen *(sein Erfolg)* – er – stolz auf sich – sein
   ....
5. a) trotz *(seine Erkältung)* – der Sänger – ein hervorragendes Konzert – geben
   ....
   b) wegen *(seine Erkältung)* – der Sänger – das Konzert – abbrechen müssen
   ....
6. a) trotz *(die hohen Personalkosten)* – die Firma – in diesem Jahr – einen Gewinn – erzielen
   ....
   b) wegen *(die hohen Personalkosten)* – die Firma – in diesem Jahr – Verluste – machen
   ....
7. a) trotz *(das fleißige Training)* – sie – keine Medaille – gewinnen können
   ....
   b) wegen *(das fleißige Training)* – sie – die Silbermedaille – erringen
   ....
8. a) trotz *(die Maßnahmen der Regierung)* – die Lage auf dem Arbeitsmarkt – nicht – sich verbessern
   ....
   b) wegen *(die Maßnahmen der Regierung)* – die Zahl der Arbeitslosen – sinken
   ....
9. a) trotz *(die vielen Gespräche)* – man – keine Lösung – finden
   ....
   b) wegen *(die vielen Gespräche)* – das Betriebsklima – besser werden
   ....

C9 Verbinden Sie die Sätze mit *weil* oder *obwohl, deshalb* oder *trotzdem.*

- Es geht mir nicht gut. Ich bleibe heute zu Hause.

  a) *Weil es mir nicht gut geht, bleibe ich heute zu Hause.*
  Ich bleibe heute zu Hause, weil es mir nicht gut geht.

  b) *Es geht mir nicht gut, deshalb bleibe ich heute zu Hause.*
  Es geht mir nicht gut, ich bleibe deshalb heute zu Hause.

1 Marianne hat im Lotto gewonnen. Sie ist nicht glücklich.

a) ....
....
....

b) ....
....
....

2 Viele Menschen suchen nach dem Glück. Sie kaufen Ratgeber.

a) ....
....
....

b) ....
....
....

3 Martina hat in der Schule gute Noten. Martinas Mutter ist sehr stolz.

a) ....
....
....

b) ....
....
....

4 Der Nachbar übt jede Nacht Schlagzeug. Joachim kann sehr gut schlafen.

a) ....
....
....

b) ....
....
....

5 Die neue Kollegin ist sehr neugierig. Franziska ärgert sich über sie.

a) ....
....
....

b) ....
....
....

6 Gestern Abend war Frau Krüger mit ihrem Chef Tango tanzen. Herr Krüger ist nicht eifersüchtig.

a) ....
....
....

b) ....
....
....

7 Viele junge Menschen besitzen mehrere Handys. Man braucht nur ein Gerät zum Telefonieren.

a) ....
....
....

b) ....
....
....

Präpositionen

Ausgewählte Präpositionen mit dem Genitiv

Präposition	Beispielsätze	
außerhalb	Außerhalb der Geschäftszeiten ist niemand im Büro. Außerhalb der Stadt gibt es viel Wald.	*(temporal)* *(lokal)*
innerhalb	Bitte bezahlen Sie die Rechnung innerhalb einer Woche. Das Tier kann sich innerhalb der Wohnung befinden.	*(temporal)* *(lokal)*
laut	Laut einer Studie sind nur 50 Prozent der Deutschen glücklich. *Achtung:* Auch Verwendung ohne Artikel oder mit Dativ möglich.	*(modal)*
mithilfe	Mithilfe eines Freundes gelang ihm die Flucht.	*(instrumental)*
statt	Statt eines Blumenstraußes verschenkte er ein altes Buch.	*(alternativ)*
trotz	Trotz einer schlechten Leistung bestand er die Prüfung.	*(konzessiv)*
während	Während seines Studiums lernte er Spanisch.	*(temporal)*
wegen	Wegen eines Unglücks hatte der Zug Verspätung. Wegen dir (deinetwegen) habe ich drei Kilo zugenommen. *Achtung:* Bei Personalpronomen mit Dativ oder mit Sonderform: *deinetwegen.*	*(kausal)* *(kausal)*

C10 Wie haben sich diese Menschen kennengelernt? Bilden Sie Sätze mit *während*.

- Helen und Robert – ein Urlaub

  Helen und Robert haben sich während eines Urlaubs kennengelernt.

1. Matthias und Katja – der Polnischkurs

   ....

2. Gabi und Friedrich – eine Dienstreise nach Kenia

   ....

3. Thea und Kasper – die Fußballweltmeisterschaft in Deutschland

   ....

4. Tanja und Markus – das Studium

   ....

C11 Wie kann man …? Bilden Sie Sätze mit *mithilfe*.

1. Wie kann man sich über Aktualitäten informieren? *(die Medien)*

   ....

2. Wie kann man effizient eine Fremdsprache lernen? *(eine gute Lehrerin, ein Lehrbuch, das Internet)*

   ....

3. Wie kann man Stress abbauen? *(ein guter Therapeut, kurze Entspannungsübungen)*

   ....

4. Wie findet man schnell eine Straße in einer fremden Stadt? *(ein Navigationssystem, ein Stadtplan)*

   ....

C12 Ergänzen Sie die Präpositionen mit dem Genitiv.

1. Sie erreichen uns nur .... der Geschäftszeiten von 9.00 Uhr bis 17.00 Uhr.
2. Wir liefern .... einer Woche.
3. .... des Winterurlaubs hat es kein einziges Mal geschneit!
4. .... des schlechten Wetters sind wir drei Wochen in Österreich geblieben.
5. .... ihrer guten Leistungen im Unterricht bekam Uta in der Mathematikarbeit nur eine Fünf.
6. .... der deutschen Botschaft bekam der Journalist sehr schnell ein Visum.
7. .... eines Berichtes der FAZ plant die Regierung eine Steuererhöhung.
8. .... des Termindrucks fühlen sich viele Mitarbeiter gestresst.
9. .... der Stadt sind die Straßen nachts nicht beleuchtet.
10. .... der Arbeitszeit darf man in einigen Betrieben nicht privat im Internet surfen.
11. .... einer Studie können Frauen schlechter mit Stress umgehen als Männer.
12. Die Mitarbeiter und Mitarbeiterinnen dürfen nur .... des Gebäudes rauchen.
13. .... des Gebäudes gilt ein generelles Rauchverbot.
14. .... des starken Regens waren einige Straßen unbefahrbar.

C13 Präpositionen sind keine Glückssache! Ergänzen Sie die Präpositionen.

vor (2×) ▪ beim (2×) ▪ ohne ▪ für ▪ an ▪ zufolge ▪ auf

Gute Zahlen, schlechte Zahlen

Woche ....(1) Woche suchen Millionen von Menschen ihr Glück ....(2) Lottospiel. ....(3) Ausfüllen der Lottoscheine spielt oft der Glaube ....(4) persönliche Glückszahlen eine große Rolle, z. B. Geburtstage oder Hochzeitsdaten.

Darüber hinaus gibt es Zahlen, die traditionell bestimmte Assoziationen hervorrufen, zum Beispiel die berühmte 13. Einer Umfrage ....(5) fürchten sich 28 Prozent der Deutschen ....(6) dieser Zahl. Aber nicht nur die Deutschen meiden diese „Unglückszahl": Weltweit werden viele Hochhäuser ....(7) 13. Stock gebaut, Fluglinien haben keine 13. Sitzreihe, in manchen Straßen gibt es keine Hausnummer 13. Die Angst ....(8) der 13 hat sogar einen Namen: „Triskaidekaphobie".

Auch andere Zahlen haben ihren Ruf. Die Sieben kann je nach Betrachtungsweise Glück oder Pech bringen. Man sagt, dass ....(9) sieben gute Jahre sieben schlechte Jahre folgen. Zerbricht ein Spiegel, so folgen sieben schlechte Jahre. Auch gibt es die sieben Weltwunder oder Zaubersprüche, die siebenmal wiederholt werden müssen.

Rückblick

D1 Wichtige Redemittel

Hier finden Sie die wichtigsten Redemittel des Kapitels.

Zweisprachige Redemittellisten finden Sie hier: **www.schubert-verlag.de/wortschatz**

Über Gefühle sprechen

begeistert sein von + D ▪ böse sein auf + A ▪ eifersüchtig sein auf + A ▪ enttäuscht sein von + D ▪ erstaunt sein über + A ▪ froh sein über + A ▪ glücklich sein über + A ▪ neidisch sein auf + A ▪ neugierig sein auf + A ▪ stolz sein auf + A ▪ traurig sein über + A ▪ wütend sein auf + A ▪ zufrieden sein mit + D

Glück:

sich nach Glück sehnen ▪ den richtigen Weg zum Glück finden ▪ sich einen Wunsch erfüllen ▪ ein Ziel verfolgen ▪ Geld macht weder glücklich noch unglücklich. ▪ die unerfüllte Suche nach dem Glück ▪ sich selbst unglücklich machen ▪ die Glückssymbole ▪ die Glücksbringer

Vermutungen ausdrücken

vielleicht ▪ wahrscheinlich ▪ vermutlich ▪ ich vermute ▪ ich glaube ▪ ich denke ▪ Es kann/könnte sein, dass …

Eigenschaften

positiv:

sympathisch ▪ attraktiv ▪ intelligent ▪ ehrlich ▪ transparent ▪ verständnisvoll ▪ interessiert ▪ aufmerksam ▪ aufrichtig ▪ freundlich ▪ zurückhaltend ▪ kontaktfreudig ▪ hilfsbereit ▪ mitfühlend ▪ kommunikativ ▪ pragmatisch

negativ:

taktlos ▪ gefühllos ▪ selbstsüchtig/egoistisch ▪ gelangweilt/desinteressiert ▪ hinterhältig

Stress, Ärger und Freude

Stress:

die Stressbewältigung ▪ mit Stress *(gut/nicht)* umgehen können ▪ eine stressige Situation *(gut/nicht)* bewältigen können ▪ unter Stress leiden ▪ sich gestresst fühlen ▪ gestresst sein ▪ Etwas erzeugt Stress. ▪ Angst haben vor Fehlern/Ablehnung ▪ sich oder andere überfordern ▪ sich oder andere unter Druck setzen ▪ Konflikte vermeiden ▪ sich entspannen ▪ sich beruhigen

Ärger:

Das ärgert mich. ▪ Das nervt mich. ▪ Das stört mich. ▪ Das finde ich schlimm. ▪ Das macht mich fertig. ▪ Das regt mich auf. ▪ Das bringt mich auf die Palme. ▪ Das geht mir auf die Nerven.

Freude:

Das freut mich. ▪ Das finde ich toll/super/prima. ▪ Das macht mich froh. ▪ Davor habe ich Respekt.

Desinteresse:

Das ist mir gleichgültig. ▪ Das ist mir egal. ▪ Das interessiert mich *(überhaupt)* nicht.

D2 Kleines Wörterbuch der Verben

Unregelmäßige Verben

Infinitiv	3. Person Singular Präsens	3. Person Singular Präteritum	3. Person Singular Perfekt
beweisen	er beweist	er bewies	er hat bewiesen
vermeiden *(Konflikte)*	er vermeidet	er vermied	er hat vermieden

Einige regelmäßige Verben

Infinitiv	3. Person Singular Präsens	3. Person Singular Präteritum	3. Person Singular Perfekt
ankreuzen *(Zahlen im Lotto)*	er kreuzt an	er kreuzte an	er hat angekreuzt
bewältigen *(Stress)*	er bewältigt	er bewältigte	er hat bewältigt
entspannen *(sich)*	er entspannt sich	er entspannte sich	er hat sich entspannt
erfüllen *(sich einen Wunsch)*	er erfüllt	er erfüllte	er hat erfüllt
erzeugen *(Stress)*	er erzeugt	er erzeugte	er hat erzeugt
sehnen *(sich nach etwas)*	er sehnt sich	er sehnte sich	er hat sich gesehnt
trauen *(sich etwas)*	er traut sich	er traute sich	er hat sich getraut
verfolgen *(ein Ziel)*	er verfolgt	er verfolgte	er hat verfolgt
vergiften *(jemanden)*	er vergiftet	er vergiftete	er hat vergiftet
verursachen *(etwas)*	er verursacht	er verursachte	er hat verursacht
wehren *(sich)*	er wehrt sich	er wehrte sich	er hat sich gewehrt

D3 Evaluation

Überprüfen Sie sich selbst.

Ich kann	gut	nicht so gut
Ich kann über Gefühle sprechen.	☐	☐
Ich kann Aussagen und Texte zum Thema Glück verstehen und über Glückssymbole in meinem Heimatland berichten.	☐	☐
Ich kann Ratschläge und Tipps zu den Themen Glück und Stress geben.		
Ich kann Vermutungen ausdrücken.	☐	☐
Ich kann einfache Texte über menschliche Verhaltensweisen verstehen.	☐	☐
Ich kann Personen und ihre Charaktere beschreiben.	☐	☐
Ich kann etwas begründen und Folgen benennen.	☐	☐
Ich kann mich ausführlich zum Thema Nachbarschaft äußern. *(fakultativ)*	☐	☐

Kapitel 8

Essen und trinken

Kommunikation

- Über Frühstücksgewohnheiten und andere Mahlzeiten reden
- Sich über Nahrungsmittel und typische Gewürze des Heimatlandes unterhalten
- Über die Zubereitung von Gerichten sprechen
- Berichte im Restaurantführer verstehen
- Berichte über Restaurantbesuche schreiben
- Eine Einladung zum Essen formulieren und darauf reagieren
- E-Mails schreiben: Standardformulierungen
- Gute Wünsche formulieren

Wortschatz

- Mahlzeiten
- Nahrungsmittel und Gewürze
- Rezepte
- Restaurants
- Gute Wünsche
- Standardformulierungen in Briefen

Das Frühstück

A1 Diskussion: Mahlzeiten

Diskutieren Sie in kleinen Gruppen und berichten Sie anschließend im Plenum.

- Welche Mahlzeit ist in Ihrem Heimatland die wichtigste: das Frühstück ▪ das Mittagessen ▪ das Abendessen?
  Um welche Zeit nimmt man diese Mahlzeit ein? Was wird gegessen?
- Wie wichtig ist für Sie das Frühstück? Was essen Sie zum Frühstück? Wann essen Sie Frühstück?

A2 Landestypisches Frühstück

Lesen Sie den Text und beschreiben Sie, was in den angegebenen Ländern zum Frühstück gegessen bzw. getrunken wird. Ergänzen Sie die Tabelle (wenn Ihr Heimatland noch nicht beschrieben wurde).

Das Frühstück ist die erste Mahlzeit am Tag.
Der Zeitpunkt, die Dauer und die Bestandteile des Frühstücks sind in den einzelnen Kulturkreisen sehr unterschiedlich. Sogar innerhalb Europas unterscheidet sich das Frühstück erheblich. Interessanterweise scheinen die Traditionen beim Frühstück eine größere Rolle zu spielen als beim Mittag- oder Abendessen.

Land	Typische Speisen	Typische Getränke	Besonderheiten
Deutschland Österreich Schweiz	Brötchen oder Toastbrot mit Butter und Marmelade oder Honig, manchmal Käse oder Wurst, Müsli, ein gekochtes Ei	Kaffee, Tee, Milch, Saft (meist Orangensaft)	In Österreich wird manchmal auch Kuchen zum Frühstück gegessen.
Großbritannien	Toastbrot mit Marmelade, Würstchen, Speck, Rührei oder Spiegelei, Bohnen, gebackene Tomaten	Tee	In Großbritannien spielt das Frühstück eine wichtige Rolle und ist oft die zentrale Mahlzeit des Tages.
Frankreich	Croissant oder Brötchen, oft ohne Butter und Marmelade	Milchkaffee, Espresso oder Schokolade	In Frankreich gilt das Frühstück als unwichtig.
Ihr Heimatland	... ...	... ...	... ...
das Heimatland Ihrer Nachbarin/ Ihres Nachbarn	... ...	... ...	... ...

- In Deutschland, Österreich und der Schweiz isst man zum Frühstück …
- In Deutschland, Österreich und der Schweiz werden/wird zum Frühstück … gegessen.
- In …

A3 Gesundes Frühstück für den Schulalltag

2.16

Sie hören nun eine Diskussion. Lösen Sie die folgenden Aufgaben und überlegen Sie: Wer sagt was? Hören Sie die Diskussion zweimal. Lesen Sie zuerst die Aussagen.

Der Moderator der Sendung *Gesunde Ernährung* diskutiert heute mit seinen Gästen über das Thema: Gesundes Frühstück für den Schulalltag.

	Moderator	Frau Sommer	Herr Albrecht
1. 25 Prozent der Kinder gehen ohne Frühstück aus dem Haus.	☐	☐	☐
2. In ärmeren Familien passiert das öfter als in reichen Familien.	☐	☐	☐
3. Ob ein Kind frühstückt oder nicht, das hängt auch vom Alter ab.	☐	☐	☐
4. Kinder und Jugendliche, die nicht frühstücken, haben Probleme mit der Konzentration.	☐	☐	☐
5. Ohne Frühstück greifen Kinder schneller zu Süßigkeiten.	☐	☐	☐
6. Eltern mit einem stressigen Beruf haben für ein gemeinsames Frühstück keine Zeit.	☐	☐	☐
7. Eltern sollten sich für das Frühstück unbedingt Zeit nehmen und somit die Entwicklung ihrer Kinder unterstützen.	☐	☐	☐
8. Eine optisch gute Präsentation des Essens wirkt appetitanregend.	☐	☐	☐

Essen im Mittelalter

A4 Essen im Mittelalter

Lesen Sie den folgenden Text und ergänzen Sie die Nomen.

Mahlzeit ▪ Abendessen ▪ Glas ▪ Jahrhundert ▪ Besteck ▪ Ländern ▪ Reichtum ▪ Morgentrunk ▪ Gewürzen ▪ Volk

Was frühstückten die alten Ritter?

Nehmen Sie ein großes .... (1) Wein und trinken Sie es bei Sonnenaufgang aus – fertig ist das mittelalterliche Frühstück. Die Alternative zu diesem merkwürdigen Frühstück wirkt auf uns Menschen im 21. .... (2) nicht besser: Auch ein Glas Bier, gewürzt mit Koriander, Lavendel oder Salbei kam als .... (3) infrage. Doch keine Angst: Hungern mussten die Ritter nicht. Gegen neun Uhr wurde ein zweites Frühstück serviert, wir würden das heute ein sehr reichhaltiges Mittagessen nennen.

Das zweite Frühstück bestand aus Fleisch, meistens Schweinefleisch, aber auch Gans und Wild kamen auf den Tisch. Selbstverständlich wurde auch zu dieser .... (4) Bier und Wein gereicht. Schon drei Stunden später war Zeit für das Mittagessen. Zum Mittagessen gab es Weißbrot und Wein. So blieb etwas Platz im Magen für das zwischen 15.00 und 18.00 Uhr stattfindende .... (5).

Um die Gäste zu beeindrucken, dekorierten die Köche das Essen mit teuren .... (6) wie Pfeffer, Zimt oder Nelken, die aus fernen .... (7) geholt werden mussten. Nicht selten ruinierten sich Adlige, die mit eindrucksvollen Gerichten ihren .... (8) demonstrieren wollten.

Für das einfache .... (9) gab es übrigens viermal am Tag das Gleiche: Gerstenbrei oder Gemüsesuppe. Im Mittelalter aß man mit den Händen, dem Löffel oder dem Messer. Erst ab dem 17. Jahrhundert gehörte die Gabel zum .... (10). Man speiste von Tellern und großen Platten aus Holz sowie aus Schüsseln. Die Bauern nutzten oft ein großes Stück Brot als Teller.

A5 Gewürze

Im Text stehen folgende Gewürze: Koriander, Lavendel, Salbei, Pfeffer, Zimt, Nelken.

- Welches Gewürz davon kennen Sie?
- Mit welchen Gewürzen wird in Ihrem Heimatland gekocht?

Nahrungsmittel

A6 Nahrungsmittel, die früher als Geld benutzt wurden

Ordnen Sie den Nahrungsmitteln das Land/die Länder zu, in dem/denen sie früher als Zahlungsmittel galten. Vergleichen Sie Ihre Antworten mit den Angaben im Lösungsteil. Zwei der folgenden Nahrungsmittel wurden nie als Geld benutzt.

(1) Kühe → ? (d)
(2) Reis
(3) Getreide
(4) Tomaten
(5) Salz
(6) Muscheln
(7) Mandeln
(8) Käse
(9) Getrocknete Fische

(a) bis 1917 in Russland
(b) in Island
(c) in Korea
(d) im alten Griechenland
(e) in Indien, China und Afrika
(f) bis zum 19. Jh. in Nordafrika
(g) in Indien

- Ich vermute, …
- Meiner Meinung nach …
- Ich könnte mir vorstellen, dass …

A7 Wortschatz: Lebensmittel

Ordnen Sie die Oberbegriffe zu.

A Süßigkeiten	E Besteck	I Gemüse	M Backwaren
B Geschirr	F Obst	J Wurst	N Gewürze
C Getreideprodukte	G Fisch	K Fleisch	O Milchprodukte
D Hülsenfrüchte	H Erfrischungsgetränke	L alkoholische Getränke	P Kräuter

E die Gabel, das Messer, der Löffel 

○ der Schinken, die Salami, die Mortadella

○ die Tomate, die Gurke, die Möhre 

○ der Gänsebraten, der Rinderbraten, der Schweinebraten

○ die Schokolade, die Bonbons *(Pl.)*, die Gummibärchen *(Pl.)*

○ das Glas, der Teller, die Tasse 

○ das Mineralwasser, der Obstsaft, die Cola

○ der Aal, der Lachs, die Forelle 

○ die Banane, der Apfel, die Birne 

○ der Reis, die Spaghetti *(Pl.)*, die Hirse

○ der Joghurt, der Quark, der Käse 

○ die Erbsen *(Pl.)*, die Linsen *(Pl.)*, die Bohnen *(Pl.)*

○ die Petersilie, der Schnittlauch, der Dill

○ das Bier, der Wein, der Schnaps 

○ der Pfeffer, das Salz, der Knoblauch

○ das Brötchen, das Brot, der Kuchen 

A8 Über Essen sprechen

a) Fragen Sie Ihre Nachbarin/Ihren Nachbarn und berichten Sie.

- Können Sie kochen? Wenn ja, was kochen Sie am liebsten bzw. am besten?
- Was ist Ihr Lieblingsessen?
- Was ist ein typisches Nationalgericht aus Ihrem Heimatland? Beschreiben Sie das Gericht näher.
  Was für Zutaten braucht man?
  Was muss man putzen, waschen, schneiden?
  Wie lange werden die Zutaten gekocht, gebraten, gebacken?
  Was muss man beim Kochen beachten?
- Haben Sie in Ihrer Heimatstadt ein Lieblingsrestaurant?

b) Was kann man miteinander verbinden? Ordnen Sie zu. Es gibt mehrere Lösungen.

anbraten/braten ▪ waschen ▪ schneiden ▪ putzen ▪ backen ▪ kochen ▪ grillen ▪ trocknen ▪ schälen ▪ umrühren ▪ hacken

- Zwiebeln: *schälen, schneiden, anbraten/braten*

1. Gemüse: ……………………
2. Kuchen: ……………………
3. Fleisch: ……………………
4. Kräuter: ……………………
5. Salat: ……………………
6. Wasser: ……………………
7. ein Steak: ……………………
8. die Suppe: ……………………

Deutsche Rezepte

A9 Unsere Empfehlung: Putengeschnetzeltes mit Champignons

Lesen Sie das Rezept und ergänzen Sie die Verben in der richtigen Form.

würzen ▪ geben ▪ schneiden ▪ lassen ▪ anbraten ▪ schälen ▪ hacken

Putengeschnetzeltes mit Champignons

Zutaten für drei Personen

300 g	Putenfleisch
1	Zwiebel
1	Tasse Champignons
250 ml	Schlagsahne oder Crème fraîche
3	EL* gehackte Petersilie
1	EL Mehl
	Salz, Pfeffer, Öl

Zubereitungsdauer

30 Minuten

Zubereitung

- ……………………… (1) Sie die Zwiebel und schneiden Sie sie in kleine Stücke.
- Waschen und ……………………… (2) Sie die Petersilie.
- ……………………… (3) Sie das Putenfleisch in Würfel und ……………………… (4) Sie es mit Salz und Pfeffer.
- ……………………… Sie das Fleisch in Öl ………. (5), bis es auf beiden Seiten goldbraun ist.
- Nehmen Sie das Fleisch aus der Pfanne und braten Sie die Zwiebeln an.
- ……………………… (6) Sie danach die Champignons dazu und ……………………… (7) Sie alles ca. zehn Minuten bei kleiner Hitze braten.
- Danach geben Sie das Mehl, die Schlagsahne und das angebratene Fleisch dazu.
- Zum Schluss kommt die Petersilie.

Guten Appetit!

*EL = Esslöffel

A10 Ein gemeinsames Abendessen planen

a) Planen Sie in Gruppen ein gemeinsames Abendessen. Diskutieren Sie dabei über folgende Punkte:

- Wo findet das Abendessen statt?
- Was wird gegessen (Vorspeise/Hauptspeise/Nachspeise)?
- Wer kauft was ein?
- Wer kocht?
- Wann beginnt das Essen?
- Wer wird eingeladen?

Präsentieren Sie Ihren Vorschlag anschließend im Plenum.

b) Schreiben Sie eine kurze Textnachricht an Ihre Freunde und laden Sie sie zu einem gemeinsamen Essen ein. Gehen Sie auf folgende Punkte ein:

- Wo findet das Essen statt?
- Wer kommt zum Essen?
- Was gibt es zu essen?
- Soll die/der Eingeladene noch etwas mitbringen?

Essen im Restaurant

A11 Wer geht wohin?

Suchen Sie für jeden ein passendes Restaurant. Manchmal gibt es mehrere Lösungen.

1. Martina und ihre kleine Tochter wollen am Sonntag etwas erleben und gleichzeitig etwas Leckeres essen. ☐
2. Andreas mag asiatische Gerichte. ☐
3. Klaus war lange in Brasilien und ist seither Fan südamerikanischer Fleischgerichte. ☐
4. Kerstin und Torsten mögen die mediterrane Küche. ☐
5. Herr Körner liebt die deutsche Küche und deutsches Bier. ☐
6. Lucas und Jane essen keine tierischen Produkte. ☐
7. Familie Schneider achtet beim Einkaufen, Kochen und in Restaurants auf regionale Produkte und eine ökologische Haltung der Tiere. ☐

1

2

3

indian garden

Indisches Spezialitätenrestaurant

Erleben Sie einen Hauch von 1001 Nacht!

Große Auswahl an indischen Speisen

Preiswertes Mittagsmenü

Herausragende Live- und Kulturveranstaltungen

Mahatma-Gandhi-Str. 2
www.indian-garden.de

4

Nehmen Sie Platz in einem der drei Erlebnisrestaurants Kiwara-Lodge, Hacienda Las Casas oder Marché.

Wir organisieren für Sie:

- exklusive Veranstaltungen im kleinen und großen Stil inklusive Zooführung, Catering und Künstlerarrangements
- genussvolle Entdeckungsreisen wie z. B. die Abendveranstaltungen „Hakuna Matata“ und „Noche de Fiesta“
- und demnächst auf Wunsch: asiatisches Candle-Light-Dinner in der Pagode am Elefantentempel

Appetit bekommen? Dann rufen Sie uns an!
Telefon: (03 41) 59 33 38-0

www.zoo-leipzig.de

5

Als älteste Leipziger Gaststätte seit 1454 ist der Thüringer Hof ein „Muss“ für jeden an der Stadt Interessierten.

Hier kehrte einst schon Martin Luther gerne ein.

Thüringisch-fränkische Spezialitätenküche

Partyservice komplett
Kalte Platten

Luthersaal (200 Plätze)
Glasüberdachter Innenhof (40 Plätze)

Burgstraße 19

Täglich von 11.00–24.00 Uhr

6

CARACAS

Lateinamerikanische Musik und jede Menge Fleisch- und Fladengerichte erwarten die Gäste in diesem Restaurant in der Salvador-Allende-Straße.

Freunde der südamerikanischen Küche haben die Qual der Wahl und kommen hier bestimmt auf ihre Kosten.

Salvador-Allende-Straße 64
04105 Leipzig

7

BIO top

Sowohl das Restaurant als auch der Supermarkt und die Bäckerei sind Leipzigs erste Adresse für BIO-Produkte. Hier kommen unter anderem hochwertige Produkte aus der Umgebung auf den Teller und ins Glas. Auch Klassiker der internationalen Küche sind in einer neuen Form auf der Speisekarte zu finden. Das Restaurant ist ein Tipp für alle, die Wert auf gute Lebensmittel legen.

BIOtop, Ritterstraße 10, Leipzig-Zentrum

8

Das vegane Bistro bietet zu moderaten Preisen Burger aus Seitan oder Soja, die als kleine Kunstwerke mit Gurken, Tomaten und Zwiebeln serviert werden.

Auch hausgemachte Salate und Bowls gehören zum Angebot.

Grüne Allee 12a • Leipzig
www.green-vegan.com

GREEN
fein·schnell·vegan

A12 Restaurantkritiken

a) Lesen Sie die folgenden Kritiken in einem Online-Restaurantführer.

- Welche Art von Essen bieten die Restaurants?
- Wie wurden die Einrichtung und der Service beurteilt?
- Wie schmeckt das Essen?
- Würden Sie das Restaurant besuchen?

www.restaurantfuehrer.de

RESTAURANT RATSKELLER

Das rustikale, mit dunklen Holzmöbeln eingerichtete Lokal bietet ein Stück Stadtgeschichte. An den Wänden kann man alte Bilder und Rezepte aus dem vergangenen Jahrhundert bewundern. Hier gibt es gutbürgerliche Küche zu bezahlbaren Preisen. Die Bedienung ist freundlich und schnell. Als Hauptspeise bestellten wir einen Hirschbraten mit Gemüse und Nudeln. Das Fleisch war hervorragend, das Gemüse noch knackig, die dazu servierten Nudeln waren allerdings ungewürzt und zu weich. Die Weinkarte bot eine große Auswahl, wir empfehlen aber in diesem Restaurant zum Essen ein frisch gezapftes einheimisches Bier.

Art:
gutbürgerliche, bezahlbare (preiswerte) Küche

Einrichtung: ....

Service: ....

Essen: ....

Ihr Kommentar: ....

RESTAURANT KAISER

Wenn man mit dem Fahrstuhl in die 26. Etage des Hotels Ambassador gefahren ist, erfreut man sich zunächst an dem Ausblick über die Stadt. Man wird vom Personal des Restaurants freundlich empfangen, die Einrichtung wirkt modern und trotzdem bequem. Dass man für das Menü rund 100 Euro einplanen muss, wissen die Feinschmecker. Die Küche arbeitet nur mit ausgesuchten Zutaten, das Zusammenspiel mit dem Service funktioniert hervorragend. Den Empfehlungen der Kellner kann man vertrauen, das Essen und die Weinkarte sind vom Feinsten. Ob Entenbrust, Flusskrebse oder nur ein Risotto – man erlebt eine kulinarische Reise der Spitzenklasse. Das Menü, so kann man am Ende des Abends feststellen, ist sein Geld uneingeschränkt wert.

Art: ....

Einrichtung: ....

Service: ....

Essen: ....

Ihr Kommentar: ....

RESTAURANT DON GIOVANNI

Das italienische Restaurant befindet sich in bester Lage, direkt in der Fußgängerzone. Das Ambiente ist traumhaft. Die Decke besteht aus Glas, überall stehen Palmen und andere Pflanzen. Die Weinkarte ist ausführlich, der Hauswein konnte allerdings mit seinem leicht säuerlichen Geschmack nicht überzeugen. Die Vitrine mit den Vorspeisen (Antipasti) sah frisch und appetitlich aus, besonders gut schmeckte das Kalbfleisch. Als Hauptgericht aßen wir Spaghetti, die zu hart waren, und einen Fisch, der zu trocken war. Auch die Bedienung hatte einen schlechten Tag, sie war unfreundlich und langsam. Schade eigentlich, es hätte ein so schöner Abend werden können.

Art: ....

Einrichtung: ....

Service: ....

Essen: ....

Ihr Kommentar: ....

b) Schreiben Sie einen Kurzbericht über Ihren letzten Restaurantbesuch. Gehen Sie dabei auf die Einrichtung, den Service und das Angebot ein. Beurteilen Sie dann das Essen.

Wichtige Redemittel für Restaurantkritik

- Das Restaurant ist mit modernen/dunklen/hellen … Möbeln eingerichtet.
- Das Restaurant wirkt modern/bequem/freundlich/gemütlich …
- Das Ambiente ist traumhaft/modern/rustikal …
- Das Restaurant bietet gutbürgerliche/italienische/asiatische … Gerichte.
- Das Restaurant ist bekannt für seine gute/mediterrane/gutbürgerliche/gehobene … Küche.
- Die Weinkarte ist ausführlich/vom Feinsten/bietet eine große Auswahl …
- Die Bedienung ist freundlich/unfreundlich/schnell/langsam …
- Der Service klappt hervorragend/überhaupt nicht …
- Den Empfehlungen des Servicepersonals kann man (nicht) vertrauen …
- Das Fleisch/Das Gemüse/Die Nudeln war/waren zu weich/zu hart/zu salzig …
- Das Essen schmeckte köstlich/ausgezeichnet/hervorragend/gut …
- Das Essen/Der Wein konnte (nicht) überzeugen.
- Das Menü/Das Essen war sein Geld (nicht) wert.

A13 Ein berühmtes Restaurant

a) Lesen Sie den folgenden Text und ergänzen Sie die Nomen in der richtigen Form.

Jahrhundert ▪ Dichter ▪ Hauptattraktion ▪ Eigentümer ▪ Dienste ▪ Bekanntheit ▪ Geschichte ▪ Wandbilder ▪ Räumlichkeiten ▪ Studium ▪ Teufel ▪ Restaurant ▪ Altstadt ▪ Motive

Auerbachs Keller

Das historische .... (1) Auerbachs Keller befindet sich in der Leipziger .... (2), unweit vom Markt. Es ist das bekannteste und zweitälteste Restaurant Leipzigs. Der Weinausschank wurde schon 1438 erwähnt.

Ihren heutigen Namen erhielt die Gaststätte nach dem damaligen .... (3), dem Leipziger Stadtrat und Medizinprofessor Dr. Heinrich Stromer, der nach seinem Geburtsort nur „Dr. Auerbach“ genannt wurde. Als Leibarzt des Kurfürsten von Sachsen durfte er wegen seiner treuen .... (4) ein Weinlokal einrichten und ausbauen.

Seine weltweite .... (5) verdankt Auerbachs Keller, der schon im 16. .... (6) zu den beliebtesten Weinlokalen der Stadt gehörte, vor allem dem deutschen .... (7) Johann Wolfgang von Goethe. Goethe besuchte den Weinkeller während seines .... (8) in Leipzig 1765–1768 oft und hörte hier von der alten Volkssage, dass im Jahr 1525 der berühmte Magier Dr. Johannes Faustus mithilfe des .... (9) ein großes Fass aus dem Keller die Treppen hinauf bis auf die Straße geritten haben soll. Diese .... (10) und der Ort müssen Goethe so beeindruckt haben, dass er Auerbachs Keller später in sein Drama „Faust I“ aufnahm.

In den historischen .... (11) kann man noch immer das mittelalterliche Tonnengewölbe mit .... (12) aus dem Jahre 1867 bewundern, die .... (13) aus Goethes „Faust“ zeigen. Im sogenannten Goethezimmer befinden sich Gemälde aus dem Jahr 1625. Heute ist Auerbachs Keller, wie schon vor 450 Jahren, eine touristische .... (14) der Stadt Leipzig.

b) Stellen Sie ein berühmtes oder besonderes Restaurant aus Ihrem Heimatland vor.

Einladungen und gute Wünsche

A14 Einladung

Neue Nachricht

Von: Peter **An:**

Betreff: Einladung

Liebe(r) ...,

wie geht es dir? Ich habe lange nichts mehr von dir gehört. Vor einer Woche habe ich mein Studium abgeschlossen und das muss natürlich gefeiert werden! Ich möchte deshalb alle meine alten Freunde zu einer großen Party einladen. Die Party ist am Freitag, dem 13. August, um 17.00 Uhr im Hotel Bastian.

Ich hoffe, du hast Zeit und kannst kommen. Soll ich dir ein Hotelzimmer reservieren? Möchtest du noch jemanden mitbringen? Du kannst natürlich auch bei mir im Gästezimmer übernachten.
Ich hoffe, wir sehen uns bald.

Herzliche Grüße
Peter

Senden

Antworten Sie Peter.

Schreiben Sie in Ihrer E-Mail:

- ob Sie kommen können
- wo Sie übernachten wollen
- ob Sie noch jemanden mitbringen
- wann Ihre letzte Party war
- was es auf Ihrer Party zu essen und zu trinken gab.

Vergessen Sie Anrede und Gruß nicht. Schreiben Sie auch eine kurze Einleitung und einen passenden Schluss.

A15 Wortschatzhilfen und Hinweise für die schriftliche Kommunikation

Hier finden Sie Hinweise, die Ihnen sowohl bei der B1-Sprachprüfung als auch im privaten und beruflichen Schriftwechsel behilflich sein können.

Private E-Mails

Anrede:
- Liebe .../Lieber ...,
  Nach der Anrede steht ein Komma.

Beginn:
- vielen Dank für deine E-Mail.
  Am Textbeginn wird der erste Buchstabe kleingeschrieben.
- Ich habe lange nichts *(mehr)* von dir gehört.
- Wie geht es dir? Mir geht es gut.
- Ich gratuliere dir *(zu deinem Führerschein/ zur Hochzeit ...)*.
- Es ist toll, dass du *(deine Führerscheinprüfung bestanden hast)*!
  „Dass" mit zwei „s" leitet einen Nebensatz ein.
  „Das" mit einem „s" ist ein Artikel oder Relativpronomen.

Ende:
- Ich freue mich auf *(deinen Besuch/ meine Reise nach ...)*.
- Schreib mir bald.
- Ich warte auf deine Antwort.
- Ich rufe dich *(nächste Woche)* an.

Gruß:
- Liebe Grüße
- Schöne Grüße
- Herzliche Grüße
- Bis bald
  Nach dem Gruß steht kein Satzzeichen.

Formelle/halbformelle E-Mails

Anrede:
- Sehr geehrte Frau …,
  Sehr geehrter Herr …,
  Sehr geehrte Damen und Herren,
  Liebe Frau …/Lieber Herr …,

Beginn:
- vielen Dank für Ihre E-Mail.
  Die formelle Anrede wird immer großgeschrieben.
- Ich habe Ihre Anzeige gelesen.
- Ich hätte gern ein paar Informationen über …
  Könnten Sie mir ein paar Informationen über … zusenden?
- Ich interessiere mich sehr für …
- Ich möchte mich beschweren über …

Ende:
- Über eine schnelle Antwort würde ich mich freuen.
- Schon jetzt vielen Dank für *(Ihre Reaktion/Ihre Antwort/die Informationen/Ihre Hilfe …)*

Gruß:
- Freundliche Grüße
- Mit freundlichen Grüßen
- Beste Grüße
- Mit besten Grüßen

A16 Viele gute Wünsche

Was sagen Sie in den folgenden Situationen? Wählen Sie die passenden Wünsche aus. Manchmal gibt es mehrere Möglichkeiten.

Gute Reise! ▪ Glückliches neues Jahr! ▪ Gesundheit! ▪ Toi, toi, toi! ▪ Viel Glück! ▪ Ich drücke dir die Daumen! ▪ Zum Wohl! ▪ Einen guten Rutsch! ▪ Gute Fahrt! ▪ Herzlichen Glückwunsch! ▪ Hals- und Beinbruch! ▪ Frohe Ostern! ▪ Lasst euch nicht unterkriegen! ▪ Kommt gut nach Hause! ▪ Frohes Fest! ▪ Gesundes neues Jahr! ▪ Alles Gute zum Geburtstag! ▪ Gute Besserung! ▪ Guten Appetit!

■ Trudi hat Geburtstag.
Alles Gute zum Geburtstag!

1. Es ist der 31.12. Sie treffen Ihre Nachbarin im Treppenhaus.
   ……………………………………
2. Es ist der 2.1. Sie gehen zur Arbeit und sehen dort Ihre Kollegen.
   ……………………………………
3. Ihre Kollegin Anna ist krank.
   ……………………………………
4. Paul ist erkältet. Er muss immer niesen.
   ……………………………………
5. Fritz hat eine Prüfung.
   ……………………………………
6. Gustav fährt in den Urlaub.
   ……………………………………
7. Ihre Gäste fahren mit dem Auto nach Hause.
   ……………………………………
8. Fritz hat die Prüfung bestanden.
   ……………………………………
9. Es ist Ostersonntag.
   ……………………………………

10. Es ist der 25.12. Ihre Mutter kommt zum Essen.
    ……………………………………
11. Sie beginnen mit dem Essen.
    ……………………………………
12. Dazu trinken Sie ein Glas Wein.
    ……………………………………
13. Martina ist eine begeisterte Skifahrerin. Sie fährt nach Österreich in den Skiurlaub.
    ……………………………………
14. Franz und Georg spielen in einer (schlechten) Fußballmannschaft. Sie haben am Samstag ein wichtiges Spiel.
    ……………………………………

Wissenswertes *(fakultativ)*

B1 Schokolade

Was assoziieren Sie mit Schokolade?

viele Kalorien

....

B2 Die Lieblingssüßigkeiten der Deutschen

Welche Süßigkeiten belegen die ersten drei Plätze? Raten Sie.

Schokolade ▪ Schokoriegel ▪ Bonbons ▪ Pralinen ▪ Lakritze ▪ Fruchtgummi ▪ Kekse ▪ Kuchen

1. .... 2. .... 3. ....

B3 Interview: Süßes

Fragen Sie Ihre Nachbarin/Ihren Nachbarn und berichten Sie.

- Essen Sie gern Süßes? Wenn ja, was essen Sie am liebsten? Wenn nein, warum nicht?
- Welche Süßigkeiten isst man in Ihrem Heimatland?

B4 Die Geschichte der Schokolade

Lesen Sie den folgenden Text.

Die Geschichte der Schokolade

Das Tiefland der mexikanischen Golfküste vor etwa 3 000 Jahren: Hier lebte das erste zivilisierte Volk Amerikas, die Olmeken (Blütezeit: 1 500 bis 400 vor Christus). Sie waren es, die in dieser fruchtbaren Gegend Kakaobäume züchteten und vermutlich auch als Erste aus Kakao Schokolade herstellten. Schriftliche Zeugnisse gibt es dafür allerdings nicht.

Erste Beweise für die Existenz von Schokolade hinterließen die Maya (Blütezeit: 250 bis 900 nach Christus). 1984 wurde bei Río Azul in Guatemala eine Maya-Grabstätte entdeckt. Sie enthielt Gegenstände für den Verzehr von flüssiger Schokolade, darunter einen Topf mit Henkel und Schraubdeckel, der mit großen Hieroglyphen beschrieben war. Zwei dieser Schriftzeichen stellen das Wort „cacao" dar. Bei der Untersuchung des Topfes im Labor fanden sich darin außerdem Spuren von Koffein und Theobromin – beide Stoffe sind Bestandteile von Kakao.

Die Maya stellten die Zubereitung von Schokolade auch bildlich dar. Eine erste Zeichnung entstand ungefähr um das Jahr 750. Sie zeigt eine Frau, die eine Flüssigkeit von einem ▶

Gefäß in ein anderes gießt. Dadurch vermehrt sie den Schaum der Schokolade, der bei den Maya und später auch bei den Azteken als der köstlichste Teil des Getränks galt.

Die Maya kannten für Schokolade nicht nur ein Rezept. Ganz im Gegenteil: Sie waren erfindungsreich und bereiteten das Getränk mit verschiedenen Gewürzen wie Chili zu. In historischen Berichten ist davon die Rede, dass Schokolade üblicherweise bei Verlobungs- und Hochzeitsfeiern in reichen Familien genossen wurde. Damit hatte Schokolade bei den Maya einen ähnlichen Stellenwert wie bei uns heute Champagner.

Als die Spanier das Reich der Azteken im Jahr 1521 eroberten und zerstörten, fanden sie Schokolade zunächst abstoßend. Was taten sie also? Sie veränderten die Zubereitung und süßten das bittere Getränk mit Rohrzucker. Außerdem tranken die Spanier ihre Schokolade heiß statt kalt. Und noch etwas änderten die Eroberer aus Europa: den Namen. Die Azteken bezeichneten Schokolade als „cacahuatl" („Kakaowasser"). Die Spanier machten daraus „chocolate". Von Spanien aus verbreitete sich Schokolade als heißes süßes Getränk im 17. und 18. Jahrhundert in ganz Europa. In den katholisch geprägten Ländern löste die Schokolade eine Diskussion aus, die mehr als 200 Jahre dauerte: Man war in der katholischen Kirche uneinig darüber, ob Schokolade als süße Speise beim Fasten* verboten oder ob sie als Getränk anzusehen und damit auch beim Fasten erlaubt ist. Diese Auseinandersetzung bremste die Lust der Europäer auf Schokolade aber überhaupt nicht, ja, Schokolade wurde bei manchen Menschen sogar zur Sucht.

Die erste Schokoladenfabrik Europas nahm 1728 im englischen Bristol den Betrieb auf. Das Unternehmen hieß „Fry & Sons" und produzierte per Handarbeit; Maschinen für die Schokoladenherstellung gab es noch nicht. Das Zeitalter der modernen Schokoladenproduktion begann im Jahr 1828: Der Niederländer Coenraad Johannes van Houten entwickelte eine hydraulische Presse, mit der man eine neue Art Schokoladenpulver mit sehr geringem Fettanteil herstellen konnte. Dann war es wiederum die britische Schokoladenmanufaktur „Fry & Sons", die 1847 van Houtens Kakaopulver und Zucker mit geschmolzener Kakaobutter statt mit warmem Wasser vermischte – die Tafelschokolade war geboren.

Seit Ende des 19. Jahrhunderts beherrscht die Schweiz die Welt der Schokolade. Dort wurde die erfolgreichste Schokoladensorte der Welt erfunden: die Milchschokolade. Noch heute sind die Schweizer Weltmeister im Schokolade-Essen: Sie verzehren pro Kopf im Jahr 10,2 Kilogramm. Mit einem jährlichen Verzehr von neun Kilogramm Schokolade in Form von Tafeln, Pralinen und anderen Leckereien liegen die Deutschen hinter den Schweizern, den Norwegern und den Belgiern auf Platz vier.

*fasten = nichts essen

B5 Textarbeit

a) Welche Aussage ist richtig? Kreuzen Sie an.

1. Man vermutet, dass die ersten Menschen, die Schokolade herstellten,
   a) ☐ die Azteken waren.
   b) ☐ die Olmeken waren.
   c) ☐ die Maya waren.

2. a) ☐ Die Maya tranken von der Schokolade nur den Schaum.
   b) ☐ Die Schokolade war bei den Maya ein Grundnahrungsmittel.
   c) ☐ Die Schokolade war bei den Maya etwas ganz Besonderes.

3. a) ☐ Die Spanier fanden die Schokolade von Anfang an köstlich.
   b) ☐ Den Spaniern schmeckte die Schokolade erst, als sie mit Zucker gesüßt wurde.
   c) ☐ Die Spanier zerstörten alle Kakaopflanzen.

4. a) ☐ In Europa stritten sich die Menschen in katholischen Ländern darüber, ob man die Schokolade essen oder trinken sollte.
   b) ☐ Die Europäer genossen am Anfang die Schokolade als heißes süßes Getränk.
   c) ☐ Die meisten Menschen in Europa wurden süchtig nach Schokolade.

5. Die Tafelschokolade entstand
   a) ☐ 1728.
   b) ☐ 1828.
   c) ☐ 1847.

b) Ergänzen Sie die fehlenden Verben im Präteritum.

verändern ▪ trinken ▪ entdecken ▪ finden ▪ ~~leben~~ ▪ herstellen ▪ entwickeln ▪ erfinden ▪ kennen ▪ zubereiten ▪ haben ▪ schmecken ▪ entstehen ▪ produzieren ▪ hinterlassen ▪ darstellen ▪ beginnen

Die Geschichte der Schokolade

Im Tiefland der mexikanischen Golfküste *lebten* vor etwa 3 000 Jahren die Olmeken, die vermutlich die Ersten waren, die aus Kakao Schokolade ....(1). Erste Beweise für die Existenz von Schokolade ....(2) aber nicht die Olmeken, sondern die Maya. 1984 ....(3) man in Guatemala eine Maya-Grabstätte. Sie enthielt Gegenstände für den Verzehr von flüssiger Schokolade. Bei der Untersuchung eines Topfes im Labor ....(4) Wissenschaftler Spuren von Koffein und Theobromin – beide Stoffe sind Bestandteile von Kakao. Die Maya .... die Zubereitung von Schokolade auch bildlich ....(5). Die Maya ....(6) für Schokolade nicht nur ein Rezept. Sie waren erfindungsreich und .... das Getränk mit verschiedenen Gewürzen wie Chili ....(7). In historischen Berichten ist davon die Rede, dass die Schokolade bei wichtigen Familienfeiern serviert wurde. Damit ....(8) sie bei den Maya einen ähnlichen Stellenwert wie bei uns heute der Champagner.

Als die Spanier das Reich der Azteken im Jahr 1521 eroberten, ...(9) ihnen die Schokolade nicht. Sie ....(10) die Zubereitung und süßten das bittere Getränk mit Rohrzucker. Außerdem ....(11) die Spanier ihre Schokolade heiß statt kalt. Von Spanien aus verbreitete sich Schokolade als heißes süßes Getränk im 17. und 18. Jahrhundert in ganz Europa. Die erste Schokoladenfabrik Europas ....(12) 1728 im englischen Bristol. Das Unternehmen „Fry & Sons" ....(13) die Schokolade noch in Handarbeit.

Das Zeitalter der modernen Schokoladenproduktion ....(14) im Jahr 1828: Der Niederländer Coenraad Johannes van Houten ....(15) eine hydraulische Presse, mit der man eine neue Art Schokoladenpulver mit sehr geringem Fettanteil herstellen konnte.

Seit Ende des 19. Jahrhunderts beherrscht die Schweiz die Welt der Schokolade. Die Schweizer ....(16) die erfolgreichste Schokoladensorte der Welt: die Milchschokolade. Noch heute sind die Schweizer Weltmeister im Schokolade-Essen.

B6 Ein Rezept für Sie

Azteken-Gold – Heiße Schokolade nach traditioneller Art

Zutaten

250 Milliliter	Milch
1	Vanilleschote
50 Gramm	Bitterschokolade (Kakaoanteil: mindestens 70 %) fein gehackt
125 Milliliter	kochendes Wasser
1 Esslöffel	Agavensirup
¼ Teelöffel	Cayennepfeffer
1 Messerspitze	Zimt

Zubereitung

Die Milch mit der Vanilleschote aufkochen und anschließend zehn Minuten bei schwacher Hitze ziehen lassen. Die Vanilleschote herausnehmen und aufschneiden. Das Innere der Schote mit der fein gehackten Schokolade mischen, mit kochendem Wasser übergießen und verrühren. Schokoladen-Vanille-Mischung in die Milch rühren, bis die Schokolade geschmolzen ist. Mit Agavensirup, Cayennepfeffer, Zimt und Salz abschmecken.

TIPP: Besonders schaumig wird die heiße Schokolade, wenn man sie vor dem Servieren mit einem Pürierstab aufschlägt.

Gesamtwiederholung

Wählen Sie die Themen aus, die Sie gerne wiederholen möchten.

C1 Verben im Perfekt

Ergänzen Sie die Verben im Partizip II.

umziehen ▪ beginnen ▪ stattfinden ▪ schreiben ▪ abschließen ▪ mitbringen ▪ erfinden ▪ sitzen ▪ wissen

■ Wie viele E-Mails haben Sie gestern *geschrieben*?

1. Hast du mir aus dem Urlaub ein Souvenir ....?
2. Ich habe mal wieder den ganzen Tag im Büro ....
3. Haben Sie nicht ...., dass die Sitzung erst um 15.00 Uhr anfängt?
4. Wann hat das Konzert ....?
5. Der Künstler ist 1961 nach Düsseldorf ....
6. Ich habe mein Studium 1990 als Diplomphysiker ....
7. Im MoMA hat 2002 eine Ausstellung der Gemälde von Gerhard Richter ....
8. Conrad Zuse hat 1937 den ersten frei programmierbaren Computer ....

C2 Verben mit Präpositionen

Ergänzen Sie die richtigen Präpositionen, manchmal mit Artikel.

■ Verzichten Sie doch *auf* Klatsch und Tratsch!

1. Erinnerst du dich oft .... deine Studienzeit?
2. Ich gratuliere dir .... Geburtstag.
3. Freust du dich .... dein Praktikum?
4. Ich fürchte mich .... Schlangen.
5. .... welche Stelle hast du dich beworben?
6. Er gehört .... den bekanntesten Künstlern Deutschlands.
7. Hast du dich .... dem Preis erkundigt?
8. Die meisten Künstler in Deutschland leben .... sehr wenig Geld.

C3 Nomen

Bilden Sie Nomen und ordnen Sie zu.

lieben ▪ drucken ▪ teilnehmen ▪ abfahren ▪ unterrichten ▪ essen ▪ gewinnen ▪ beginnen ▪ fahren ▪ fernsehen ▪ erfinden ▪ treffen ▪ wohnen

Nomen auf *-e*	Nomen, die vom Verb kommen und ein *-t* anhängen	Nomen, die vom Verb kommen und keine Endung haben
die Liebe, ...	....	....
....	....	....

Nomen, die vom Verb im Infinitiv kommen	Geräte auf *-er*	Nomen auf *-ung*
....	....	....
....	....	....

C4 Zeitangaben

a) Was passt zusammen? Suchen Sie synonyme Wendungen.

(1) Jemand ist pünktlich.
(2) Der Zug ist nicht pünktlich.
(3) Er verschwendet seine Zeit.
(4) Er macht alles rechtzeitig.

(a) Er tut Dinge, die nicht sinnvoll sind.
(b) Er hält alle Termine ein.
(c) Er kommt auf die Minute genau.
(d) Er hat Verspätung.

b) Ergänzen Sie die richtigen Präpositionen, manchmal mit Artikel.

■ *Am* Nachmittag besuchten wir eine Ausstellung.
1. Wir sehen uns .... drei Wochen.
2. Kommst du .... Samstag mit zum Fußball?
3. .... Moment habe ich leider keine Zeit.
4. Er hat sich .... Skifahren das Bein gebrochen.
5. Der Kunde kommt .... 13. Mai .... 13.30 Uhr.
6. Was habt ihr .... des Urlaubs gemacht?
7. .... Juli fahren wir nach Spanien.

C5 Verben: Im Berufsleben

a) Berufe und Tätigkeiten: Ergänzen Sie die fehlenden Verben.

■ Ein Informatiker *entwickelt* neue Software.
1. Eine Ärztin .... kranke Menschen.
2. Ein Professor .... an einer Universität.
3. Eine Rechtsanwältin .... andere Menschen vor Gericht.
4. Eine Reiseleiterin .... wichtige Informationen über fremde Länder.
5. Ein Ingenieur .... Maschinen, Flugzeuge oder andere Dinge.
6. Ein Innenarchitekt .... Räume.

b) Wie heißt das Gegenteil?

1. Jemand wird von einer Firma eingestellt.	Jemand wird ....
2. Jemand bekommt ein hohes Gehalt.	Jemand bekommt ein .... Gehalt.
3. Jemand arbeitet unter Anleitung.	Jemand arbeitet ....
4. Jemand hat einen unbefristeten Arbeitsvertrag.	Jemand hat einen .... Arbeitsvertrag.

c) Telefongespräche: Ergänzen Sie die fehlenden Verben.

1. Kanzlei Schulze und Partner, guten Morgen. Was kann ich für Sie ....?
2. Ich würde gern Herrn Schulze ....
3. Das tut mir leid, Herr Schulze ist nicht im Hause. Kann ich ihm etwas ....?
4. Könnten Sie Herrn Schulze ...., dass er mich heute noch zurückruft? Es ist dringend.
5. Unter welcher Nummer kann er Sie ....?

C6 Modalverben

a) Ergänzen Sie die passenden Modalverben im Präsens *(können – sollen – wollen – müssen – dürfen – mögen).*

- Frau Grün fährt nach China, deshalb *will* sie jetzt Chinesisch lernen.

1. .... ich die Gäste vom Flughafen abholen?
2. .... ich Ihnen helfen?
3. Du .... heute noch das Protokoll schreiben.
4. Frau Winter hat angerufen, du .... sie bitte sofort zurückrufen.
5. Wenn die Schmerzen nicht weggehen, ... du unbedingt zum Arzt.
6. Ich .... keine Komplimente.
7. .... ich mal das Fenster öffnen?
8. Ich .... keinen Ärger mit dem Hausmeister bekommen.

b) Ergänzen Sie die angegebenen Modalverben im Präteritum.

- Ich *sollte* ein Referat vorbereiten, hatte aber keine Zeit. *(sollen)*

1. Ich .... keinen 22-Zoll-Bildschirm, sondern einen 27-Zoll-Bildschirm. *(wollen)*
2. Ich .... dich leider nicht abholen, ich .... arbeiten. *(können, müssen)*
3. Du .... doch gestern Frau Winter anrufen. Warum hast du das nicht gemacht? *(sollen)*
4. Im Krankenhaus .... Otto drei Wochen nicht rauchen. *(dürfen)*
5. Herr Heinz .... schon früher keine Tomaten. *(mögen)*

c) Sagen Sie, was nicht notwendig ist.

Sie brauchen bei dieser Stelle:

■ keine Rechnungen schreiben	*... keine Rechnungen zu schreiben.*
1. kein Englisch sprechen	....
2. keinen Führerschein haben	....
3. nicht kommunikativ sein	....
4. nicht im Team arbeiten	....

C7 Infinitiv mit *zu*

Mit oder ohne *zu*? Ergänzen Sie die Verben.

- Sie dürfen hier nicht *telefonieren*. *(telefonieren)*
  Es ist nicht erlaubt, hier *zu telefonieren*. *(telefonieren)*

1. Ich rate dir, zur Präsentation einen Anzug .... *(anziehen)*
2. Es ist unmöglich, die Arbeit heute noch .... *(beenden)*
3. Du musst den Kleiderschrank so bald wie möglich .... *(zusammenbauen)*
4. Ich habe überhaupt keine Lust, heute mit dir ins Kino .... *(gehen)*
5. Ist es möglich, für die Vorstellung in der Oper heute Abend noch zwei Karten ....? *(bekommen)*
6. Du solltest nicht so viel Schokolade .... *(essen)*
7. Ich bitte dich, mir .... *(glauben)*
8. Das musst du mir ....! *(glauben)*

C8 Maskuline Nomen

Ergänzen Sie die Endungen, wenn nötig.

- Bitte fragen Sie Ihren Nachbar*n*.

1. Der Arzt kümmert sich um den Patient.........
2. Herr Krause redet mit dem Kunde.........
3. Mit welchem Mann......... warst du gestern im Kino?
4. Ich habe eine Nachricht für Herr......... Kaiser.
5. Hast du deinen neuen Kollege......... schon kennengelernt?
6. Marta ist mit einem Polizist......... verheiratet.

C9 Höfliche Bitten

Formulieren Sie Bitten und verwenden Sie den Konjunktiv II.

- Gib mir den Bericht. *Würdest/Könntest du mir bitte den Bericht geben?*

1. Einen Kaffee bitte. ....
2. Öffnen Sie das Fenster. ....
3. Kopieren Sie das Dokument. ....
4. Beantworte die E-Mail gleich. ....
5. Gebt eure Stundenübersicht rechtzeitig ab. ....

C10 Empfehlungen

Formulieren Sie Empfehlungen. Verwenden Sie *Sie sollten …* oder *Ich empfehle Ihnen …*

- nicht mit dem Auto fahren

  Sie sollten nicht mit dem Auto fahren.

  Ich empfehle Ihnen, nicht mit dem Auto zu fahren.

1. immer pünktlich sein

   ....

   ....

   ....

2. bei einem Geschäftsessen unverbindlichen Smalltalk machen

   ....

   ....

   ....

3. den Gast mit „Sie" ansprechen

   ....

   ....

   ....

4. gut Englisch sprechen

   ....

   ....

   ....

C11 Irreale Wünsche

Formulieren Sie Wünsche im Konjunktiv II.

- ein neues Fahrrad *Hätte ich doch ein neues Fahrrad!*

1. fließend Deutsch sprechen ....
2. besser kochen ....
3. reich ....
4. mehr Freizeit ....

C12 Nachträgliche Feststellung: Hinterher ist man immer schlauer.

Bilden Sie Sätze in der Vergangenheitsform des Konjunktivs II.

- Ich habe zwei Stunden im Stau gestanden. *(mit dem Zug fahren)*
  Wäre ich doch mit dem Zug gefahren!

1. Ich habe schreckliche Zahnschmerzen. *(rechtzeitig zum Zahnarzt gehen)*
   ....
2. Karl ist durch die Prüfung gefallen. *(mehr lernen)*
   ....
3. Ich habe kein Geld mehr. *(nicht so teure Schuhe kaufen)*
   ....
4. Carola hat sich verfahren. *(ihr Handy oder einen Stadtplan mitnehmen)*
   ....

C13 Irreale Bedingungen

Was würden Sie tun, wenn Sie mehr Zeit hätten? Formulieren Sie Sätze im Konjunktiv II.

Wenn ich mehr Zeit hätte, …

- immer Hausaufgaben machen — *… würde ich immer Hausaufgaben machen.*

1. mich mehr um meine Familie kümmern ....
2. öfter spazieren gehen ....
3. mehr Bücher lesen ....
4. öfter kochen ....

C14 Personalpronomen

Ergänzen Sie in dem Telefongespräch die Personalpronomen.

Kanzlei Schulze und Partner, guten Morgen. Was kann ich für *Sie* tun?

Guten Morgen, Marcus Ottmann, Firma ONKO. .... würde gern Herrn Schulze sprechen.

Das tut .... leid, Herr Schulze ist nicht im Hause. Kann ich .... etwas ausrichten?

Ja, das wäre nett. Könnten Sie .... bitte sagen, dass wir noch immer auf die Verträge warten?

Ja, natürlich. Ich richte es .... aus.

Ach, noch etwas. Könnten Sie Herrn Schulze bitten, dass er .... heute noch zurückruft? Es ist dringend.

Unter welcher Nummer kann Herr Schulze .... erreichen?

Meine Nummer ist (0 50) 1 76 34 49.

Ich informiere .... sofort, wenn er wieder im Hause ist.

Danke sehr. Auf Wiederhören.

C15 Gebräuchliche Wendungen

Was passt zusammen? Ordnen Sie zu.

(1) den Buchdruck →	(a) einschalten
(2) eine Prüfung	(b) erfinden
(3) einen Fernseher	(c) synchronisieren
(4) einen Film	(d) bekommen
(5) an einer Weiterbildung	(e) ablegen
(6) eine schlechte Note	(f) vereinbaren
(7) einen Termin	(g) teilnehmen

C16 Passiv

Es gibt noch viel zu tun. Bilden Sie Sätze wie im Beispiel.

■ Rechnung – schreiben
a) *Die Rechnung muss noch geschrieben werden.*
b) *Nein, die Rechnung ist schon geschrieben worden.*

1. Verwaltungsleiter – informieren
a) ....
b) ....

2. Einladungen – verschicken
a) ....
b) ....

3. Dokumente – kopieren
a) ....
b) ....

4. Programm – installieren
a) ....
b) ....

5. Daten – speichern
a) ....
b) ....

6. Terminplan – erstellen
a) ....
b) ....

C17 Relativsätze

Bilden Sie Sätze mit *um ... zu* oder *damit*.

■ ich – an die Ostsee fahren ▪ sich erholen
Ich fahre an die Ostsee, um mich zu erholen.

1. ich – Deutsch lernen ▪ mit Geschäftspartnern besser verhandeln können
....
2. Peter – sich gut vorbereiten ▪ eine eindrucksvolle Präsentation halten
....
3. der Direktor – lange mit Klaus reden ▪ Klaus – über alles informiert sein
....
4. das Essen in der Kantine – verbessert werden ▪ Mitarbeiter – sich wohler fühlen
....

C18 Sinngerichtete Infinitivkonstruktionen

Was passt: *statt, ohne* oder *um*?

- ■ Er fährt die kurze Strecke mit dem Auto, *statt* zu laufen.
1. Er sieht fern, ... Hausaufgaben zu machen.
2. Herr Krüger sieht jeden Tag Nachrichten, ... sich über die Tagesereignisse zu informieren.
3. Der Hausmeister macht schon wieder Pause, ... zu arbeiten.
4. Er fuhr über die Kreuzung, ... auf die Ampel zu achten.
5. Anna ist in die Innenstadt gefahren, ... sich neue Schuhe zu kaufen.
6. Benno redet pausenlos, ... einmal zuzuhören.

C19 Relativsätze

Wer oder was ist das? Ergänzen Sie die Relativpronomen und, wenn nötig, die Präposition.

Das ist …

- ■ der Sänger, *den* ich live im Konzert gehört habe.
1. der Brief, ... Frau Bär übersetzt hat.
2. die Stadt, ... ich studiert habe.
3. die Frau, ... er früher verliebt war.
4. der Schauspieler, ... ich früher geträumt habe.
5. das Café, ... den besten Espresso macht.
6. das Restaurant, ... wir nie wieder gehen.
7. mein Chef, ... ich große Probleme habe.
8. der Mann, ... der Ferrari gehört.
9. der Roman, ... der Autor in vier Wochen geschrieben hat.
10. Das sind die Häuser, ... Eigentümer jetzt im Gefängnis sitzt.

C20 Adjektive: Komparation

Wie heißt der Superlativ?

- ■ giftig — Das *giftigste* Tier der Welt ist eine Seeanemone (die Krustenanemone).
1. viel — Die .... Menschen auf der Erde sprechen Chinesisch (über eine Milliarde).
2. schnell — Das .... Säugetier auf der Welt ist der Gepard.
3. teuer — Das .... Bild der Welt ist „Salvator Mundi" von Leonardo da Vinci.
4. lang — Die .... Nacht des Jahres ist die Nacht vom 21. zum 22. Dezember.
5. kurz — Der .... Monat ist der Februar.
6. hoch — Das .... Gebäude der Welt ist der Wolkenkratzer Burj Khalifa (828 Meter).

C21 Adjektive: Proportionalität

Ergänzen Sie in den Sätzen mit *Je … desto* die Adjektive im Komparativ.

- ■ Je *schneller* du redest, desto *schlechter* kann ich dich verstehen. *(schnell, schlecht)*
1. Je .... das Haus am See liegt, desto .... ist es. *(nah, teuer)*
2. Je .... die Ware ist, desto .... ist der Preis. *(hochwertig, hoch)*
3. Je .... du schreibst, desto .... kann ich es lesen. *(deutlich, gut)*
4. Je .... man nach Süden fährt, desto .... wird es. *(weit, warm)*

C22 Adjektive: Deklination

Das richtige Geschenk am Valentinstag. Ergänzen Sie die Endungen der Adjektive und der Artikel.

Das richtige Geschenk am Valentinstag

Eine aktuell....... Studie unter deutsch....... Frauen und Männern ergab ein erstaunlich......... Resultat: Bis jetzt hatte man geglaubt, der Weg zum Herzen d......... geliebt......... Frau führt über ein......... wertvoll....... Diamanten. Doch die Ergebnisse d....... neuest....... Umfrage sagen etwas anderes. Nur sieben Prozent der Frauen sehnen sich am Valentinstag nach ein....... teur....... Schmuckstück.

Ganz oben auf der Liste d......... beliebtest......... Geschenke steht der Kuss. 43 Prozent würden sich über ein romantisch....... Essen freuen und 43 Prozent über ein....... leidenschaftlich....... Nacht.

Bei d......... materiell......... Wünschen belegen schön......... Blumen Platz eins. Auch die deutsch....... Männer sind bescheiden. 49 Prozent wünschen sich ein........ entspannend........ Massage. Auf Platz zwei folgt der Kuss oder ein selbst gekocht....... Essen.

C23 Partizipien als Adjektive

Welches Partizip passt? Ordnen Sie zu und ergänzen Sie die Endungen der Adjektive.

überzeugend ▪ informiert ▪ veröffentlicht ▪ gelandet ▪ angekommen ▪ gelöscht ▪ gesendet ▪ gekocht ▪ spannend ▪ gestiegen

- ■ der *angekommene* Zug
1. ein .... Film
2. das .... Flugzeug
3. der gut .... Journalist
4. die .... Daten
5. ein hart .... Ei
6. ein .... Argument
7. die .... Preise
8. der gestern .... Artikel
9. die .... E-Mail

C24 Eigenschaften: Paul ist mal so, mal so

Wie heißt das Gegenteil? Nicht alle Adjektive passen.

hilfsbereit ▪ freundlich ▪ ordentlich ▪ attraktiv ▪ zurückhaltend ▪ mitfühlend ▪ transparent ▪ interessiert

Manchmal ist Paul …	und manchmal ist er …
■ chaotisch	*ordentlich*
1. kontaktfreudig	....
2. schnell gelangweilt	sehr ....
3. selbstsüchtig	....
4. taktlos	sehr ....
5. gefühllos	....

C25 Stilebenen

Ersetzen Sie die Nomen-Verb-Verbindungen durch Verben.

■ Für ein Visum muss man beim Konsulat einen Antrag stellen.
Ein Visum muss man beim Konsulat *beantragen*.

1. Die Teilnehmer nahmen voneinander Abschied.
   Die Teilnehmer ....
2. Die Opposition übte an der Regierungspolitik Kritik.
   Die Opposition .... die Regierungspolitik.
3. Die Verhandlungen konnten endlich zum Abschluss gebracht werden.
   Die Verhandlungen konnten endlich .... werden.
4. Die Stadt hat noch keine Lösung für die Verkehrsprobleme gefunden.
   Die Verkehrsprobleme wurden noch nicht ....

C26 Temporale Nebensätze I

Wenn oder *als*? Was ist richtig?

■ Mein letztes großes Fest war,	*als*	ich geheiratet habe.
1. Er schrieb sein erstes Computerprogramm,	....	er noch Student war.
2. Du brauchst nicht zu kommen,	....	du krank bist.
3. Ich habe dir immer etwas mitgebracht,	....	ich von einer Reise zurückkam.
4. Es war dieses Jahr schon Februar,	....	der erste Schnee fiel.

C27 Temporale Nebensätze II

Welche Subjunktion passt?

Nachdem ▪ Während ▪ Wenn

■ *Nachdem* er eine Einladung erhalten hatte, ging er am Donnerstag zur Ausstellungseröffnung.

Während ▪ Nachdem ▪ Wenn

1. .... er der Eröffnungsrede zuhörte, klingelte sein Handy.

Nachdem ▪ Während ▪ Bevor

2. .... der Bürgermeister seine Rede beendet hatte, gab es für alle Gäste ein Glas Sekt.

Als ▪ Nachdem ▪ Während

3. .... er ein Bild von Neo Rauch betrachtete, traf er seinen alten Zeichenlehrer.

nachdem ▪ während ▪ wenn

4. Noch .... die Ausstellung eröffnet wurde, konnten die ersten Bilder verkauft werden.

Nachdem ▪ Bevor ▪ Während

5. .... du kommst, muss ich noch schnell einkaufen.

Als ▪ Wenn ▪ Seit

6. .... Peter von der Autobahn abfuhr, platzte sein Reifen.

Wenn ▪ Während ▪ Nachdem

7. .... er in London angekommen war, traf er sich mit einem Geheimagenten in einer Bar.

C28 Lokale Präpositionen

Wo oder wohin? Ergänzen Sie die richtigen Präpositionen, manchmal mit Artikel.

■ Warst du diesen Sommer wieder *in* Schweden?

1. Ich arbeite .... BMW.
2. Paul ist .... seiner Freundin .... Dortmund gefahren.
3. Wann fährst du .... Urlaub?
4. Ich fahre nicht, denn ich war schon .... Urlaub.
5. Wo ist Katja? – Sie ist noch .... Hause.
6. Wir waren .... Brandenburger Tor und .... Potsdamer Platz.
7. Warum fährst du eigentlich jedes Jahr .... Nordsee?
8. Frau Schön war .... Schuhgeschäft und hat sich neue Schuhe gekauft.

C29 Adjektive mit Präpositionen

Darüber bin ich sehr froh! Welche Präposition passt?

■ *Über* das Resultat bin ich sehr froh.

1. Der Regen ist nützlich .... die Pflanzen.
2. Otto ist immer nett .... seinem Nachbarn.
3. Ich bin dir .... deine Hilfe sehr dankbar.
4. Frau Kaiser ist verliebt .... ihren Mann.
5. Der Chef ist .... meiner Arbeit sehr zufrieden.
6. Nur zufrieden? Mein Chef ist .... meiner Arbeit begeistert!
7. Der Sänger ist beliebt .... den Frauen.

C30 Präpositionen mit dem Genitiv

Welche Präposition passt?

Trotz ▪ Während ▪ Wegen	■ *Wegen* eines Unfalls auf der Autobahn kam er drei Stunden zu spät.
Während ▪ Außerhalb ▪ Wegen	1. .... des gesamten Urlaubs trank er keinen einzigen Tropfen Alkohol.
Wegen ▪ Laut ▪ Trotz	2. .... des Stresses auf Arbeit ist sie gesund und fit.
Mithilfe ▪ Statt ▪ Laut	3. .... der neuesten Umfrageergebnisse wünschen sich nur sieben Prozent der Frauen teuren Schmuck.
Trotz ▪ Während ▪ Mithilfe	4. .... des neuen Navigationssystems fand er den Weg zur Firma problemlos.
Wegen ▪ Statt ▪ Trotz	5. .... eines Diamanten schenkte er ihr einen Blumenstrauß.
außerhalb ▪ innerhalb ▪ wegen	6. Bitte melden Sie sich .... einer Woche bei mir.

C31 Gründe und Gegengründe

Was passt? Ergänzen Sie *obwohl, trotzdem, deshalb* oder *weil.*

- Ich bin müde, *weil* ich so viel gearbeitet habe.

1. .... Michael ein sehr gutes Abiturzeugnis hat, hat er noch keinen Studienplatz bekommen.
2. Gleich nach dem Studium bekam Samuel eine Stelle, ... ist er jetzt sehr glücklich.
3. Franz war immer faul, ... hat er alle Prüfungen bestanden.
4. Brigitte ist Lehrerin geworden, ... sie gern Kinder unterrichtet.

C32 Verschiedene Präpositionen

Essen im Mittelalter. Welche Präposition ist richtig?

aus ▪ bei ▪ in	■ Das mittelalterliche Frühstück bestand *aus* einem Glas Wein.
von ▪ mit ▪ aus	1. Manche Leute tranken auch ein Glas Bier, gewürzt .... Koriander.
Zum ▪ Im ▪ Mit in ▪ unter ▪ auf	2. .... zweiten Frühstück gab es Schweinefleisch, aber auch Gans und Wild kamen .... den Tisch.
in ▪ zu ▪ auf	3. Selbstverständlich wurde auch .... dieser Mahlzeit Bier und Wein gereicht.
für ▪ vor ▪ mit	4. Schon drei Stunden später war Zeit .... ein kleines Mittagessen.
in ▪ im ▪ auf zu ▪ für ▪ vor	5. So blieb etwas Platz .... Magen .... das Abendessen.
ohne ▪ mit ▪ in aus ▪ außerhalb ▪ vor	6. Um die Gäste zu beeindrucken, dekorierten die Köche das Essen .... teuren Gewürzen, die .... fernen Ländern geholt werden mussten.
Für ▪ Unter ▪ Vor am ▪ im ▪ an	7. .... das einfache Volk gab es übrigens viermal .... Tag das Gleiche: Gerstenbrei oder Gemüsesuppe.
Im ▪ Am ▪ Um ohne ▪ mit ▪ von	8. .... Mittelalter aß man .... den Händen, dem Löffel oder dem Messer.
ab ▪ vor ▪ hinter zum ▪ mit ▪ für	9. Erst .... dem 17. Jahrhundert gehörte die Gabel .... Besteck.
aus ▪ von ▪ vor von ▪ vor ▪ aus	10. Man speiste .... Tellern und großen Platten .... Holz.

Rückblick

D1 Wichtige Redemittel

Hier finden Sie die wichtigsten Redemittel des Kapitels.

Zweisprachige Redemittellisten finden Sie hier: **www.schubert-verlag.de/wortschatz**

Essen

Mahlzeiten:
das Frühstück ▪ das Mittagessen ▪ das Abendbrot/Abendessen ▪ sich Zeit nehmen für ein gemeinsames Essen/zum Essen

Gewürze:
das Salz ▪ der Pfeffer ▪ der Koriander ▪ der Lavendel ▪ der Salbei ▪ der Pfeffer ▪ der Zimt ▪ die Nelken ▪ der Knoblauch ▪ der Curry ▪ der Kreuzkümmel ▪ der Safran

Weitere Oberbegriffe:
Süßigkeiten ▪ Getreideprodukte ▪ Hülsenfrüchte ▪ Obst ▪ Fisch ▪ Gemüse ▪ Wurst ▪ Fleisch ▪ Backwaren ▪ Milchprodukte ▪ Kräuter ▪ alkoholische Getränke ▪ Erfrischungsgetränke ▪ Geschirr ▪ Besteck

Essen zubereiten:
Zwiebeln schälen/schneiden ▪ Gemüse putzen ▪ Kuchen backen ▪ Fleisch anbraten/braten ▪ Kräuter hacken ▪ Salat waschen/trocknen ▪ *(Wasser)* kochen ▪ ein Steak grillen ▪ *(die Suppe)* umrühren ▪ *(das Fleisch)* würzen/salzen ▪ etwas dazugeben

Restaurants:
Das Restaurant bietet gutbürgerliche/italienische/asiatische/preiswerte … Gerichte ▪ Es ist bekannt für seine gute/mediterrane/gutbürgerliche/gehobene … Küche.
Das Restaurant ist mit modernen/dunklen/hellen … Möbeln eingerichtet. ▪ Es wirkt modern/bequem/freundlich/gemütlich … ▪ Das Ambiente ist traumhaft/modern/rustikal …
Die Weinkarte ist ausführlich/vom Feinsten/bietet eine große Auswahl …
Die Bedienung ist freundlich/unfreundlich/schnell/langsam … ▪ Der Service klappt hervorragend/überhaupt nicht … ▪ Den Empfehlungen der Kellner kann man (nicht) vertrauen … ▪ Das Fleisch/Das Gemüse/Die Nudeln war/waren zu weich/zu hart/zu salzig …
Das Essen schmeckte köstlich/ausgezeichnet/hervorragend/gut … ▪ Das Essen/Der Wein konnte (nicht) überzeugen. ▪ Das Menü/Essen war sein Geld (nicht) wert.

Gute Wünsche

Jahreswechsel:	Einen guten Rutsch! Glückliches neues Jahr! Gesundes neues Jahr!
Weihnachten/Ostern:	Frohes Fest! Frohe Ostern!
Urlaub/Skiurlaub:	Gute Reise! Gute Fahrt! Hals- und Beinbruch!
Prüfungen/Wettkampf o. ä.:	Viel Glück! Toi, toi, toi! Ich drücke dir die Daumen! Lasst euch nicht unterkriegen!
Ein Erfolg:	Herzlichen Glückwunsch!
Geburtstag:	Alles Gute zum Geburtstag!
Krankheit:	Gute Besserung!
Essen/Trinken:	Guten Appetit! Zum Wohl! *(Wein)* Prost! *(Bier, Schnaps)*

D2 Kleines Wörterbuch der Verben

Unregelmäßige Verben

Infinitiv	3. Person Singular Präsens	3. Person Singular Präteritum	3. Person Singular Perfekt
backen *(Kuchen)*	sie bäckt	sie backte	sie hat gebacken
(an)braten *(Fleisch)*	sie brät (an)	sie briet (an)	sie hat (an)gebraten
salzen *(das Essen)*	sie salzt	sie salzte	sie hat gesalzen
schneiden *(Zwiebeln)*	sie schneidet	sie schnitt	sie hat geschnitten

Einige regelmäßige Verben

Infinitiv	3. Person Singular Präsens	3. Person Singular Präteritum	3. Person Singular Perfekt
auslösen *(eine Diskussion)*	sie löst aus	sie löste aus	sie hat ausgelöst
beeindrucken *(jemanden)*	sie beeindruckt	sie beeindruckte	sie hat beeindruckt
bestellen	sie bestellt	sie bestellte	sie hat bestellt
dekorieren *(den Tisch)*	sie dekoriert	sie dekorierte	sie hat dekoriert
einplanen *(100 Euro)*	sie plant ein	sie plante ein	sie hat eingeplant
erobern *(ein Land)*	sie erobert	sie eroberte	sie hat erobert
grillen *(ein Steak)*	sie grillt	sie grillte	sie hat gegrillt
hacken *(Kräuter)*	sie hackt	sie hackte	sie hat gehackt
hungern	sie hungert	sie hungerte	sie hat gehungert
kochen	sie kocht	sie kochte	sie hat gekocht
putzen *(Gemüse)*	sie putzt	sie putzte	sie hat geputzt
reichen *(etwas zum Essen)*	sie reicht	sie reichte	sie hat gereicht
(um)rühren *(die Suppe)*	sie rührt (um)	sie rührte (um)	sie hat (um)gerührt
schälen *(Zwiebeln)*	sie schält	sie schälte	sie hat geschält
servieren *(das Essen)*	sie serviert	sie servierte	sie hat serviert
überzeugen	sie überzeugt	sie überzeugte	sie hat überzeugt
vertrauen	sie vertraut	sie vertraute	sie hat vertraut
wirken *(positiv)*	sie wirkt	sie wirkte	sie hat gewirkt
würzen *(das Essen)*	sie würzt	sie würzte	sie hat gewürzt
zubereiten *(ein Gericht)*	sie bereitet zu	sie bereitete zu	sie hat zubereitet

D3 Evaluation

Überprüfen Sie sich selbst.

Ich kann	gut	nicht so gut
Ich kann verschiedene Texte zum Thema Essen verstehen und mich dazu mündlich äußern	☐	☐
Ich kann die wichtigsten Nahrungsmittel nennen und über typische Gerichte und Gewürze meines Heimatlandes berichten.	☐	☐
Ich kann Berichte über Restaurantbesuche verstehen und selbst verfassen.	☐	☐
Ich kann eine Einladung zum Essen formulieren und auf eine Partyeinladung schriftlich reagieren.	☐	☐
Ich kann in fast allen Situationen gute Wünsche formulieren.	☐	☐
Ich kann einfache private, halbformelle und formelle E-Mails schreiben.	☐	☐
Ich kann mich zum Thema Schokolade und Süßigkeiten äußern und einen Text zur Geschichte der Schokolade verstehen. (*fakultativ*)	☐	☐

Anhang

Anhang

1 Übungstest zur Prüfungsvorbereitung
2 Grammatik-Übersichten
3 Unregelmäßige Verben
4 Lösungen

Übungstest zur Prüfungsvorbereitung

Dieser Übungstest besteht aus den Modulen **Lesen** (65 Minuten), **Hören** (40 Minuten), **Schreiben** (60 Minuten) und **Sprechen** (15 Minuten als Paarprüfung). Er orientiert sich an der Prüfung *Goethe-Zertifikat B1*. Hilfsmittel wie z. B. Wörterbücher und Mobiltelefone sind **nicht** erlaubt.

Lesen (65 Minuten)

Diese Einheit besteht aus fünf Teilen. Die Reihenfolge der Bearbeitung können Sie selbst bestimmen. Achten Sie darauf, dass Sie die vorgegebene Bearbeitungszeit der Einzelteile nicht überschreiten. Für jede Aufgabe gibt es nur **eine** richtige Lösung.

Lesen Teil 1 (10 Minuten)

Lesen Sie den folgenden Text und lösen Sie die Aufgaben 1 bis 6.

Reiseblog.de

Susanne aus Dortmund bloggt

Freitag, 5. Oktober:

Ein Tag auf dem Münchner Oktoberfest

Wer kennt es nicht, das berühmte Oktoberfest in München, das größte Volksfest der Welt? Es beginnt jedes Jahr Ende September, dauert 16 Tage und findet schon seit dem Jahr 1810 statt. Ich kannte es nur aus der Presse und wollte nun auch mal auf „die Wiesn", wie man in Bayern sagt. Allerdings war das gar nicht so einfach, wie ich dachte. Da ich mich erst kurzfristig zu dem Oktoberfestbesuch entschlossen hatte, waren die meisten Hotels in München ausgebucht. Ich habe nach langer Suche in einem Zimmer für 180 Euro übernachtet, das normalerweise nur 90 Euro kostet.

Als ich endlich auf dem Oktoberfest angekommen war, kam die nächste Überraschung: Fast alle Besucher trugen Tracht, das heißt, die Männer trugen Lederhosen, die Frauen hatten sogenannte Dirndl an. Ich habe mich in meiner normalen Kleidung gefühlt wie ein Mensch von einem anderen Stern. Übrigens sahen nicht alle Männer in Lederhosen wirklich gut aus, die Frauen im Dirndl dagegen schon.

Interessant fand ich, dass nicht nur die Einheimischen mit einer bayerischen Tracht gekleidet waren, sondern auch viele Ausländer, z. B. Japaner oder Amerikaner. Das Zweite, was mir aufgefallen ist, waren die vielen Besucher. Wahnsinn! Ich habe noch nie ein Volksfest mit so vielen Menschen gesehen. Das bedeutet natürlich auch, dass man überall lange warten musste, wenn man etwas essen oder trinken wollte. Vor allem in

den Bierzelten gab es kaum Platz. In der Zeitung habe ich gelesen, dass auf dem Oktoberfest etwa sieben Millionen Liter Bier getrunken werden.

Doch das Oktoberfest ist nicht nur etwas für Erwachsene, die gerne Bier trinken, sondern es ist auch ein Fest für Familien mit Kindern. Für die Kleinen gibt es viele Attraktionen, z. B. eine Fahrt auf dem Riesenrad oder mit der Geisterbahn. Die jungen Gäste konnten sogar an Wiesn-Forscherexpeditionen teilnehmen, wo sie etwas über die Technik und die über 200-jährige Geschichte des Festes erfahren haben.

Für mich war der Tag auf dem Oktoberfest ein großes Abenteuer: Ich habe mich in einer Ausstellung über die Landwirtschaft in Bayern informiert, außerdem habe ich Bier getrunken, Wildgulasch gegessen und sogar zwei berühmte Schauspieler auf dem Fest entdeckt. Ich kann einen Besuch auf dem Oktoberfest jedem empfehlen – allerdings sollte man ein gut gefülltes Portemonnaie mitnehmen.

Kreuzen Sie an: Sind die Aussagen richtig oder falsch?

		richtig	falsch
■	Das Münchner Oktoberfest hat eine sehr lange Tradition.	☒	☐
1.	Susanne war bisher noch nicht auf dem Oktoberfest.	☐	☐
2.	Ihre Reise war spontan und nicht richtig geplant.	☐	☐
3.	Auf dem Fest erkennt man die Münchner daran, dass sie eine Tracht tragen.	☐	☐
4.	Essen und Getränke bekommt man sofort.	☐	☐
5.	Für Familien mit Kindern gibt es kein passendes Unterhaltungsangebot.	☐	☐
6.	Susanne fand den Besuch auf dem Oktoberfest toll und preiswert.	☐	☐

Lesen Teil 2 (20 Minuten)

Lesen Sie die beiden Zeitungsberichte und lösen Sie die Aufgaben 7 bis 12. Es gibt jeweils nur eine richtige Lösung.

Giftige Dämpfe

Der Bundesverband der Deutschen Luftverkehrswirtschaft (BDL) verlangt von den Flugzeugherstellern, dass die Luft in Flugzeugkabinen sauberer wird. Die Hersteller sollen etwas gegen die Belastung von Kabinenluft durch giftige Dämpfe unternehmen.

Dieser Schritt ist notwendig, weil es während eines Fluges immer wieder zu Notsituationen kommen kann. Erst vor Kurzem wurde bekannt, dass zwei Piloten durch das Einatmen von giftigen Dämpfen große gesundheitliche Probleme bekamen. Die giftigen Zusatzstoffe kommen aus den Triebwerken, die die Luft für den Innenraum der Flugzeuge liefern.

Besonders beim Start besteht die Möglichkeit, dass giftige Öldämpfe direkt ins Cockpit und in die Kabine gelangen und das Wohlbefinden der Passagiere und Besatzung gefährden. Das kann potenziell in jeder Passagiermaschine passieren.

Deutsche Luftfahrtgesellschaften wollen nun diese Vorgänge in Tests untersuchen und Lösungswege finden. Ein amerikanischer Flugzeughersteller hat bereits ein Flugzeug entwickelt, bei dem die Kabinenluft nicht mehr von den Triebwerken kommt und dadurch sauberer ist.

■ Der Bundesverband der Deutschen Luftverkehrswirtschaft
- a) ☐ vertritt die Interessen der Flugzeughersteller.
- b) ☒ fordert Maßnahmen gegen unsaubere Kabinenluft.
- c) ☐ hat in einem Flugzeug Gift entdeckt.

7. In diesem Text geht es um
- a) ☐ die Sicherheit beim Fliegen.
- b) ☐ den Konkurrenzkampf von deutschen und amerikanischen Luftfahrtgesellschaften.
- c) ☐ Gefahren für Piloten.

8. Das Problem mit der Kabinenluft in den Flugzeugen
- a) ☐ kann durch besseres Pilotentraining bekämpft werden.
- b) ☐ betrifft nur wenige Flugzeuge.
- c) ☐ hat technische Ursachen.

9. Eine mögliche Lösung
- a) ☐ wurde von einem amerikanischen Flugzeughersteller bereits gefunden.
- b) ☐ ist nicht in Sicht.
- c) ☐ hat sich aus einer Reihe von Tests in Deutschland ergeben.

Krimitouren im Trend

Die Deutschen sind Krimiliebhaber. Nach Angaben des Buchhandels ist jedes vierte in Deutschland verkaufte Buch ein Krimi, Tendenz steigend. Diesem Trend folgt nun auch die Touristikbranche mit besonderen Angeboten, den sogenannten Krimitouren. Mit dem Fokus auf das Verbrechen bieten sich den Anbietern sicherlich gute Verdienstmöglichkeiten und den Besuchern interessante Gelegenheiten, Städte einmal anders zu erleben.

In Wien zum Beispiel kann man auf den Spuren des Filmklassikers „Der dritte Mann" wandeln. Der Film spielt in den Nachkriegsjahren in Wien, wo der Schwarzmarkthandel blühte und korrupte Banden ihr Unwesen trieben. Die Tour schildert die Suche der Wiener Polizei nach dem Helden des Films, dem Medikamenten-Dealer Harry Lime, und führt zu den Original-Schauplätzen des Kultkrimis – in die Wiener Kanalisation.

Speziell für Gruppen eignet sich eine Krimireise nach Berlin: Mit der Tour „Berlin sucht einen Mörder" lockt der Anbieter Hobbydetektive auf eine große Tatortrallye, bei der die Teilnehmer einen Tag lang einen fiktiven Mörder jagen und bei ihren Recherchen Berlin auf eine außergewöhnliche Art kennenlernen.

Deutschlands populärste Krimilandschaft aber scheint die Eifel zu sein: Hier leben mehr als 50 Krimiautoren. Unter der Marke „Tatort Eifel" existiert mittlerweile eine riesige Angebotspalette für Touristen. In dem Ort Hillesheim können Gäste sogar in einem alten Gefängnis in gestreifter Sträflingskleidung übernachten und eine „Henkersmahlzeit" einnehmen.

■ Die Deutschen

a) ☒ mögen Krimis.
b) ☐ reisen gern in Städte.
c) ☐ möchten gern an einer Verbrecherjagd teilnehmen.

10. Bei den Krimitouren hat man die Möglichkeit

a) ☐ einen Einblick in die Stadtgeschichte zu erhalten.
b) ☐ ein Verbrechen aufzuklären.
c) ☐ Städte auf eine ungewöhnliche Art zu erkunden.

11. Die Tourismusbranche will

a) ☐ mit dem Krimitrend Geld verdienen.
b) ☐ vor kriminellen Handlungen warnen.
c) ☐ die Attraktivität deutscher Städte erhöhen.

12. Die Themen der Krimireisen

a) ☐ beziehen sich auf wirkliche Kriminalfälle.
b) ☐ sind sehr vielfältig.
c) ☐ orientieren sich immer an Romanen oder Filmen.

Lesen Teil 3 (10 Minuten)

In diesem Teil lesen Sie sieben Situationen (Aufgaben 13 bis 19) und zehn Anzeigen (A bis J). Welche Anzeige passt zu welcher Situation? Sie können jede Anzeige nur einmal verwenden. Es ist auch möglich, dass es keine passende Anzeige gibt. In diesem Fall schreiben Sie: 0.

A

Ärzte im Ruhestand

bieten Nachhilfe für Studierende in biochemischen Fächern sowie Anatomie, Physiologie und Pathologie. Außerdem leisten sie Hilfe bei der Suche nach Praktikumsplätzen.

www.aertze-helfen-studenten.de

B

Brot für die Welt

sucht für zwei Monate Freiwillige, die in Flüchtlingslagern in Ostafrika arbeiten. Voraussetzung ist eine abgeschlossene medizinische oder pädagogische Ausbildung.

Bewerbungen an: *www.brot-fuer-die-welt.com*

C

Gigs für freies Essen und Übernachtung

Das „Café cool“ am Achensee bietet im Sommer jungen, unbekannten Bands die Möglichkeit, sich einen Namen zu machen. Alle Musikrichtungen sind willkommen.

Informationen unter: *www.cafecool.at*

D

Musikabende in der Zionskirche

Die Welt der Musik, die Musik der Welt! Musik von fünf Kontinenten, Lieder lernen, zusammen singen: freitags von 6.00 bis 8.00 Uhr

Geöffnet von Dienstag bis Sonntag: 12.00 bis 20.00 Uhr, montags geschlossen.

E

Lust auf einen Nebenjob?

Restaurant Adler sucht in den Sommermonaten Aushilfen in der Küche oder als Bedienung. Flexible Arbeitszeiten, nette Arbeitsatmosphäre, engagiertes Team!

Interessiert? Rufen Sie uns an: (0 89) 1 74 33 90

F

Wollten Sie auch schon immer zum Fernsehen?

Die Privatsender RTL, SAT 1 und PRO 7 starten eine große Talentaktion: Gesucht werden neue Gesichter für die Moderation von Jugendsendungen und Talkshows. Sind Sie originell und witzig und haben keine Angst vor der Kamera?

Dann senden Sie ein Video von sich an: *www.casting.moderatoren.de*

- ■ Carla möchte ein bisschen Geld verdienen. E
13. Erich hat vor, Französisch zu lernen. ☐
14. Gertrude möchte mehr über das Leben von Johann Sebastian Bach erfahren. ☐
15. Gregor studiert Journalistik und will ein Praktikum machen. ☐
16. Matthias ist Medizinstudent. Er muss für seine Wiederholungsprüfung lernen und braucht Unterstützung. ☐
17. Peter sucht Auftrittsmöglichkeiten für sich und seine Germanisten-Band. ☐
18. Nadia und Herbert wollen eine Bergtour machen. ☐
19. Paul ist gerade mit seinem Medizinstudium fertig und will Menschen in Not helfen. ☐

G

25. Aschaffenburger Bachtage

Vier von ihnen übertrafen zeitweise als Komponisten den Ruhm des Vaters, ihre Werke werden bis heute aufgeführt. Wenn Sie mehr über das Wirken des großen deutschen Komponisten und seiner Kinder wissen möchten, dann besuchen Sie die 25. Aschaffenburger Bachtage.

Informationen unter: *www.bachtage.eu*

H

Online-Redaktion sucht Unterstützung

Unsere Online-Redaktion bietet zwei Interessenten für zwei Monate die Möglichkeit, im journalistischen Bereich Erfahrungen zu sammeln. Es geht nicht nur um Recherchen, sondern auch um das Verfassen von Texten.

Wer gerne schreibt, kann sich unter *www.neue.zeitung.de* bewerben.

I

Der Berg ruft

Am Mittwochabend liest im Gemeindesaal von Rottach-Egern der berühmte Bergsteiger Xaver Hintermeier aus seinem neuen Buch „Der Berg ruft“. Im Anschluss an die Lesung signiert der Autor seine Bücher.

Karten ab 20 Euro an der Abendkasse oder unter: *www.kultur.rottach-egern.de*

J

Sprachschule INTERNATIONAL

- alle europäischen Sprachen, Chinesisch und Japanisch
- ausgezeichnete Kursleiter/-innen, Kleingruppen mit 6 bis 8 Teilnehmern
- günstige Preise
- Vorbereitung auf Sprachprüfungen

E-Mail: info@schule-international.com
Tel.: (0 89) 5 54 29 45

Lesen Teil 4 (15 Minuten)

Einige Politiker wollen mit einer besonderen Gebühr für Pkw, der sogenannten City-Maut, die Anzahl der Autos in den Städten deutlich reduzieren. In einer Zeitschrift lesen Sie Kommentare zur möglichen Einführung dieser City-Maut in deutschen Innenstädten.

Lesen Sie die Texte 20 bis 26 und entscheiden Sie, ob die Personen für die Einführung der City-Maut sind.

Leserbriefe

■ Viele Kommunalpolitiker bezweifeln, dass in den nächsten Jahren genug finanzielle Mittel für den Ausbau der Straßen und des öffentlichen Nahverkehrs zur Verfügung stehen. Mit der Einführung der City-Maut könnte man Verkehrsprojekte in der Zukunft finanzieren.

Klaus Müller, Abgeordneter in Stuttgart

20. Ich als Fahrradfahrer leide jeden Tag unter rücksichtslosen Autofahrern und übervollen Straßen. Eine City-Maut würde nicht nur die Anzahl der Pkws in den Innenstädten reduzieren, sie würde die Straßen auch sicherer machen und gleichzeitig die Luftqualität in den Innenstädten verbessern.

Erwin Quelle, Lehrer, München

21. Wenn die Städte kein Geld haben, die Verkehrssysteme zu sanieren und zu verbessern, dann müssen sie eben woanders sparen. Vielleicht muss der Staat einfach mehr Geld für den Verkehr bereitstellen und weniger Geld in die maroden Banken stecken! Die City-Maut bezahlen doch wieder die Bürger, die einfachen Menschen, also wir, und wir zahlen doch schon genug!

Martina Eberlein, Angestellte, Hamburg

22. Wir sollten uns ein Beispiel an London nehmen. Dort wurde die City-Maut vor einigen Jahren eingeführt und jetzt verfügt die Stadt über genügend finanzielle Mittel. Der Verkehr ist zwar nicht viel weniger geworden, aber er ist auch nicht gewachsen, das ist doch ein Erfolg!

Eva Kirchhoff, Studentin, Düsseldorf

23. Warum immer die Autofahrer? Reichen die hohen Steuern auf das Benzin nicht aus? Muss die Stadt ihre Finanzlöcher mit dem Geld der Autofahrer stopfen? Also, wenn eine Gebühr für die Innenstadt bezahlt werden soll, dann muss das für alle gelten: Motorradfahrer, Fahrradfahrer und Fußgänger – aber vor allem für Politiker.

Roland Bernd, Einzelhändler, Berlin

24. Fakt ist: Bundesweit fehlen rund sieben Milliarden Euro jährlich, um die vorhandene Verkehrsinfrastruktur zu erhalten. Damit wir nicht eines Tages Brücken sperren müssen, weil sie Lasten nicht mehr tragen können, brauchen wir neue Instrumente für die künftige Finanzierung. Und da ist eine Stadtgebühr für Autofahrer ein möglicher Weg.

Verena Schiller, Stadtverwaltung, Köln

25. Erst die hohen Benzinpreise, jetzt die City-Maut, mir reicht es! Ich steige auf das Fahrrad um.

Susanne Berlinger, Physiotherapeutin, Leipzig

26. Was hat die Lkw-Maut auf den Autobahnen gebracht? Gibt es weniger Lkws, seit die Maut eingeführt würde? Nein. Die Straßen werden immer voller, die Lkws bilden kilometerlange Schlangen auf den Autobahnen. Und genauso wird es mit der City-Maut – es werden nicht weniger Autos in den Innenstädten fahren, es wird keine Entlastung für das Verkehrschaos in den Städten geben. Das Einzige, was die Maut erreichen wird, ist, dass sich Politiker keine Gedanken mehr um die Finanzen machen müssen.

Frank Mühlmann, Versicherungsvertreter, Bonn

	ja	nein
■ Klaus Müller	☒	☐
20. Erwin Quelle	☐	☐
21. Martina Eberlein	☐	☐
22. Eva Kirchhoff	☐	☐
23. Roland Bernd	☐	☐
24. Verena Schiller	☐	☐
25. Susanne Berlinger	☐	☐
26. Frank Mühlmann	☐	☐

Lesen Teil 5 (10 Minuten)

Sie informieren sich über die Geschäftsbedingungen des Sprachinstituts INTERLINGUA, in dem Sie einen Sprachkurs gebucht haben.

Lesen Sie den Text und die Aufgaben 27 bis 30. Markieren Sie danach die richtige Lösung a), b) oder c).

27. Die Kursgebühr
    - a) ☐ muss vor Beginn des Kurses gezahlt werden.
    - b) ☐ braucht erst am Ende des Kurses bezahlt zu werden.
    - c) ☐ ist fällig, wenn man eine Rechnung bekommen hat.

28. Studentenrabatt
    - a) ☐ erhalten alle Studenten.
    - b) ☐ bekommt man nur, wenn man den Studentenausweis rechtzeitig vorgelegt hat.
    - c) ☐ kann man während des Kurses beantragen.

29. Die Kurse
    - a) ☐ finden immer statt.
    - b) ☐ brauchen eine minimale Anzahl von Teilnehmern.
    - c) ☐ können beliebig abgesagt und verschoben werden.

30. Der Kursteilnehmer
    - a) ☐ muss sich an die im Haus geltenden Regeln halten.
    - b) ☐ kann seine Niveaustufe selbst wählen.
    - c) ☐ muss 30 Euro bezahlen, wenn er mit dem Kurs aufhören will.

Geschäftsbedingungen INTERLINGUA

1. **Allgemeine Teilnahmevoraussetzung**
   Der Kursteilnehmer/Die Kursteilnehmerin muss mindestens 18 Jahre alt sein.
2. **Zahlungsbedingungen**
   Der Kursbeitrag ist innerhalb von 14 Tagen nach Erhalt der Rechnung zu bezahlen. Sollte die Rechnung nicht bis zur Hälfte des Kurses beglichen worden sein, behält sich das Institut INTERLINGUA das Recht vor, den Teilnehmer/die Teilnehmerin vom Unterricht auszuschließen.
3. **Rabatte**
   Gegen Vorlage des Studentenausweises gewähren wir zehn Prozent Studentenrabatt. Die Inanspruchnahme des Rabatts ist bei der Einschreibung anzugeben. Im Nachhinein können keine Rabatte gewährt werden.
4. **Rücktritt**
   Bei schriftlicher Annullierung der Einschreibung vor dem zweiten Kursabend wird die Kursgebühr nach Abzug von 30 Euro Bearbeitungskosten zurückerstattet. Bei Annullierung nach dem oben genannten Termin erfolgt keine Gebührenrückerstattung.
5. **Kurseinteilung/Klassengröße**
   Die Zuweisung zu einer Kursstufe erfolgt aufgrund des Einstufungstests im Institut. Unsere Kurse haben mindestens 6 und höchstens 16 Teilnehmer. Sollte bei Kursbeginn eine zu geringe Teilnehmerzahl vorliegen, behalten wir uns das Recht vor, diesen Kurs zu annullieren oder zu verschieben.
6. **Pflichten des Kursteilnehmers/der Kursteilnehmerin**
   Der/Die Kursteilnehmer/in ist verpflichtet, die am Institut geltende Kurs- und Hausordnung einzuhalten.
7. **Haftung bei höherer Gewalt**
   Das Sprachinstitut übernimmt keine Kosten für Schäden, die aufgrund höherer Gewalt (z. B. Naturkatastrophen, Feuer, Überschwemmungen, Krieg) entstehen.

Hören (40 Minuten)

Diese Einheit besteht aus vier Teilen. Sie hören mehrere Texte und lösen die dazu gehörenden Aufgaben. Für jede Aufgabe gibt es nur **eine** richtige Lösung.

Hören Teil 1

2.17

Sie hören fünf kurze Meldungen und Durchsagen. Zu jedem Text lösen Sie zwei Aufgaben (1 bis 10). Sie hören die Texte zweimal.

Beispiel — richtig / falsch

- Stephanie möchte heute Abend mit Barbara Sport machen. — richtig ☒ falsch ☐
- Barbara soll
  - a) ☐ sich beeilen.
  - b) ☒ Stephanie zurückrufen.
  - c) ☐ gleich ins Fitnessstudio kommen.

Text 1 — richtig / falsch

1. Die Durchsage ist eine Warnung für Autofahrer auf dem Weg nach Kassel. — richtig ☐ falsch ☐
2. Der Stau entstand
   - a) ☐ in einer Kurve.
   - b) ☐ weil Personen über die Fahrbahn liefen.
   - c) ☐ wegen eines Unfalls.

Text 2 — richtig / falsch

3. Die Anruferin möchte einen neuen Termin vereinbaren. — richtig ☐ falsch ☐
4. Am Mittwoch
   - a) ☐ hat Frau Tarrasch einen anderen Termin.
   - b) ☐ ist sie nicht im Büro.
   - c) ☐ muss sie zu Hause bleiben.

Text 3 — richtig / falsch

5. Die Kinokasse ist nachmittags geschlossen. — richtig ☐ falsch ☐
6. Wer Karten reservieren möchte,
   - a) ☐ muss die Eins drücken.
   - b) ☐ muss persönlich vorbeikommen.
   - c) ☐ kann das über die Website des Kinos machen.

Text 4 — richtig / falsch

7. Die Führung hat noch nicht angefangen. — richtig ☐ falsch ☐
8. Es können
   - a) ☐ alle Museumsbesucher teilnehmen.
   - b) ☐ nur diejenigen teilnehmen, die sich vorher angemeldet haben.
   - c) ☐ nur Interessenten in begrenzter Anzahl teilnehmen.

Text 5 — richtig / falsch

9. Das Wetter wird im Süden besser als im Norden. — richtig ☐ falsch ☐
10. Vorausgesagt wird
    - a) ☐ teils starker Wind im Norden.
    - b) ☐ Regen in ganz Deutschland.
    - c) ☐ Sonne im Osten.

Hören Teil 2

2.18

Sie hören jetzt einen Text. Zu diesem Text sollen Sie fünf Aufgaben (11 bis 15) lösen.
Markieren Sie bei jeder Aufgabe die richtige Lösung a), b) oder c).
Sie hören den Text einmal. Lesen Sie zuerst die Aufgaben.

11. Das Deutsche Museum
a) ☐ ist älter als 100 Jahre.
b) ☐ wird 100 Jahre alt.
c) ☐ ist ganz neu renoviert.

12. Es zeigt
a) ☐ deutsche Exponate aus Wissenschaft und Technik.
b) ☐ wissenschaftliche und technische Neuheiten aus der ganzen Welt.
c) ☐ Flugzeuge und andere Fortbewegungsmittel.

13. Das Museum
a) ☐ besteht aus einem Haus.
b) ☐ hat neben dem Stammhaus noch drei Außenstellen.
c) ☐ befindet sich in Bonn.

14. Die Mitglieder der Reisegruppe
a) ☐ interessieren sich für Raumfahrt.
b) ☐ müssen das Museum selbst erkunden.
c) ☐ können an einer einstündigen Führung teilnehmen.

15. Der Treffpunkt zur Abreise ist
a) ☐ am Museumsshop.
b) ☐ am Bus.
c) ☐ am Ausgang.

Hören Teil 3

2.19

In diesem Teil hören Sie ein Gespräch. Dazu sollen Sie sieben Aufgaben (16 bis 22) lösen.
Markieren Sie, ob die folgenden Aussagen richtig oder falsch sind. Sie hören das Gespräch einmal.
Lesen Sie zuerst die Aufgaben.

		richtig	falsch
■	Herr Kötzle ist von Beruf Koch und hat ein Kochbuch geschrieben.	☒	☐
16.	Das Kochbuch von Herrn Kötzle enthält nur vegetarische Gerichte.	☐	☐
17.	Die Deutschen haben früher nur Fleisch und Kartoffeln gegessen.	☐	☐
18.	Kinder interessieren sich hauptsächlich fürs Essen, nicht fürs Kochen.	☐	☐
19.	Herr Kötzle wollte als Kind Musiker werden.	☐	☐
20.	Nach der Meinung von Herrn Kötzle sind gute Köche kreative Menschen.	☐	☐
21.	Manche Profiköche kochen nicht mehr zu Hause für die Familie.	☐	☐
22.	Herr Kötzle kritisiert oft, was andere Leute kochen.	☐	☐

Hören Teil 4

Sie hören nun eine Diskussion. Lösen Sie dazu die Aufgaben 23 bis 30 und überlegen Sie: Wer sagt was? Sie hören die Diskussion zweimal. Lesen Sie zuerst die Aussagen.

2.20

Der Moderator der Sendung „Pro und Kontra" diskutiert heute mit seinen Gästen über den Sinn und den Informationsgehalt von sogenannten Universitätsrankings (Ranglisten bzw. Leistungslisten von Universitäten).

	Moderator	Herr Dr. Ehrmann	Frau Dr. Bühler
■ Viele Menschen orientieren sich an Rankings, bevor sie beispielsweise etwas kaufen oder ein Hotel buchen.	☒	☐	☐
23. Universitätsrankings bieten wichtige Informationen für Studenten und Studieninteressenten.	☐	☐	☐
24. Da Hochschulen und Universitäten vom Staat finanziert werden, müssen sie sich auch öffentlich beurteilen lassen.	☐	☐	☐
25. Für die meisten Studienbewerber sind andere Aspekte bei der Wahl des Studiums entscheidend.	☐	☐	☐
26. Ranglisten von Universitäten und die Bundesliga haben etwas gemeinsam: Es werden Plätze verteilt.	☐	☐	☐
27. Universitäten als Ganzes lassen sich nicht miteinander vergleichen, Fachbereiche dagegen schon.	☐	☐	☐
28. Wichtige Informationen über Studieninhalte und Studienschwerpunkte werden in Ranglisten nicht berücksichtigt.	☐	☐	☐
29. Wer nicht an Rankings teilnimmt, verliert Studenten.	☐	☐	☐
30. Die Ermittlungsmethoden zur Erstellung der Ranglisten haben eine schlechte Qualität.	☐	☐	☐

Schreiben (60 Minuten)

Diese Einheit besteht aus drei Teilen. Sie schreiben zwei E-Mails (Teil 1 und 3) und einen Diskussionsbeitrag (Teil 2). Bitte verwenden Sie keine Wörterbücher oder andere Hilfsmittel.

Tipps zum Prüfungsteil Schreiben

- Lesen Sie die Aufgaben sorgfältig durch und orientieren Sie sich bei allen Texten an der Aufgabenstellung.
- Bearbeiten Sie, wenn vorgegeben, alle Leitpunkte.
- Achten Sie bei Teil 1 und Teil 3 auf die richtige Anrede und eine passende Schlussformel (siehe S. 224/225).
- Verwenden Sie im Teil 2 Redemittel der Meinungsäußerung.
- Variieren Sie Ihren Wortschatz und die Satzanfänge.
- Verknüpfen Sie Sätze miteinander, benutzen Sie nicht nur Hauptsätze.

Schreiben Teil 1 (20 Minuten)

Sie sind in eine neue Wohnung in der Innenstadt gezogen und haben eine tolle Einweihungsparty gemacht. Ihre beste Freundin/Ihr bester Freund konnte an der Party leider nicht teilnehmen.

Schreiben Sie eine E-Mail (ca. 80 Wörter) und berücksichtigen Sie die folgenden drei Punkte:

- Beschreiben Sie Ihre neue Wohnung und die Umgebung.
- Begründen Sie, warum Sie umgezogen sind.
- Laden Sie Ihre beste Freundin/Ihren besten Freund in Ihre Wohnung ein und machen Sie einen Terminvorschlag.

Achten Sie auch auf den Textaufbau (Anrede, Einleitung, Reihenfolge der Inhaltspunkte, Schluss).

Schreiben Teil 2 (25 Minuten)

Sie haben im Radio eine Diskussionssendung zum Thema Studiengebühren: ja oder nein gehört. Auf der Website des Radiosenders finden Sie im Diskussionsforum folgende Meinung:

Linus aus Köln:

Ich finde, dass alle Studierenden Studiengebühren bezahlen müssen, damit sie sehen, dass Studieren Geld kostet. Wenn man für das Studium bezahlen muss, dann nimmt man es ernst und strengt sich mehr an. Außerdem achtet man mehr darauf, das Studium rechtzeitig abzuschließen. Ich sehe Studiengebühren als Motivation.

Schreiben Sie Ihre Meinung zu dem Thema (ca. 80 Wörter).

Schreiben Teil 3 (15 Minuten)

Alle Kollegen aus Ihrer Abteilung gehen heute Abend zum Weihnachtsessen in ein Restaurant. Sie können aber nicht mitgehen.

Schreiben Sie eine kurze E-Mail an Ihren Chef (ca. 40 Wörter).
Entschuldigen Sie sich und berichten Sie, warum Sie nicht mitgehen können.
Achten Sie dabei auch auf die Anrede und den Gruß am Schluss.

Sprechen (15 Minuten als Paarprüfung)

Tipps zum Prüfungsteil Sprechen

- Beteiligen Sie sich aktiv an der Prüfung.
- Reagieren Sie im Teil 1 nicht nur auf Fragen Ihrer Prüfungspartnerin/Ihres Prüfungspartners, sondern unterbreiten Sie auch selbst Vorschläge.
- Stellen Sie im Teil 2 zunächst kurz die Struktur Ihrer Präsentation vor und äußern Sie sich dann so ausführlich wie möglich zu allen vorgegebenen Punkten. Lassen Sie keine Folie aus!
- Geben Sie im Anschluss an die Präsentation Ihrer Prüfungspartnerin/Ihres Prüfungspartners ein Feedback, z. B. *„Ich fand den Vortrag/die Präsentation sehr interessant. Viele Dinge waren mir neu."* (o. Ä.). Stellen Sie danach Ihrer Prüfungspartnerin/Ihrem Prüfungspartner Fragen zum Thema.

Sprechen Teil 1: Gemeinsam etwas planen

Die Mitarbeiterinnen und Mitarbeiter Ihrer Firma möchten einen kleinen Ausflug machen. Sie haben die Aufgabe, zusammen mit Ihrer Gesprächspartnerin/Ihrem Gesprächspartner den Ausflug zu planen.

Überlegen Sie anhand der angegebenen Punkte gemeinsam, was alles zu tun ist und wer welche Aufgaben übernimmt.
Machen Sie Vorschläge und reagieren Sie auf die Vorschläge Ihrer Gesprächspartnerin/Ihres Gesprächspartners.

Einen Betriebsausflug planen:
1. Wohin?
2. Wann?
3. Essen/Getränke
(Was? Wer kauft sie ein? Oder in einem Restaurant essen?)
4. Programm
5. Wer wird eingeladen?
(Nur Kollegen oder auch andere Personen?)

Sprechen Teil 2: Ein Thema präsentieren

Präsentieren Sie Ihren Zuhörern das Thema: Wie wichtig sind Fremdsprachen?
Dazu stehen Ihnen fünf Folien zur Verfügung. Orientieren Sie sich bei Ihrer Präsentation an den Anweisungen auf der linken Seite. Rechts können Sie Ihre Ideen notieren.

Stellen Sie Ihr Thema vor. Erklären Sie den Inhalt und die Struktur Ihrer Präsentation.

Berichten Sie von Ihrer Situation oder einem Erlebnis im Zusammenhang mit dem Thema.

Berichten Sie von der Situation in Ihrem Heimatland und nennen Sie Beispiele.

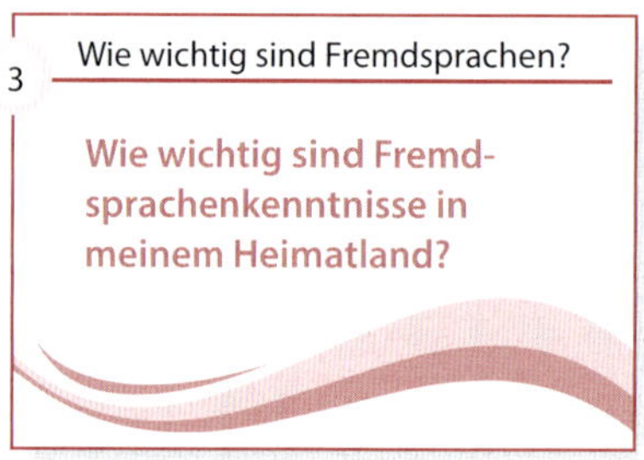

Nennen Sie Vor- und Nachteile und Ihre Meinung zu dem Thema.

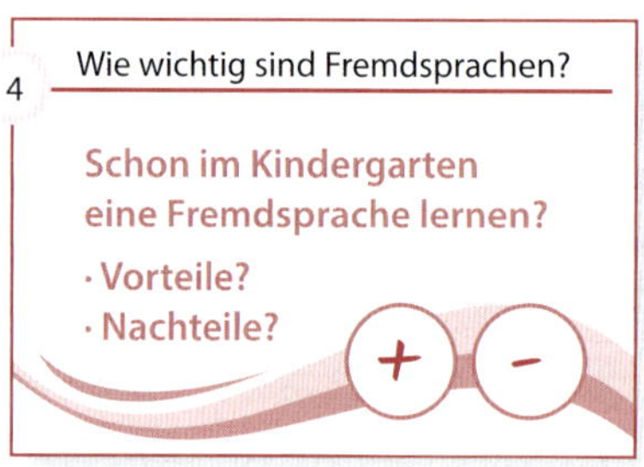

Beenden Sie Ihre Präsentation und bedanken Sie sich bei den Zuhörern.

Sprechen Teil 3: Über ein Thema sprechen

Nach Ihrer Präsentation: Reagieren Sie auf die Rückmeldung und Fragen Ihrer Gesprächspartnerin/Ihres Gesprächspartners bzw. reagieren Sie selbst auf die Präsentation Ihrer Prüfungspartnerin/Ihres Prüfungspartners.

Grammatik in Übersichten

Nomengruppe

	Singular			Plural
	maskulin	feminin	neutral	
Nominativ	der Tisch großer Tisch der große Tisch ein großer Tisch mein großer Tisch	die Lampe helle Lampe die helle Lampe eine helle Lampe meine helle Lampe	das Zimmer kaltes Zimmer das kalte Zimmer ein kaltes Zimmer mein kaltes Zimmer	die Bücher alte Bücher die alten Bücher meine alten Bücher
Akkusativ	den Tisch großen Tisch den großen Tisch einen großen Tisch meinen großen Tisch			
Dativ	dem Tisch großem Tisch dem großen Tisch einem großen Tisch meinem großen Tisch	der Lampe heller Lampe der hellen Lampe einer hellen Lampe meiner hellen Lampe	dem Zimmer kaltem Zimmer dem kalten Zimmer einem kalten Zimmer meinem kalten Zimmer	den Büchern alten Büchern den alten Büchern meinen alten Büchern
Genitiv	des Tisches großen Tisches des großen Tisches eines großen Tisches meines großen Tisches		des Zimmers kalten Zimmers des kalten Zimmers eines kalten Zimmers meines kalten Zimmers	der Bücher alter Bücher der alten Bücher meiner alten Bücher

Plural der Nomen

	Endung im Plural				
	---	*-e*	*-er*	*-en*	*-s*
	(das Messer) die Messer	(das Telefon) die Telefone	(das Bild) die Bilder	(der Mensch) die Menschen	(das Büro) die Büros
mit Umlaut	(der Mantel) die Mäntel	(der Baum) die Bäume	(das Glas) die Gläser		

n-Deklination

Alle maskulinen Nomen, die auf *-e* enden, und einige andere maskuline Nomen werden wie folgt dekliniert:

	Singular	Plural
Nominativ	der Kunde	die Kunden
Akkusativ	den Kunden	die Kunden
Dativ	dem Kunden	den Kunden
Genitiv	des Kunden	der Kunden

Artikel

Artikel	Singular maskulin		Singular feminin		Singular neutral		Plural	
bestimmter Artikel	der	Tisch	die	Lampe	das	Telefon	die	Bücher
unbestimmter Artikel	ein	Tisch	eine	Lampe	ein	Telefon		Bücher
negativer Artikel	kein	Tisch	keine	Lampe	kein	Telefon	keine	Bücher
Possessivartikel	mein	Tisch	meine	Lampe	mein	Telefon	meine	Bücher
Demonstrativartikel	dieser	Tisch	diese	Lampe	dieses	Telefon	diese	Bücher

derselbe, dieselbe, dasselbe

Artikel	Singular maskulin		Singular feminin		Singular neutral		Plural	
Nominativ	derselbe	Aufsatz	dieselbe	Arbeit	dasselbe	Zeugnis	dieselben	Bücher
Akkusativ	denselben	Aufsatz	dieselbe	Arbeit	dasselbe	Zeugnis	dieselben	Bücher
Dativ	demselben	Aufsatz	derselben	Arbeit	demselben	Zeugnis	denselben	Büchern
Genitiv	desselben	Aufsatzes	derselben	Arbeit	desselben	Zeugnisses	derselben	Bücher

Possessivartikel

	Pronomen		Singular maskulin		Singular feminin		Singular neutral		Plural	
Singular	ich	und	mein	Vater	meine	Mutter	mein	Kind	meine	Freunde
	du	und	dein	Vater	deine	Mutter	dein	Kind	deine	Freunde
	er/es	und	sein	Vater	seine	Mutter	sein	Kind	seine	Freunde
	sie	und	ihr	Vater	ihre	Mutter	ihr	Kind	ihre	Freunde
Plural	wir	und	unser	Vater	unsere	Mutter	unser	Kind	unsere	Freunde
	ihr	und	euer	Vater	eure	Mutter	euer	Kind	eure	Freunde
	sie	und	ihr	Vater	ihre	Mutter	ihr	Kind	ihre	Freunde
formell	Sie	und	Ihr	Vater	Ihre	Mutter	Ihr	Kind	Ihre	Freunde

Personalpronomen

		Nominativ	Akkusativ	Dativ
Singular	1. Person	ich	mich	mir
	2. Person	du	dich	dir
	3. Person	er sie es	ihn sie es	ihm ihr ihm
Plural	1. Person	wir	uns	uns
	2. Person	ihr	euch	euch
	3. Person	sie	sie	ihnen
formell		Sie	Sie	Ihnen

Verben: Konjugation im Präsens

Regelmäßige Verben / Unregelmäßige Verben

			lernen	arbeiten	fahren	geben	lesen	nehmen
Singular	1. Person	ich	lern -e	arbeit -e	fahr -e	geb -e	les -e	nehm -e
	2. Person	du	lern -st	arbeit -est	fähr -st	gib -st	lies -t	nimm -st
	3. Person	er sie es	lern -t	arbeit -et	fähr -t	gib -t	lies -t	nimm -t
Plural	1. Person	wir	lern -en	arbeit -en	fahr -en	geb -en	les -en	nehm -en
	2. Person	ihr	lern -t	arbeit -et	fahr -t	geb -t	les -t	nehm -t
	3. Person	sie	lern -en	arbeit -en	fahr -en	geb -en	les -en	nehm -en
formell		Sie	lern -en	arbeit -en	fahr -en	geb -en	les -en	nehm -en

Haben, sein und *werden*

	haben	sein	werden
ich du er/sie/es	habe hast hat	bin bist ist	werde wirst wird
wir ihr sie	haben habt haben	sind seid sind	werden werdet werden
Sie	haben	sind	werden

Modalverben und *möchte(n)*

	können	müssen	sollen	wollen	dürfen	mögen	möchte(n)
ich du er/sie/es	kann kannst kann	muss musst muss	soll sollst soll	will willst will	darf darfst darf	mag magst mag	möchte möchtest möchte
wir ihr sie	können könnt können	müssen müsst müssen	sollen sollt sollen	wollen wollt wollen	dürfen dürft dürfen	mögen mögt mögen	möchten möchtet möchten
Sie	können	müssen	sollen	wollen	dürfen	mögen	möchten

Verben mit Präfix

nicht trennbare Verben	trennbare oder nicht trennbare Verben	trennbare Verben
Verben mit den Präfixen: be- emp- ent- er- ge- miss- ver- zer- sind nicht trennbar.	Verben mit den Präfixen: durch- über- um- unter- wider- wieder- können trennbar oder nicht trennbar sein.	Verben mit allen anderen Präfixen sind trennbar.
beginnen: ich beginne empfangen: ich empfange bezahlen: ich bezahle erwarten: ich erwarte vereinbaren: ich vereinbare	trennbar: wiederkommen: ich komme wieder nicht trennbar: übersetzen: ich übersetze	aufstehen: ich stehe auf einkaufen: ich kaufe ein fernsehen: ich sehe fern anfangen: ich fange an ausschalten: ich schalte aus

Verben: Imperativ

	kommen	nehmen	fahren	anfange
du	Komm!	Nimm!	Fahr!	Fang an!
ihr	Kommt!	Nehmt!	Fahrt!	Fangt an!
Sie	Kommen Sie!	Nehmen Sie!	Fahren Sie!	Fangen Sie an!

Verben: Präteritum

Regelmäßige Verben | Unregelmäßige Verben | Mischverben | *haben* und *sein*

	kaufen	gehen	denken	haben	sein	werden
ich	kaufte	ging	dachte	hatte	war	wurde
du	kauftest	gingst	dachtest	hattest	warst	wurdest
er/sie/es	kaufte	ging	dachte	hatte	war	wurde
wir	kauften	gingen	dachten	hatten	waren	wurden
ihr	kauftet	gingt	dachtet	hattet	wart	wurdet
sie	kauften	gingen	dachte	hatten	waren	wurden
Sie	kauften	gingen	dachten	hatten	waren	wurden

Modalverben

	können	müssen	sollen	wollen	dürfen	mögen
ich	konnte	musste	sollte	wollte	durfte	mochte
du	konntest	musstest	solltest	wolltest	durftest	mochtest
er/sie/es	konnte	musste	sollte	wollte	durfte	mochte
wir	konnten	mussten	sollten	wollten	durften	mochten
ihr	konntet	musstet	solltet	wolltet	durftet	mochtet
sie	konnten	mussten	sollten	wollten	durften	mochten
Sie	konnten	mussten	sollten	wollten	durften	mochten

Verben: Perfekt

Regelmäßige Verben

		Verben mit Präfix: trennbare Verben	Verben mit Präfix: nicht trennbare Verben	Verben auf *-ieren*
ich	bin gelandet	habe eingekauft	habe übersetzt	habe studiert
du	bist gelandet	hast eingekauft	hast übersetzt	hast studiert
er/sie/es	ist gelandet	hat eingekauft	hat übersetzt	hast studiert
wir	sind gelandet	haben eingekauft	haben übersetzt	haben studiert
ihr	seid gelandet	habt eingekauft	habt übersetzt	habt studiert
sie	sind gelandet	haben eingekauft	haben übersetzt	haben studiert
Sie	sind gelandet	haben eingekauft	haben übersetzt	haben studiert

Unregelmäßige Verben

		Verben mit Präfix		
		trennbare Verben	nicht trennbare Verben	Mischverben
ich	bin gefahren	habe angerufen	habe begonnen	habe gedacht
du	bist gefahren	hast angerufen	hast begonnen	hast gedacht
er/sie/es	ist gefahren	hat angerufen	hat begonnen	hast gedacht
wir	sind gefahren	haben angerufen	haben begonnen	haben gedacht
ihr	seid gefahren	habt angerufen	habt begonnen	habt gedacht
sie	sind gefahren	haben angerufen	haben begonnen	haben gedacht
Sie	sind gefahren	haben angerufen	haben begonnen	haben gedacht

Verben: Plusquamperfekt

		unregelmäßige Verben	
	regelmäßige Verben	starke Verben	Mischverben
ich	hatte gekauft	war gefahren	hatte gedacht
du	hattest gekauft	warst gefahren	hattest gedacht
er/sie/es	hatte gekauft	war gefahren	hatte gedacht
wir	hatten gekauft	waren gefahren	hatten gedacht
ihr	hattet gekauft	wart gefahren	hattet gedacht
sie	hatten gekauft	waren gefahren	hatten gedacht
Sie	hatten gekauft	waren gefahren	hatten gedacht

Verben: Rektion

Das Verb regiert im Satz!

1. **Verben mit dem Nominativ (Frage: Wer? Was?)**
   sein ▪ werden

Er	wird	bestimmt	ein guter Arzt.	Das	ist	ein alter Fernseher.
NOMINATIV			NOMINATIV	NOMINATIV		NOMINATIV

2. **Verben mit dem Akkusativ (Frage: Wen? Was?)**
   abholen ▪ anrufen ▪ beantworten ▪ besuchen ▪ bezahlen ▪ brauchen ▪ essen ▪ finden ▪ haben ▪ hören ▪ kennen ▪ kosten ▪ lesen ▪ machen ▪ möchte(n) ▪ öffnen ▪ parken ▪ sehen ▪ trinken

Ich	brauche	ein Auto.	Das Zimmer	hat	einen Fernseher.
NOMINATIV		AKKUSATIV	NOMINATIV		AKKUSATIV

3. **Verben mit dem Dativ (Frage: Wem?)**
   antworten ▪ danken ▪ gefallen ▪ gehören ▪ glauben ▪ gratulieren ▪ helfen ▪ passen ▪ schmecken

Die Jacke	gefällt	mir.	Das Auto	gehört	meinem Bruder.
NOMINATIV		DATIV	NOMINATIV		DATIV

4. **Verben mit Dativ und Akkusativ (Frage: Wem? Was?)**
bringen ▪ faxen ▪ geben ▪ kaufen ▪ schenken ▪ schicken ▪ schreiben ▪ senden ▪ zeigen

Ich	kaufe	mir	ein neues Kleid.
NOMINATIV		DATIV	AKKUSATIV

Wir	schenken	dem Chef	einen Blumenstrauß.
NOMINATIV		DATIV	AKKUSATIV

5. **Verben mit präpositionalem Kasus**

Ich	warte	auf den Urlaub.
NOMINATIV		*auf* + Akkusativ

Ich	telefoniere	mit meinem Chef.
NOMINATIV		*mit* + DATIV

Aussage: Ich warte auf den Urlaub. — Ich telefoniere mit meinem Chef.
Frage: Worauf wartest du? (*Sache*) — Mit wem telefonierst du? (*Person*)

Verben: Konjunktiv II

Gegenwart

Indikativ (real)	Konjunktiv (irreal)
Hilfsverben:	→ hätte/wäre:
Ich habe kein Geld.	Ich hätte gern Geld.
Ich bin krank.	Ich wäre gern gesund.
andere Verben:	→ würde + Infinitiv:
Ich fahre nicht in den Urlaub.	Ich würde gern in den Urlaub fahren.
Ich arbeite jeden Tag.	Ich würde gern weniger arbeiten.
Ich kaufe mir keinen Porsche.	Ich würde mir gern einen Porsche kaufen.
Modalverben:	→ könnte/müsste/dürfte:
Ich kann nicht gut kochen.	Könnte ich doch besser kochen!
Ich muss jeden Tag so weit fahren.	Müsste ich doch nicht jeden Tag so weit fahren!
Darf ich hier mal telefonieren?	Dürfte ich hier mal telefonieren?

Vergangenheit

Indikativ (real)	Konjunktiv (irreal)
Hilfsverben:	→ hätte gehabt/wäre gewesen:
Ich hatte kein Geld.	Ich hätte gern Geld gehabt.
Ich war krank.	Ich wäre gern gesund gewesen.
andere Verben:	→ wäre/hätte + Partizip II:
Ich bin nicht in den Urlaub gefahren.	Ich wäre gern in den Urlaub gefahren.
Ich habe jeden Tag gearbeitet.	Ich hätte gern weniger gearbeitet.
Ich habe mir keinen Porsche gekauft.	Ich hätte mir gern einen Porsche gekauft.

Verben: Passiv

Direktflüge *werden* angeboten. → *werden* + Partizip II von *anbieten*

Bei einem Passivsatz steht die Handlung im Vordergrund, nicht die Person.

	Präsens		Präteritum		Perfekt		
ich	werde	gefragt	wurde	gefragt	bin	gefragt	worden
du	wirst	gefragt	wurdest	gefragt	bist	gefragt	worden
er/sie/es	wird	gefragt	wurde	gefragt	ist	gefragt	worden
wir	werden	gefragt	wurden	gefragt	sind	gefragt	worden
ihr	werdet	gefragt	wurdet	gefragt	seid	gefragt	worden
sie/Sie	werden	gefragt	wurden	gefragt	sind	gefragt	worden

Passiv im Nebensatz:

Präsens: Ich weiß nicht, wann der Kühlschrank repariert wird.
Präteritum: Ich weiß nicht, wann der Kühlschrank repariert wurde.
Perfekt: Ich weiß nicht, wann der Kühlschrank repariert worden ist.

Passiv mit Modalverben:

Präsens: Der Kühlschrank muss repariert werden.
Präteritum: Der Kühlschrank musste repariert werden.

Sätze

1. Der Aussagesatz

	Position II: konjugiertes Verb	
Ich	studiere	an der Universität Leipzig Germanistik.
Im Sommer	fahren	wir nach Frankreich.
Ich	schenke	meinem Bruder ein Fahrrad.

2. Der Fragesatz

W-Frage

Fragewort	Position II: konjugiertes Verb	
Wohin	fahren	die Studenten?
Wie viel	kostet	der Computer?

Ja-Nein-Frage

Position I: konjugiertes Verb		
Sprechen	Sie	Deutsch?
Studierst	du	in Berlin?

3. Die Satzklammer

Sätze mit trennbaren Verben

	Position II: konjugiertes Verb (Teil 1)		Satzende: trennbares Präfix
Ich	komme	morgen gegen 13.00 Uhr	an.

Sätze mit Modalverben

	Position II: konjugiertes Verb		Satzende: Infinitiv
Ich	kann	heute leider nicht	kommen.

Sätze im Perfekt

	Position II: konjugiertes Verb		Satzende: Partizip
Ich	bin	um 8.00 Uhr	aufgestanden.

4. Hauptsatz und Nebensatz

Hauptsatz			Nebensatz		
	konjugiertes Verb		Satzverbindung		konjugiertes Verb
Ich	kaufe	mein Brot im Supermarkt,	weil	es dort billiger ist	ist.

Sätze: Satzverbindungen

Konjunktionen: Hauptsatz – Hauptsatz

Grund	Ich mache am liebsten im Januar Urlaub,	denn	ich liebe den Schnee.
Gegensatz	Früher habe ich im Sommer Urlaub gemacht, Ich fahre dieses Jahr nicht im Januar weg,	aber sondern	heute fahre ich lieber im Winter weg. ich fliege im August nach Spanien.
Alternative	Vielleicht fahren wir in die Berge	oder	wir fahren ans Meer.
Addition	Wir fahren im Januar nach Österreich	und	im Sommer fahren wir nach Irland.
Aufzählung zweiteilig	Unser Produkt bietet **nicht nur** gute Qualität,	sondern	wir haben **auch** niedrige Preise.

Subjunktionen: Hauptsatz – Nebensatz

Grund	Ich mache am liebsten im Januar Urlaub,	weil	ich den Schnee liebe.
Gegengrund	Ich mache am liebsten im Januar Urlaub,	obwohl	ich den Schnee hasse.
Bedingung	Ich kann dich nur besuchen,	wenn	ich Zeit habe.
Zeit	Ich kann dich nur besuchen, Ich habe ihn besucht,	wenn als	ich meine Arbeit beendet habe. ich in München war.
Zweck	Ich lerne Deutsch,	damit	ich bessere Berufschancen habe.
dass/ob	Ich weiß, Ich weiß nicht,	dass ob	er heute noch ins Büro kommt. er heute noch ins Büro kommt.

Konjunktionaladverbien: Hauptsatz – Hauptsatz

Verweis auf Grund	Ich habe keine Zeit, Man muss die Wörter wiederholen,	deshalb sonst/ andernfalls	kann ich dich nicht besuchen. vergisst man sie sehr schnell.
Verweis auf Gegengrund	Ich habe keine Zeit,	trotzdem	komme ich dich heute besuchen.

Sätze: Infinitivkonstruktionen

Infinitiv mit *zu*	Ich habe keine Zeit, heute Wäsche zu waschen. Ich habe keine Lust, mein Zimmer aufzuräumen.
Infinitiv mit *um … zu*	Man muss den Knopf drücken, um die Waschmaschine anzuschalten. *(Angabe eines Zwecks)*
Infinitiv mit *statt/anstatt … zu*	Statt Bücher zu lesen, greifen die Totalverweigerer lieber zur TV-Fernbedienung. *(Angabe einer nicht erwarteten Handlung, die anstelle einer erwarteten Handlung realisiert wird)*
Infinitiv mit *ohne … zu*	Nichtleser können gut leben, ohne regelmäßig zu lesen. *(Angabe einer Erwartung, die nicht erfüllt wird)*

Sätze: Relativsätze

	Singular			**Plural**
	maskulin	feminin	neutral	
Nominativ	der	die	das	die
Akkusativ	den	die	das	die
Dativ	dem	der	dem	denen
Genitiv	dessen	deren	dessen	deren

- Das ist der Mann, der mir gefällt.
- Das ist der Mann, den ich liebe.
- Das ist der Mann, dem ich mein Auto geliehen habe.
- Das ist der Mann, dessen Auto ich geliehen habe.

Präpositionen

Präpositionen mit dem Akkusativ

Präposition	**Beispielsätze**	
bis (ohne Artikel)	Der Zug fährt bis München.	*(lokal)*
durch	Wir fahren durch die Türkei. Ich habe es durch Zufall erfahren.	*(lokal)* *(kausal)*
für	Ich brauche das Geld für meine Miete. Die Blumen sind für meine Frau.	*(final)* *(final)*
gegen	Die Tabletten helfen gegen Kopfschmerzen. Das Auto fuhr gegen einen Baum. Ich komme gegen 8.00 Uhr.	*(kausal)* *(lokal)* *(temporal)*
ohne	Ohne Brille kann ich nichts sehen.	*(modal)*
um	Die Besprechung beginnt um 9.00 Uhr. Wir sind um die Kirche (herum)gegangen.	*(temporal)* *(lokal)*

Präpositionen mit dem Dativ

Präposition	Kurzformen	Beispielsätze	
ab		Das Flugzeug fliegt ab Frankfurt. Ab nächster Woche habe ich Urlaub.	*(lokal)* *(temporal)*
aus		Ich komme aus der Türkei. Die Tür ist aus Holz. Er heiratete sie aus Liebe.	*(lokal)* *(modal)* *(kausal)*
bei	bei + dem = beim	Er wohnt bei seinen Eltern. Er sieht beim Essen fern. Bei diesem Regen gehe ich nicht spazieren.	*(lokal)* *(temporal)* *(kausal)*
mit		Ich fahre mit dem Zug. Sie trinkt Kaffee mit Zucker.	*(modal)* *(modal)*
nach		Meiner Meinung nach steigen die Benzinpreise noch. Ich fahre nach Hause. Nach dem Essen gehe ich ins Bett.	*(modal)* *(lokal)* *(temporal)*
seit		Es regnet seit zwei Tagen.	*(temporal)*
von	von + dem = vom	Ich komme gerade vom Zahnarzt. Das ist der Schreibtisch vom Chef.	*(lokal)* *(Genitiversatz)*
zu	zu + dem = zum zu + der = zur	Ich gehe zu Fuß. Zum Glück schneit es nicht. Ich gehe zum Bahnhof.	*(modal)* *(modal)* *(lokal)*

Präpositionen mit dem Akkusativ oder dem Dativ *(Wechselpräpositionen)*

Präposition	Kurzformen	Kasus	Beispielsätze	
an	an + dem = am an + das = ans	Wo? + D Wohin? + A Wann? + D	Das Bild hängt an der Wand. Ich hänge den Mantel an die Garderobe. Ich komme am Montag.	*(lokal)* *(lokal)* *(temporal)*
auf	auf + das = aufs	Wo? + D Wohin? + A Wie? + A	Das Buch liegt auf dem Tisch. Ich lege das Buch auf den Tisch. Er macht es auf seine Art.	*(lokal)* *(lokal)* *(modal)*
hinter		Wo? + D Wohin? + A	Der Brief liegt hinter dem Schreibtisch. Der Brief ist hinter den Schreibtisch gefallen.	*(lokal)* *(lokal)*
in	in + dem = im in + das = ins	Wo? + D Wohin? + A Wann? + D Wie? + D	Ich war in der Schweiz. Ich fahre in die Schweiz. Wir haben im August Ferien. Er war in guter Stimmung.	*(lokal)* *(lokal)* *(temporal)* *(modal)*
neben		Wo? + D Wohin? + A	Der Tisch steht neben dem Bett. Ich stelle den Tisch neben das Bett.	*(lokal)* *(lokal)*
über		Wo? + D Wohin? + A	Das Bild hängt über dem Sofa. Otto hängt das Bild über das Sofa.	*(lokal)* *(lokal)*
unter		Wo? + D Wohin? + A Wie? + D	Die Katze sitzt unter dem Stuhl. Die Katze kriecht unter den Stuhl. Wir arbeiten unter schlechten Bedingungen.	*(lokal)* *(lokal)* *(modal)*
vor	vor + dem = vorm	Wo? + D Wohin? + A Wann? + D	Die Taxis stehen vorm Bahnhof. Die Taxis fahren direkt vor die Tür. Treffen wir uns vor dem Mittagessen?	*(lokal)* *(lokal)* *(temporal)*
zwischen		Wo? + D Wohin? + A Wann? + D	Vielleicht ist das Foto zwischen den Büchern? Hast du das Foto zwischen die Bücher gesteckt? Zwischen dem 1. und dem 5. Mai ist das Restaurant geschlossen.	*(lokal)* *(lokal)* *(temporal)*

Präpositionen mit dem Genitiv

Präposition	Beispielsätze	
außerhalb	Außerhalb der Geschäftszeiten ist niemand im Büro. Außerhalb der Stadt gibt es viel Wald.	*(temporal)* *(lokal)*
innerhalb	Bitte bezahlen Sie die Rechnung innerhalb einer Woche. Das Tier kann sich innerhalb der Wohnung befinden.	*(temporal)* *(lokal)*
laut	Laut einer Studie sind nur 50 Prozent der Deutschen glücklich. *Achtung:* Auch Verwendung ohne Artikel oder mit Dativ möglich.	*(modal)*
mithilfe	Mithilfe eines Freundes gelang ihm die Flucht.	*(instrumental)*
statt	Statt eines Blumenstraußes verschenkte er ein altes Buch.	*(alternativ)*
trotz	Trotz einer schlechten Leistung bestand er die Prüfung.	*(konzessiv)*
während	Während seines Studiums lernte er Spanisch.	*(temporal)*
wegen	Wegen eines Unglücks hatte der Zug Verspätung. Wegen dir (deinetwegen) habe ich drei Kilo zugenommen. *Achtung:* Bei Personalpronomen mit Dativ oder mit Sonderform: *deinetwegen.*	*(kausal)* *(kausal)*

Komparation der Adjektive

(Deklination der Adjektive siehe Nomengruppe)

	Positiv	Komparativ	Superlativ
Normalform	billig	billiger	am billigsten/der billigste
a → ä warm – lang – kalt – hart – alt	warm kalt	wärmer kälter	am wärmsten/der wärmste am kältesten/der kälteste
o → ö groß	groß	größer	am größten/der größte
u → ü jung – kurz	jung	jünger	am jüngsten/der jüngste
Adjektive auf: *-er*	teuer	teurer	am teuersten/der teuerste
-el	dunkel	dunkler	am dunkelsten/der dunkelste
Adjektive auf: *-sch/-s/-ß/-z*	frisch	frischer	am frischesten/der frischeste
-d/-t	intelligent	intelligenter	am intelligentesten/der intelligenteste
Sonderformen	gut viel gern hoch nah	besser mehr lieber höher näher	am besten/der beste am meisten/der meiste am liebsten/der liebste am höchsten/der höchste am nächsten/der nächste

Partizipien als Adjektive

Partizip I	der einfahrende Zug	*einfahrend* + Adjektivendung	Der Zug fährt ein.	Die Handlung dauert an.
Partizip II	der eingefahrene Zug der eingebaute Motor	*eingefahren* + Adjektivendung *eingebaut* + Adjektivendung	*Aktiv:* Der Zug ist eingefahren. *Passiv:* Der Motor wurde eingebaut.	Die Handlung ist abgeschlossen.

Rektion der Adjektive

Ich bin auf den Erfolg meines Kollegen neidisch.	*neidisch sein*	*+ auf*	+ Akkusativ
Er ist auf ihren Exfreund eifersüchtig.	*eifersüchtig sein*	*+ auf*	+ Akkusativ
Ich bin über deinen Besuch sehr froh.	*froh sein*	*+ über*	+ Akkusativ

Aussage: Er ist auf den Exfreund eifersüchtig. — Ich bin über deinen Besuch froh.
Frage: Auf wen ist er eifersüchtig? *(Person)* — Worüber bist du froh? *(Sache)*

Unregelmäßige Verben

Infinitiv	3. Person Singular Präsens	3. Person Singular Präteritum	3. Person Singular Perfekt
abschließen *(ein Studium)*	er schließt ab	er schloss ab	er hat abgeschlossen
anfangen	er fängt an	er fing an	er hat angefangen
anbieten *(Hilfe)*	er bietet an	er bot an	er hat angeboten
anrufen	er ruft an	er rief an	er hat angerufen
aufwachsen	er wächst auf	er wuchs auf	er ist aufgewachsen
backen *(Kuchen)*	er bäckt	er backte	er hat gebacken
(an)braten *(Fleisch)*	er brät (an)	er briet (an)	er hat (an)gebraten
befinden *(sich)*	er befindet sich	er befand sich	er hat sich befunden
beginnen	er beginnt	er begann	er hat begonnen
bewerben *(sich um eine Stelle)*	er bewirbt sich	er bewarb sich	er hat sich beworben
bestehen *(eine Prüfung)*	er besteht	er bestand	er hat bestanden
beweisen	er beweist	er bewies	er hat bewiesen
bitten *(um Hilfe)*	er bittet	er bat	er hat gebeten
bleiben *(zu Hause)*	er bleibt	er blieb	er ist geblieben
brennen	es brennt	es brannte	es hat gebrannt
bringen	er bringt	er brachte	er hat gebracht
denken	er denkt	er dachte	er hat gedacht
durchfallen *(bei einer Prüfung)*	er fällt durch	er fiel durch	er ist durchgefallen
einladen *(jemanden)*	er lädt ein	er lud ein	er hat eingeladen
eintragen *(sich in eine Liste)*	er trägt sich ein	er trug sich ein	er hat sich eingetragen
empfehlen *(einen Kurs)*	er empfiehlt	er empfahl	er hat empfohlen
empfinden	er empfindet	er empfand	er hat empfunden
entscheiden *(sich)*	er entscheidet sich	er entschied sich	er hat sich entschieden
entstehen	es entsteht	es entstand	es ist entstanden
erfinden *(den Buchdruck)*	er erfindet	er erfand	er hat erfunden
ergreifen *(Maßnahmen)*	er ergreift	er ergriff	es hat ergriffen
erhalten	er erhält	er erhielt	er hat erhalten
essen	er isst	er aß	er hat gegessen
fahren	er fährt	er fuhr	er ist gefahren
fernsehen	er sieht fern	er sah fern	er hat ferngesehen
finden	er findet	er fand	er hat gefunden
geben	er gibt	er gab	er hat gegeben
gefallen *(jemandem)*	er gefällt	er gefiel	er hat gefallen

Infinitiv	3. Person Singular Präsens	3. Person Singular Präteritum	3. Person Singular Perfekt
gehen	sie geht	sie ging	sie ist gegangen
gelten *(eine Regel)*	sie gilt	sie galt	sie hat gegolten
genießen	sie genießt	sie genoss	sie hat genossen
gewinnen *(einen Überblick)*	sie gewinnt	sie gewann	sie hat gewonnen
gießen *(Blumen)*	sie gießt	sie goss	sie hat gegossen
greifen *(zur Fernbedienung)*	sie greift	sie griff	sie hat gegriffen
heißen	sie heißt	sie hieß	sie hat geheißen
helfen	sie hilft	sie half	sie hat geholfen
hinterlassen *(eine Nachricht)*	sie hinterlässt	sie hinterließ	sie hat hinterlassen
kennen	sie kennt	sie kannte	sie hat gekannt
kommen	sie kommt	sie kam	sie ist gekommen
laufen	sie läuft	sie lief	sie ist gelaufen
leihen *(einen Stift)*	sie leiht	sie lieh	sie hat geliehen
lesen	sie liest	sie las	sie hat gelesen
meiden *(ein Gesprächsthema)*	sie meidet	sie mied	sie hat gemieden
nachschlagen *(im Wörterbuch)*	sie schlägt nach	sie schlug nach	sie hat nachgeschlagen
nachweisen *(etwas)*	sie weist nach	sie wies nach	sie hat nachgewiesen
nehmen	sie nimmt	sie nahm	sie hat genommen
nennen *(einen Namen)*	sie nennt	sie nannte	sie hat genannt
salzen *(das Essen)*	sie salzt	sie salzte	sie hat gesalzen
schlafen	sie schläft	sie schlief	sie hat geschlafen
(auf)schließen	sie schließt (auf)	sie schloss (auf)	sie hat (auf)geschlossen
schneiden *(Zwiebeln)*	sie schneidet	sie schnitt	sie hat geschnitten
schreiben	sie schreibt	sie schrieb	sie hat geschrieben
(an)sehen	sie sieht (an)	sie sah (an)	sie hat (an)gesehen
sein	sie ist	sie war	sie ist gewesen
sinken	sie sinkt	sie sank	sie ist gesunken
sitzen	sie sitzt	sie saß	sie hat gesessen
sprechen	sie spricht	sie sprach	sie hat gesprochen
stattfinden *(eine Ausstellung)*	sie findet statt	sie fand statt	sie hat stattgefunden
(auf)stehen	sie steht (auf)	sie stand (auf)	sie ist aufgestanden sie hat gestanden
steigen	sie steigt	sie stieg	sie ist gestiegen
streiten *(sich)*	sie streitet sich	sie stritt sich	sie hat gestritten

Infinitiv	3. Person Singular Präsens	3. Person Singular Präteritum	3. Person Singular Perfekt
teilnehmen	sie nimmt teil	sie nahm teil	sie hat teilgenommen
tragen *(Kleidung)*	sie trägt	sie trug	sie hat getragen
treffen	sie trifft	sie traf	sie hat getroffen
überbieten *(einen Preis)*	sie überbietet	sie überbot	sie hat überboten
umziehen *(in eine andere Stadt)*	sie zieht um	sie zog um	sie ist umgezogen
unterbrechen *(einen Film)*	sie unterbricht	sie unterbrach	sie hat unterbrochen
unterhalten *(sich)*	sie unterhält sich	sie unterhielt sich	sie hat sich unterhalten
verbieten *(private E-Mails)*	sie verbietet	sie verbot	sie hat verboten
verbinden *(jemanden)*	sie verbindet	sie verband	sie hat verbunden
verbinden	sie verbindet	sie verband	sie hat verbunden
verfahren *(sich)*	sie verfährt sich	sie verfuhr sich	sie hat sich verfahren
vergessen *(Wörter)*	sie vergisst	sie vergaß	sie hat vergessen
verlaufen *(sich)*	sie verläuft sich	sie verlief sich	sie hat sich verlaufen
verlieren *(den Reisepass)*	sie verliert	sie verlor	sie hat verloren
vermeiden *(Konflikte)*	sie vermeidet	sie vermied	sie hat vermieden
vertreten *(eine Meinung)*	sie vertritt	sie vertrat	sie hat vertreten
verschieben *(einen Termin)*	sie verschiebt	sie verschob	sie hat verschoben
verschlingen *(Bücher)*	sie verschlingt	sie verschlang	sie hat verschlungen
verschreiben *(sich)*	sie verschreibt sich	sie verschrieb sich	sie hat sich verschrieben
verschwinden *(aus dem Raum)*	sie verschwindet	sie verschwand	sie ist verschwunden
versinken *(im Langzeitspeicher)*	es versinkt	es versank	es ist versunken
vollziehen *(sich, Veränderungen)*	es vollziehen sich	es vollzogen sich	es haben sich vollzogen
waschen	sie wäscht	sie wusch	sie hat gewaschen
werden *(krank/Direktorin)*	sie wird	sie wurde	sie ist geworden
wissen	sie weiß	sie wusste	sie hat gewusst

5 Lernen, lernen und nochmals lernen

A 6 **1.** richtig **2.** falsch **3.** richtig **4.** richtig

A 7 **a)** Der haptische Typ lernt am besten, wenn er die Wörter schreibt. Der auditive Typ lernt am besten, wenn er die Wörter hört. Der kognitive Typ lernt am besten systematisch und sucht grammatische Regeln. Der imitative Typ lernt am besten, wenn er die Wörter hört und nachspricht.
c) **1.** c **2.** d **3.** a **4.** b

A 8 **Wörter:** sich ein Wort **1.** einprägen, **2.** merken; Wörter im Wörterbuch **3.** nachschlagen; Wörter an die Tafel **4.** schreiben; **Lehrerin:** die Lehrerin etwas **5.** fragen, um Hilfe **6.** bitten; eine Aufgabe/Hausaufgaben **7.** kontrollieren, **8.** korrigieren; **Prüfung:** bei einer Prüfung **9.** durchfallen; eine Prüfung **10.** ablegen **11.** bestehen; **sprachbegabt sein:** eine Sprache fließend **12.** sprechen; eine Sprache **13.** beherrschen

A 9 **1.** nachschlagen **2.** merken/einprägen **3.** machen/ablegen **4.** sprachbegabt **5.** kontrolliert, korrigiert **6.** schreibt

A 10 **1.** Sie sollten Ihre Hausaufgaben machen, sonst/andernfalls vergessen Sie die Wörter. **2.** Ich brauche deine Hilfe, sonst/andernfalls werde ich nicht fertig. **3.** Ich sehe regelmäßig Nachrichten, sonst/andernfalls bin ich schlecht informiert. **4.** Ich muss endlich einen Excel-Kurs besuchen, sonst/andernfalls kann ich nicht gut arbeiten. **5.** Ihr müsst mich korrigieren, sonst/andernfalls mache ich immer die gleichen Fehler. **6.** Ich muss mit dem Auto fahren, sonst/andernfalls komme ich zu spät. **7.** Du musst Oma eine Karte schreiben, sonst/andernfalls ist sie traurig.

A 11 **1.** dafür **2.** dagegen **3.** dagegen **4.** dagegen **5.** dafür **6.** dagegen **7.** dafür **8.** dafür

A 14 **1.** c **2.** h **3.** d **4.** a **5.** Ø **6.** e **7.** g **8.** f

A 15 **1.** Karin besucht einen Kurs, um den sicheren Umgang mit Windows-Office-Programmen zu lernen. **2.** Karin besucht einen Computerkurs, damit ihr Chef mit ihrer Arbeit zufrieden ist. **3.** Marlis fährt in die Alpen, um sich im Bergsteigen noch zu verbessern. **4.** Udo macht einen Kochkurs, um italienische Gerichte kochen zu lernen. **5.** Udo macht einen Kochkurs, damit seine Frau nicht mehr so oft kochen muss. **6.** Herr Schulze will an einem Managementkurs teilnehmen, um Karriere zu machen. **7.** Frau Kohl lernt eine asiatische Entspannungstechnik, um sich zu entspannen. **8.** Moritz möchte Japanisch lernen, um in Japan Straßenschilder lesen zu können. **9.** Moritz möchte Japanisch lernen, damit seine Mutter mit ihm nach Tokio fährt.

A17 **a)** **1.** richtig **2.** falsch **3.** richtig **4.** falsch **5.** falsch **6.** richtig

Hörtext:

Moderator: Herzlich willkommen zur aktuellen Stunde bei uns im Deutschlandradio. Ich möchte auch gleich unseren heutigen Studiogast begrüßen, Frau Meier-Vorfeld vom Bundesministerium für Bildung und Forschung. Guten Tag.

Frau Meier: Guten Tag.

Moderator: „Was Hänschen nicht lernt, lernt Hans nimmermehr“ – das bedeutet so viel wie: Was man in der Kindheit nicht lernt, lernt man als Erwachsener auch nicht. Stimmt das heute noch?

Frau Meier: Nein, dieses alte Sprichwort hat heute überhaupt keine Bedeutung mehr. Lernen hört nach der Schule, nach der Ausbildung oder nach dem Studium nicht auf. Deshalb sprechen wir heute auch vom lebenslangen Lernen. Wenn man sich auf dem Arbeitsmarkt durchsetzen will, bedeutet das einfach, dass man sich ständig weiterbildet, dass man immer etwas Neues dazulernt.

Moderator: Hängt das mit den neuen Technologien zusammen?

Frau Meier: Ja, natürlich auch. Selbstverständlich fordert die technische Entwicklung von uns, dass wir uns anpassen, dass wir zum Beispiel mit dem Computer umgehen können, das ist doch ganz klar. Aber, da passt sich natürlich auch die Ausbildung schon an. Schulen und Universitäten versuchen, neue technische Entwicklungen schnell in ihre Programme aufzunehmen. Lebenslanges Lernen bedeutet eigentlich mehr, als sich nur an der Entwicklung der Technologie zu orientieren.

Moderator: Was gehört denn noch dazu?

Frau Meier: Nun, denken Sie zum Beispiel an die Globalisierung, die Ausweitung des Marktes. Fremdsprachen spielen dabei eine wichtige Rolle. Nehmen Sie einmal an, eine Firma möchte sich auf dem asiatischen Markt ausbreiten, dort Produkte anbieten oder produzieren, da reicht manchmal das Schulenglisch nicht mehr aus. Dann haben die Mitarbeiter die besten Chancen, die bereit sind, Chinesisch oder Japanisch zu lernen. Oder nehmen Sie die Herausforderungen, die eine neue Stelle mit sich bringen kann. Man muss zum Beispiel Verantwortung übernehmen, plötzlich Mitarbeiter führen, auch da sind Kompetenzen gefragt, die viele erst erlernen müssen. Das muss nicht immer in einem Kurs sein mit einem Zertifikat am Ende. Man kann zum Beispiel auch ein Buch über Führungskompetenzen oder Management-Strategien lesen oder Informationen aus dem Internet nutzen, auch das ist lebenslanges Lernen.

Moderator: Das klingt jetzt sehr danach, dass sich das lebenslange Lernen nur auf den Beruf reduziert.

Frau Meier: Nein, es geht nicht nur um das Lernen aus beruflichen Gründen. Es geht auch darum, Bildung als Weg zu mehr Verantwortlichkeit im Leben zu verstehen. Auch wenn man ein Instrument lernt, Gitarre zum Beispiel, lernt man etwas fürs Leben. Wir Politiker müssen deshalb gute Bedingungen für die Bildung und Qualifikation der Menschen schaffen, auf allen Ebenen und in allen Bereichen. Aber, und das muss ich hier ganz deutlich sagen, die berufliche Weiterbildung ist ungeheuer wichtig. Es geht natürlich auch um die Bekämpfung von Arbeitslosigkeit. Wenn jemand längere Zeit nicht gearbeitet hat, muss er sich weiterbilden. Sonst wird es für ihn immer schwieriger, eine Arbeitsstelle zu finden.

Moderator: Unterstützen Sie Menschen, die Arbeit suchen und sich weiterbilden wollen?

Frau Meier: Natürlich! Unsere Arbeitsagenturen versuchen, jedem Arbeitslosen, der sich weiterbilden möchte, ein Angebot zu machen. Ich möchte hier auch gleich alle, die Arbeit suchen, bitten, sich bei der Arbeitsagentur im Heimatort oder im Internet über das Weiterbildungsangebot zu informieren.

Moderator: Können Sie vielleicht an dieser Stelle die Internetadresse nennen?

Frau Meier: Ja gerne, die Internetadresse ist: *www.arbeitsagentur.de.*

c) **1.** Studium **2.** Arbeitsmarkt **3.** Rolle **4.** Sprache **5.** Chancen **6.** Herausforderungen **7.** Verantwortung **8.** Kompetenzen **9.** Kurs **10.** Strategien

A 20 **1.** Die Verhandlungen wurden erfolgreich zum Abschluss gebracht. **2.** Haben Sie für das Problem eine Lösung gefunden?

3. Wann haben Sie mit den Mitarbeitern Gespräche geführt? **4.** Sie müssen rechtzeitig einen Urlaubsantrag stellen. **5.** Die Regierung muss endlich Maßnahmen ergreifen. **6.** Das Rote Kreuz leistet in Katastrophengebieten Hilfe. **7.** Wir haben Hoffnung, dass sich die Lage verbessert. **8.** Die Kommission muss jetzt eine Entscheidung treffen.

A 21 **(Beispielsätze) c)** Mit Musik kann man den Intelligenzquotienten erhöhen und die Leistungsfähigkeit steigern. Wissenschaftler haben bewiesen, dass Studenten, die (vor der Prüfung) klassische Musik hören, bessere Prüfungsresultate erzielen. Aggressive Musik hat allerdings negative Auswirkung auf die Leistung und macht schlechte Laune. Im Liegen kann man seine Kreativität und sein Denkvermögen erhöhen. Wissenschaftler vermuten, dass im Liegen das Gehirn besser durchblutet wird und man deshalb Probleme besser lösen kann.

A 22 **a)** Musik kann Stresshormone mobilisieren, schlechte Laune machen, Stress abbauen, die Leistungsfähigkeit steigern, den Intelligenzquotienten erhöhen
b) erhöhen, (sich/etwas) verändern, die Entspannung, die Steigerung, die Beeinflussung, untersuchen, sich auswirken, das Experiment, vermuten, sich konzentrieren, lösen
c) 1. Höchstleistungen **2.** Entspannung, Steigerung **3.** Einfluss **4.** Experiment **5.** Lösung

A 24 **1.** Seit wann gibt es Schulzeugnisse? **2.** Welchen Nutzen hat ein Zeugnis? **3.** Geht es auch ohne Noten? **4.** Warum ist eine Eins besser als eine Fünf? **5.** Warum ist die schlechteste Note eine Sechs und keine Sieben? **6.** Können Schulnoten objektiv sein?

A 25 **a) 1.** a **2.** b **3.** c
b) 1. Zeugnisse **2.** Schulalltag **3.** Tradition **4.** Schulordnung **5.** Note
c) 1. bekamen **2.** konnten **3.** eingeführt **4.** besuchte **5.** wechselte **6.** bekamen **7.** saßen **8.** verbesserte **9.** verschlechterte

A 26 **a) 1.** verschlechtern **2.** vergrößern **3.** verkleinern **4.** verschönern **5.** verlängern, **6.** verfeinern **7.** vereinfachen
b) 1. vergrößern **2.** verschlechtert **3.** verlängern **4.** vereinfachen **5.** verfeinern **6.** verschönern **7.** verkleinert

B 3 **a) 1.** Fuß **2.** Wusstest, dass; weißt **3.** Grüße **4.** groß, musst **5.** Wissen, Schuhgröße **6.** hasse, Stress
b) Liebe Frau Fischer, herzliche Grüße aus Berlin sendet Ihnen Ihre Sarah. Wir sind gestern Vormittag hier angekommen und haben uns schon das Brandenburger Tor angesehen. Gestern Abend waren wir in einer Vorstellung der Volksbühne. Es wurde das Stück „Warten auf Godot" gespielt, auf Deutsch! Das Gute ist ja, dass wir das Stück mit Ihnen im Unterricht schon behandelt haben. Deshalb haben wir auch fast alles verstanden. Morgen gehen wir in ein typisch deutsches Restaurant. Darauf freue ich mich, denn ich liebe das deutsche Essen.
c) 1. irgendjemand, Schlüssel **2.** Zeit, spazieren gehen oder Fahrrad fahren **3.** Fußballmeisterschaft, dabei sein **4.** musste, Schlange stehen **5.** klein schneiden
d) 1. Viele Lerner motiviert es, wenn sie nach dem Kurs eine Prüfung machen. **2.** Bis 1880 schrieb jeder, wie er wollte. **3.** Wie die Speicherung der Wörter am besten funktioniert, dafür gibt es keine allgemeinen Empfehlungen. **4.** Man sollte die wichtigsten Wörter wiederholen, sonst werden sie gelöscht. **5.** Es ist wichtig, dass man aufmerksam und konzentriert ist, wenn man neue Wörter lernt. **6.** Es ist wichtig(,) beim Wörterlernen aufmerksam zu sein. **7.** Konrad Duden lebte von 1829 bis 1911 und er beschäftigte sich sein ganzes Leben mit der deutschen Sprache. **8.** Nichtleser können gut leben, ohne regelmäßig zu lesen. **9.** Ich lese, um mich zu entspannen. **10.** Abends habe ich keine Lust(,) noch zu lesen. **11.** Eine Kollegin von mir, die die französischen Kunden betreut hat, ist seit zwei Wochen krank. **12.** Ich habe meinen Fotoapparat vergessen, deshalb kann ich jetzt den Regenbogen nicht fotografieren. **13.** Trinken wir einen Kaffee aus dem Automaten oder wollen wir in die Kantine gehen? **14.** Ich habe mir vorgenommen(,) jeden Abend dreißig Wörter zu lernen. **15.** Er lernt Spanisch und sie besucht einen Computerkurs. **16.** Ist das nicht der Schauspieler, der in der neuen Fernsehserie die Hauptrolle spielt? **17.** Spielst du schon wieder Computer, statt Hausaufgaben zu machen? **18.** Darf ich Sie darum bitten, mich morgen zurückzurufen?

C 1 **1.** Wenn ich mich nicht beeile, komme ich zu spät. **2.** Wenn wir die Öffnungszeiten nicht ändern, sind wir nicht kundenfreundlich. **3.** Wenn wir nicht noch einen Mitarbeiter einstellen, schaffen wir die Arbeit nicht. **4.** Wenn du deinen Regenschirm nicht mitnimmst, wirst du nass. **5.** Wenn sich Klara nicht wärmer anzieht, erkältet sie sich. **6.** Wenn du nicht viel mehr lernst, fällst du durch die Prüfung.

C 2 **(Beispielsätze) 1.** Wenn ich mich entspannen möchte, mache ich Yoga. **2.** Wenn ich nicht schlafen kann, trinke ich eine Tasse heiße Milch mit Honig. **3.** Wenn ich einen Job haben möchte, muss ich mich bei verschiedenen Firmen bewerben. **4.** Wenn ich Ski fahren will, fahre ich in die Berge. **5.** Wenn ich mit niemandem sprechen möchte, gehe ich in den Park. **6.** Wenn ich keine Lust zum Kochen habe, bestelle ich eine Pizza. **7.** Wenn ich mich beruflich weiterbilden möchte, besuche ich einen Kurs an der Volkshochschule.

C 3 **(Beispielsätze) 1.** Ich muss mich beruflich weiterbilden, sonst habe ich keine guten Karrierechancen. **2.** Ich muss besser auf meine Arbeitszeiten achten, sonst sitze ich abends um 20.00 Uhr noch im Büro. **3.** Ich muss mich bei Anita entschuldigen, sonst ist sie mir böse. **4.** Ich muss sparsamer mit dem Geld umgehen, sonst reicht das Geld nicht bis zum Monatsende. **5.** Ich muss Deutsch lernen, sonst kann ich nicht in Deutschland studieren. **6.** Ich muss abends zeitig ins Bett gehen, sonst bin ich morgens immer so müde.

C 4 **1. a)** Wenn man zu viel arbeitet, macht man Fehler. **b)** Man darf nicht so viel arbeiten, sonst macht man Fehler.
2. a) Wenn man eine Sprache lange nicht gesprochen hat, vergisst man viele Wörter. **b)** Man muss eine Sprache (regelmäßig) sprechen, sonst vergisst man viele Wörter. **3. a)** Wenn man im Unterricht nicht aufmerksam ist, kann man sich das Gelernte nicht merken. **b)** Man muss im Unterricht aufmerksam sein, sonst kann man sich das Gelernte nicht merken. **4. a)** Wenn man im Winter nicht warm genug gekleidet ist, friert man. **b)** Man muss sich im Winter warm genug kleiden, sonst friert man. **5. a)** Wenn man eine Reise im Sommer nicht rechtzeitig bucht, muss man mehr bezahlen. **b)** Man muss eine Reise im Sommer rechtzeitig buchen, sonst muss man mehr bezahlen. **6. a)** Wenn man nicht genug Gemüse und Obst isst, bekommt man Vitaminmangel. **b)** Man muss genug Gemüse und Obst essen, sonst bekommt man Vitaminmangel. **7. a)** Wenn man sich nicht genug bewegt, nimmt man zu.
b) Man muss sich genug bewegen, sonst nimmt man zu.

C 5 **1.** Ich bringe mein Auto in die Werkstatt, damit es dort repariert wird. **2.** Christina lernt täglich 20 neue Wörter, um ihren Wortschatz zu erweitern. **3.** Ich mache meine Wohnung sauber, damit die Gäste sich wohlfühlen. **4.** Martina nimmt ein Schlafmittel, um besser einschlafen zu können. **5.** Ich brauche eine Stunde Zeit, um mich auf die Sitzung gut vorbereiten zu können. **6.** Andreas macht den Fernseher aus, damit Katja ihre Hausaufgaben machen kann. **7.** Ich habe sofort angerufen, um ihn zu informieren. **8.** Die Schauspielerin trägt einen großen Hut, um nicht erkannt zu werden. **9.** Schenkst du mir ein Auto, damit ich nie mehr mit der Straßenbahn fahren muss? **10.** Der Sportler trainiert täglich sechs Stunden, um an den Olympischen Spielen teilnehmen zu können. **11.** Bringst du mir ein paar frische Tomaten mit, damit ich eine leckere Tomatensuppe kochen kann?

C 6 1. Sie geben Verantwortung ab, damit die Mitarbeiter eigenverantwortlich arbeiten können. 2. Sie sorgen für gute Arbeitsbedingungen, damit die Mitarbeiter gute Leistungen bringen. 3. Sie fördern Mitarbeiter, um ihnen gute Entwicklungsmöglichkeiten zu bieten. 4. Sie handeln korrekt und benehmen sich höflich, um ein Vorbild für die Mitarbeiter zu sein. 5. Sie setzen die richtigen Prioritäten, um die Ziele wirklich zu erreichen. 6. Sie hören richtig zu, um Probleme rechtzeitig zu erkennen.

C 7 1. Miriam lernt Deutsch, um eine indogermanische Sprache kennenzulernen. 2. Jan lernt Deutsch, damit sich seine Frau mit ihm in ihrer Muttersprache unterhalten kann. 3. Robert lernt Deutsch, damit sein Chef ihn endlich in Ruhe lässt. 4. John lernt Deutsch, um mit seinen österreichischen Geschäftspartnern besser verhandeln zu können. 5. Karol lernt Deutsch, damit sich ihre Schwiegereltern freuen. 6. Luigi lernt Deutsch, um seinen Lieblingsautor, Max Frisch, auf Deutsch lesen zu können. 7. Igor lernt Deutsch, damit er eine Ausbildung zum Krankenpfleger machen kann. 8. Sarah lernt Deutsch, um in Österreich Medizin zu studieren.

C 8 1. Wann wurden die Gespräche abgeschlossen? 2. Haben sich die Politiker immer noch nicht entschieden? 3. Wann hast du deinen neuen Pass beantragt? 4. Wofür interessieren sich die Jugendlichen heute? 5. Der Vorstand meint, dass der Betrieb eine Million Euro einsparen muss. 6. Heute verabschiedeten sich die Soldaten von ihren Familien. 7. Weiterbildung ist im Arbeitsleben sehr wichtig. 8. Die Mitarbeiter kritisierten die Maßnahmen des Managements.

C 9 1. getroffen 2. zeigt/zeigte 3. ausüben 4. leisten/leisteten 5. führt/führte 6. vertritt/vertrat 7. stellen 8. trifft/traf

C 10 1. Trägst du dieselben Schuhe wie bei der letzten Party? 2. denselben Anzug 3. dieselbe Bluse 4. dasselbe T-Shirt 5. dasselbe Hemd 6. dieselbe Krawatte

C 11 1. denselben 2. dieselben 3. dieselbe 4. dieselbe 5. demselben

6 Verkehr und Mobilität

A 1 1. richtig 2. falsch 3. falsch 4. richtig 5. richtig 6. falsch 7. falsch 8. richtig

Hörtexte:

Sprecher 1: Also, ich fahre jeden Tag mit dem Fahrrad zur Arbeit und ärgere mich am meisten über rücksichtslose Autofahrer. Es gibt Autofahrer …, das glauben Sie gar nicht! Die sehen beim Rechtsabbiegen nicht in den Spiegel, ob da zum Beispiel ein Fahrradfahrer rechts an ihnen vorbeifahren will. Das ist denen ganz egal, die würden uns Fahrradfahrer glatt umfahren, wenn wir nicht selbst aufpassen würden. Aber ich habe noch einen zweiten Feind: das Wetter. Vor allem Regen und Wind stören mich sehr. Und manchmal habe ich das Gefühl, dass der Wind immer von vorn kommt. Wenn ich früh zur Arbeit fahre, kommt er von vorn, wenn ich abends nach Hause fahre, auch.

Sprecherin 1: Worüber ich mich ärgere? Na, das ist doch ganz klar, über den täglichen Stau natürlich. Ich wohne außerhalb der Stadt und muss jeden Morgen 15 km fahren, um zur Arbeit zu kommen. Dafür brauche ich manchmal eine Stunde. Und abends, wieder zurück, zur Hauptverkehrszeit, da ist es auch nicht besser. Ich frage mich, warum die Politiker nichts gegen das alltägliche Chaos auf den Straßen tun.

Sprecherin 2: Ich ärgere mich jeden Tag aufs Neue über die öffentlichen Verkehrsmittel. Ich kann Ihnen sofort ein paar Sachen nennen, die mich wahnsinnig machen. Erstens: Die Fahrkarten werden immer teurer, jedes Jahr, manchmal sogar zweimal im Jahr, aber mein Gehalt wird nicht jedes Jahr erhöht. Zweitens: Die Straßenbahnen und Busse werden immer voller. Früh um 8.00 Uhr und abends um 17.00 Uhr bekommt man keinen Sitzplatz mehr. Dann stehen die Leute fast übereinander! Drittens: Die Verkehrsmittel sind unpünktlich. Letztens habe ich sogar meinen Zug verpasst, weil der Bus zum Bahnhof 20 Minuten Verspätung hatte.

Sprecher 2: Ich ärgere mich über rote Ampeln und diese Sonntagsfahrer, die so langsam fahren. Kennen Sie die Friedensstraße? Da sind fünf Ampeln hintereinander. Wenn eine Ampel grün wird und man erreicht die nächste Ampel, steht diese Ampel auf Rot. Man muss bremsen – und das viermal hintereinander. Dann fehlt mir nur noch, dass so ein Autofahrer vor mir ist, der so schnell ist wie eine Schnecke … und wenn der dann noch auf der linken Spur fährt und rechts alles frei ist … Das regt mich wirklich auf!

Sprecher 3: Also mich bringt gar nichts aus der Ruhe. Ich verstehe überhaupt nicht, worüber sich die Leute so aufregen: über Ampeln, Staus, Baustellen, andere Autofahrer und was weiß ich nicht noch alles. Ich fahre jeden Tag mit meinem Auto zur Arbeit. Darin ist es warm, ich werde nicht nass, wenn es regnet, ich habe eine gute Stereoanlage und kann Radio hören. Das ist doch toll! Wenn ich mal im Stau stehe, höre ich zum Beispiel im Auto die Nachrichten in aller Ruhe, dann weiß ich gleich, was auf der Welt los ist. Und wenn ich wegen des Staus mal zu spät komme, dann komme ich eben zu spät, wo ist das Problem?

A 3 **Auto:** rücksichtslose Autofahrer, Blitzkasten, Autobahnpolizei, Verkehrsfunk, Staumeldungen, Stau, Baustellen, Umleitungen, Tankstelle; **Fahrrad:** Fahrradwege, wetterfeste Kleidung; **Zug:** Fahrkarte, unfreundliche Mitmenschen, Kontrolleure, Verspätung, Fahrpreise, Fahrkartenschalter, Bahnhof, Gleis, erste Klasse, Sitzplatz; **Straßenbahn/Bus:** Fahrkarte, unfreundliche Mitmenschen, Kontrolleure, Verspätung, Fahrpreise, Fahrkartenschalter, Verkehrsfunk, Staumeldungen, Stau, Baustellen, Umleitungen, Haltestelle, (Straßenbahn-, Bus-)Bahnhof, (Straßenbahn-)Gleis, Sitzplatz

A 5 1. a 2. a 3. c 4. a 5. a

A 6 1. e 2. f 3. h 4. a 5. b 6. g 7. c 8. d

A 7 1. c 2. e 3. f 4. b 5. g 6. d 7. h 8. a

A 8 1. Am Ende des 19. Jahrhunderts wurde nach Lösungen für die Verkehrsprobleme gesucht. 2. Vorschläge wurden eingereicht. 3. Am 15. Februar 1902 wurde die erste U-Bahn-Strecke eingeweiht. 4. Im Jahre 1903 wurden bereits 30 Millionen Fahrgäste befördert. 5. Während des Zweiten Weltkrieges wurden große Teile des U-Bahn-Netzes beschädigt oder zerstört. 6. Die letzten Schäden konnten erst 1951 beseitigt werden. 7. Durch den Bau der Berliner Mauer wurden der West- und der Ostteil der Stadt getrennt. 8. Nach 1989 wurde das U-Bahn-Netz wieder zusammengeschlossen.

A 9 1. einreichen 2. einweihen 3. beseitigen 4. befördern 5. lesen 6. nachholen

A 10 1. die Londoner U-Bahn 2. der Münch(e)ner Viktualienmarkt 3. der Kölner Dom 4. die Frankfurter Paulskirche 5. die Leipziger Messe 6. die Nürnberger Würstchen 7. der Cottbuser Fußballverein 8. die Moskauer Straße 9. die New Yorker Kunstmuseen 10. der Rotterdamer Hafen 11. der Pariser Eiffelturm 12. der Wiener Prater 13. der Amsterdamer Flughafen

A 12 (**Beispielsätze**) **1.** Er hatte kein Tor geschossen. **2.** Er hatte sich verliebt. **3.** Er hatte sich im Termin geirrt. **4.** Sie hatte sich verfahren. **5.** Er hatte es im Supermarkt verloren. **6.** Sie hatte sich schon oft beworben. **7.** Sie hatte sich sehr gut vorbereitet. **8.** Er hatte mal wieder den Hochzeitstag vergessen.

A 13 **1.** Bevor Paul den Schlüssel ins Zündschloss steckte, stieg er ins Auto ein. Nachdem Paul ins Auto eingestiegen war, steckte er den Schlüssel ins Zündschloss. **2.** Bevor Paul das Auto startete, legte er den Sicherheitsgurt an. Nachdem er den Sicherheitsgurt angelegt hatte, startete er das Auto. **3.** Bevor er den Gang einlegte, trat er die Kupplung. Nachdem er die Kupplung getreten hatte, legte er den Gang ein. **4.** Bevor er Gas gab, setzte er den Blinker. Nachdem er den Blinker gesetzt hatte, gab er Gas. **5.** Bevor er losfuhr, sah er in den Rückspiegel. Nachdem er in den Rückspiegel gesehen hatte, fuhr er los.

A 14 **b) 1.** bremsen **2.** blinken, den Blinker setzen **3.** kuppeln, die Kupplung treten **4.** Gas geben **5.** einen Gang einlegen **6.** die Tür öffnen/schließen **7.** den Reifen wechseln **8.** etwas im Kofferraum verstauen **9.** den Sicherheitsgurt anlegen **10.** die Motorhaube öffnen/schließen **11.** den Motor warten **12.** die Scheibe putzen **13.** mit dem Seitenspiegel einparken **14.** Licht anschalten **15.** lenken

A 17 **a) 1.** Die Schildkröte hatte sich verlaufen. **2.** Nein, das ist kein Einzelfall. In Deutschland verlaufen sich viele Tiere./In Deutschland laufen viele Tiere über die Autobahn. **3.** Man kann auch Gegenstände wie Holz- und Stahlplatten, Reifenteile, Verpackungsmaterial, Kühlschränke, Fernseher oder Campingstühle auf der Autobahn finden. **4.** Im Bundesland Hessen zum Beispiel warnt der Verkehrsfunk im Durchschnitt 18,2-mal am Tag vor Gefahren auf der Autobahn. **5.** Am Donnerstag gehen die meisten Dinge verloren. **6.** Der Grund ist meistens schlecht gesicherte Ladung./Die Autofahrer verlieren so viel, weil sie die Ladung schlecht sichern. **7.** Im Sommer verlieren die Autofahrer leere Kinderwagen, im Winter Weihnachtsbäume. **8.** Im letzten Jahr gab es 450 Unfälle mit Tieren.
b) 1. auf der **2.** am, vor **3.** Nach, am **4.** Im, von
c) die Durchsagen des Verkehrsfunks, der Einsatz der Polizei, die Ursache vieler Unfälle, das Happy End der Geschichte

A 19 **1.** richtig **2.** richtig **3.** falsch **4.** falsch
Hörtexte:
1. Hier ist wieder der Verkehrsfunk mit den neuesten Meldungen. Zurzeit ist es ruhig auf Deutschlands Autobahnen. Am Münchner Ring gibt es 3 km langsam fahrenden Verkehr wegen der Baustelle am Autobahnkreuz München-Nord. Und es gibt noch einen Hinweis für Autofahrer auf der A 2 von Hannover Richtung Berlin. Bei Braunschweig-West befinden sich Gegenstände auf der linken Fahrbahn. Bitte fahren Sie langsam.
2. Hier eine Durchsage für Passagiere des Fluges LH 653 nach Athen. Wir bitten Sie, sich zum Einstieg zu Gate A 6 zu begeben. Für alle Fluggäste nach Athen. Die Maschine ist fertig zum Einstieg. Bitte begeben Sie sich zu Gate A 6. Hier noch ein Hinweis für den Flug 805 der British Airways nach London. Der Abflug verspätet sich voraussichtlich um 60 Minuten.
3. Wo sind Sie jetzt? Am Flughafen? Dann nehmen Sie am besten die S-Bahn, die S 1 oder die S 8, und fahren bis Hackerbrücke. Das dauert ungefähr 40 Minuten. Dort steigen Sie aus und gehen über die Brücke Richtung Theresienwiese. Gleich auf der linken Seite sehen Sie unsere Firma. Der Haupteingang ist direkt an der Straßenbahnhaltestelle in der Bayerstraße.
4. Hier eine Durchsage für Reisende nach Dresden. Aufgrund einer Störung in der Oberleitung fahren zurzeit keine Züge Richtung Dresden. Ich wiederhole, es fahren zurzeit keine Züge nach Dresden. Vor dem Bahnhof stehen Busse bereit, die nach Dresden fahren. Bitte benutzen Sie die bereitgestellten Busse oder informieren Sie sich am Infoschalter der Deutschen Bahn.

A 22 **1.** Ich fahre am Freitag mit dem Zug nach München. **2.** Frau Schiller fährt am Wochenende mit dem Auto nach Italien. **3.** Wir fahren heute Abend mit dem Taxi nach Hause. **4.** Matthias fährt jeden Tag mit der U-Bahn zur Arbeit. **5.** Der Fahrer fährt am Montag mit dem Lkw in die Schweiz. **6.** Ingrid fährt nächste Woche mit der Fähre auf die Fraueninsel. **7.** Mein Kollege fährt im Sommer mit dem Fahrrad nach Prag. **8.** Herr Schmidt fährt im Juni mit dem Motorrad zum Fußballendspiel. **9.** Karlchen fährt am Sonntag mit der U-Bahn zu (zur) Oma. **10.** Ute und Michael fahren jeden Tag mit der Straßenbahn zur Schule. **11.** Der Chef fährt heute mit dem Firmenwagen zum Flughafen. **12.** Annemarie fährt morgen mit dem Bus in die Stadt zum Einkaufen.

A 28 **b) Sicherheit:** Das bedeutet …, Dahinter versteckt sich …, Das garantiert nicht, dass …
Vermutung: wahrscheinlich, Sie können mit … rechnen, Das klingt nach …, Hier kann man befürchten …, Es ist damit zu rechnen …, Das ist ein Hinweis auf …

A 29 **1.** liegt **2.** versperrt **3.** verbirgt **4.** klingt **5.** befürchten, amüsieren **6.** rechnen **7.** suchen **8.** dauern **9.** garantiert

A 30 **1.** c **2.** b **3.** c **4.** a **5.** b **6.** c **7.** c **8.** b **9.** b

B 1 **1.** waren **2.** hatte **3.** verbrachte **4.** machte **5.** flüchtete **6.** konnte **7.** unterrichtete **8.** beschloss **9.** besuchte **10.** begann **11.** beschäftigte **12.** verbrauchte **13.** kam **14.** umging **15.** baute **16.** verbrauchte **17.** leistete **18.** entstanden **19.** blieb **20.** eignete **21.** verlor **22.** wirkten aus **23.** behaupteten **24.** überquerte **25.** fuhr **26.** wollte **27.** schien **28.** fanden **29.** mitnahmen **30.** gehörten **31.** dachten **32.** vermuteten

C 1 **ich lief**, ich bin gelaufen, ich war gelaufen; **ihr fotografiertet**, ihr habt fotografiert, ihr hattet fotografiert; **er bewarb sich**, er hat sich beworben, er hatte sich beworben; **wir unterhielten uns**, wir haben uns unterhalten, wir hatten uns unterhalten; **sie las**, sie hat gelesen, sie hatte gelesen; **er stand auf**, er ist aufgestanden, er war aufgestanden; **das Konzert begann**, das Konzert hat begonnen, das Konzert hatte begonnen; **die Firma verbot**, die Firma hat verboten, die Firma hatte verboten; **er verlor**, er hat verloren, er hatte verloren; **wir empfahlen**, wir haben empfohlen, wir hatten empfohlen; **ich bat**, ich habe gebeten, ich hatte gebeten

C 2 **1.** Ich hatte meine Schlüssel im Büro vergessen. **2.** Er hatte sich die Hand gebrochen. **3.** Sie hatte sich nicht angemeldet. **4.** Sie hatte das Auto ihrem Bruder geliehen. **5.** Er hatte sein Geld vorher ausgegeben.

C 3 **1.** Als Ludwig befördert wurde, machten wir eine große Party. **2.** Als Tante Annelies krank war, besuchte ich sie dreimal im Krankenhaus. **3.** Als ich im Mai in Rom war, habe ich die leckersten Spaghetti meines Lebens gegessen. **4.** Wenn ich früher mit der Straßenbahn zur Arbeit fuhr, kam ich jeden zweiten Tag zu spät. **5.** Wenn ich heute mit dem Auto zur Arbeit fahre, komme ich immer zu spät. **6.** Als er 14 Jahre alt war, bekam er seinen ersten Kuss. **7.** Wenn der erste Schnee fällt, gibt es auf den Straßen ein Verkehrschaos. **8.** Wenn in unserer Bibliothek eine Stelle frei wird, kannst du dich bewerben.

C 4 (**Beispielsätze**) **1.** Als ich dir eine Karte aus Paris schreiben wollte, ist mir deine Adresse nicht mehr eingefallen. **2.** Gerade als ich mit dem Chef reden wollte, klingelte mein Handy. **3.** Gerade als ich dich anrufen wollte, kam eine Kollegin mit einer wichtigen Frage in mein Büro. **4.** Als ich heute früh in die U-Bahn steigen wollte, sah ich Ralf. **5.** Als ich mit Rolf tanzen gehen wollte, wurde er plötzlich krank. **6.** Als ich dir zum Geburtstag gratulieren wollte, war der Akku von meinem Handy leer. **7.** Gerade als ich aus dem Haus gehen wollte, fing es an zu regnen. **8.** Als ich gestern Abend ins Bett gehen wollte, fing der Hund meiner Nachbarin an zu bellen. **9.** Als ich gerade in die Kantine gehen wollte, kam ein Anruf aus New York.

C 5 **1.** Während er das Gemüse schnitt, briet sie das Fleisch an. **2.** Während er den Tisch deckte, putzte sie die Gläser. **3.** Während er die Gäste begrüßte, öffnete sie den Wein. **4.** Während er das Essen servierte, redete sie mit den Gästen. **5.** Während er das Geschirr abräumte, bereitete sie das Dessert vor.

C 6 **1.** angekommen war **2.** betreten hatte **3.** informiert hatte **4.** gesichert hatten **5.** gegeben hatte **6.** verhört hatte

C 7 **1.** Nachdem Martina das Studium abgeschlossen hatte, bewarb sie sich bei der Deutschen Bank. **2.** Nachdem Axel sein erstes Gehalt bekommen hatte, kaufte er sich ein Auto. **3.** Nachdem Monika zehn Jahre den richtigen Mann fürs Leben gesucht hatte, traf sie Ludwig. **4.** Nachdem Kathrin fünf Jahre lang nicht weggefahren war, reiste sie im Winter nach Argentinien. **5.** Nachdem Michael sein ganzes Geld ausgegeben hatte, konnte er sich nichts zu essen kaufen. **6.** Nachdem Andrea zweimal durch die Prüfung gefallen war, bestand sie am Dienstag die Prüfung mit „gut".

C 8 **a)** Zuerst findet man einen Fahrkartenautomaten. Nachdem man einen Fahrkartenautomaten gefunden hat, wählt man die Sprache aus. Nachdem man die Sprache ausgewählt hat, liest man die Hinweise. Nachdem man die Hinweise gelesen hat, sucht man die passende Fahrkarte aus. Nachdem man die passende Fahrkarte ausgesucht hat, wirft man (das) Geld ein. Nachdem man (das) Geld eingeworfen hat, wartet man, bis die Fahrkarte herauskommt.
b) Zuerst meldet man sich bei einer Fahrschule an. Nachdem man sich bei einer Fahrschule angemeldet hat, lernt man die Regeln im Straßenverkehr. Nachdem man die Regeln im Straßenverkehr gelernt hat, nimmt man Fahrstunden. Nachdem man Fahrstunden genommen hat, macht man die Fahrprüfung und besteht sie. Nachdem man die Fahrprüfung gemacht und bestanden hat, bekommt man den Führerschein.
c) Zuerst geht man ins Reisebüro und erkundigt sich nach Angeboten. Nachdem man ins Reisebüro gegangen ist und sich nach den Angeboten erkundigt hat, wählt man eine Reise aus. Nachdem man eine Reise ausgewählt hat, bezahlt man sie. Nachdem man die Reise bezahlt hat, packt man den Koffer. Nachdem man den Koffer gepackt hat, fährt man zum Flughafen. Nachdem man zum Flughafen gefahren ist, steigt man ins Flugzeug ein. Nachdem man ins Flugzeug eingestiegen ist, entspannt man sich.

C 9 **(Beispielsätze)** Bevor ich anfange, **1.** muss ich noch eine Stunde Mittagsschlaf machen/halten. **2.** muss ich noch meinen Schreibtisch aufräumen. **3.** muss ich noch meinen Krimi zu Ende lesen. **4.** muss ich mir noch die Hände waschen. **5.** muss ich mir noch die neueste CD von Till Brönner kaufen.

C 10 **1.** bis **2.** Bis **3.** Seit/Seitdem **4.** Seit/Seitdem **5.** bis **6.** seit/seitdem

C 11 **1.** in die Vereinigten Staaten, in den Vereinigten Staaten **2.** zum Arzt, beim Arzt **3.** zum/an das/ans Brandenburger Tor, beim/am Brandenburger Tor **4.** zu Siemens, bei Siemens **5.** zum/ins Museum, im Museum **6.** nach Frankfurt, in Frankfurt **7.** zum/in den Supermarkt, im Supermarkt **8.** auf die Kanarischen Inseln, auf den Kanarischen Inseln **9.** zum/ins Goethe-Institut, im Goethe-Institut **10.** zu Paul und Claudia, bei Paul und Claudia **11.** nach Spanien, in Spanien **12.** nach Hause, zu Hause **13.** in die Türkei, in der Türkei **14.** ins Büro, im Büro **15.** zu Kunden, bei Kunden **16.** zum/ins Kino, im Kino

C 12 **1.** Wenn ich mir neue Kleidung kaufen möchte, gehe ich in ein großes Kaufhaus. **2.** Wenn ich eine Fremdsprache lernen möchte, gehe ich zur/in die Volkshochschule. **3.** Wenn ich einen Film sehen möchte, gehe ich ins Kino. **4.** Wenn ich einen schönen Blick über meine Stadt haben möchte, gehe/steige ich auf den Kirchturm. **5.** Wenn ich frisches Brot brauche, gehe ich zum Bäcker. **6.** Wenn ich Zahnschmerzen habe, gehe ich zum Zahnarzt. **7.** Wenn ich mich mit Freunden treffen möchte, gehe ich in die Kneipe. **8.** Wenn mir mein Portemonnaie gestohlen wurde, gehe ich zur Polizei.

C 13 **1.** Elsa geht in Wien ins Kunsthistorische Museum, ins Burgtheater, zur/zu einer Party. **2.** Dietrich geht in Berlin in den Zoo, an den Wannsee, zum Brandenburger Tor, auf den Potsdamer Platz. **3.** Jana geht in München in die Alte Pinakothek, ins Olympiastadion, in den Englischen Garten, zu ihren Freundinnen. **4.** Erik geht in Basel ins Kunstmuseum, in den Botanischen Garten, zu einem/zum Grillabend. **5.** Roland geht in Hamburg ins Hotel „Vier Jahreszeiten", ins Gewürzmuseum, ins Planetarium.

C 14 **1.** die **2.** das **3.** den **4.** dem **5.** den **6.** der **7.** dem **8.** dem **9.** den **10.** der

C 15 **1.** Hast du schon in deiner Handtasche nachgesehen? **2.** Hast du es vielleicht im Büro vergessen? **3.** Hast du schon in der Küche gesucht? **4.** Hast du schon im Schrank nachgeguckt? **5.** Hast du es in der Straßenbahn verloren? **6.** Hast du es ausgeschaltet?

C 16 **1.** Hast du meinen Kalender gesehen? Ja, er ist in der Tasche. Ja, ich habe ihn in die Tasche gesteckt/getan. **2.** Hast du meinen Pullover gesehen? Ja, er ist/liegt im Schrank. Ja, ich habe ihn in den Schrank gelegt. **3.** Hast du mein Wörterbuch gesehen? Ja, es ist/steht im Bücherregal. Ja, ich habe es ins Bücherregal gestellt. **4.** Hast du meine Wasserflasche gesehen? Ja, sie ist/steht im Kühlschrank. Ja, ich habe sie in den Kühlschrank gestellt. **5.** Hast du meine Tabletten gesehen? Ja, sie sind/liegen in der Schublade. Ja, ich habe sie in die Schublade gelegt. **6.** Hast du meinen Stift/meinen Kugelschreiber gesehen? Ja, er ist/steckt/liegt im Buch. Ja, ich habe ihn ins Buch gesteckt. **7.** Hast du meine Schlüssel gesehen? Ja, sie sind/liegen im Auto. Ja, ich habe sie ins Auto gelegt. **8.** Hast du meine Brille gesehen? Ja, sie ist/liegt auf dem Nachttisch. Ja, ich habe sie auf den Nachttisch gelegt. **9.** Hast du meinen Mantel gesehen? Ja, er ist/liegt im Koffer. Ja, ich habe ihn in den Koffer gelegt/getan. **10.** Hast du meine Bürolampe gesehen? Ja, sie ist/steht in Peters Büro. Ja, ich habe sie in Peters Büro gestellt. **11.** Hast du mein Handy gesehen? Ja, es ist/steckt in deinem Jackett. Ja, ich habe es in dein Jackett gesteckt.

C 17 **a) 1.** Otto, kannst du mal bitte rauskommen? **2.** Otto, kannst du mal bitte runterkommen? **3.** Otto, kannst du mal bitte raufkommen? **4.** Otto, kannst du mal bitte rüberkommen?
b) 1. Otto, kannst du bitte den Fotoapparat runterholen? **2.** Otto, kannst du bitte den Zucker rübergeben? **3.** Otto, kannst du bitte das Paket reinholen? **4.** Otto, kannst du bitte die Weinflaschen raufholen? **5.** Otto, kannst du bitte meinen Wintermantel runterbringen? **6.** Otto, kannst du bitte die Handtücher rausgeben?

7 Gefühle und Eigenschaften

A 5 **1.** Die Menschen sehnen sich nach einem angenehmen Leben und möglichst viel Glück. **2.** Es gibt so viele Bücher zum Thema Glück, weil die Menschen bei ihrer Suche nach dem Glück nicht erfolgreich sind. Deshalb kaufen sie Ratgeber. **3.** Geld macht weder glücklich noch unglücklich. **4.** Sie erfüllte sich ihre Wünsche: Sie kaufte sich eine Wohnung, reiste, kündigte ihren Job und gab Freunden Geld. **5.** Sie langweilt sich. **6.** Dass die Menschen das Glück nicht finden, liegt an ihnen selbst. Sie haben schon alles und wollen trotzdem mehr. Sie sind nicht zufrieden mit dem, was sie haben.

A 6 **1.** sehnen **2.** suchen **3.** erfüllen **4.** kaufen **5.** verfolgen **6.** führen

A 8 **1.** Einer Studie zufolge/Laut Studie/einer Studie verbringen die Deutschen ihren Urlaub am liebsten im eigenen Land. **2.** Einem Artikel der FAZ zufolge/Laut Artikel der FAZ/eines Artikels der FAZ können Mäuse singen. **3.** Einem Spiegel-Bericht zufolge/Laut Spiegel-Bericht/eines Spiegel-Berichtes wurde der ehemalige Spion vergiftet.

A 10 **a)** **1.** Fliegenpilz **2.** vierblättriges Kleeblatt **3.** Schornsteinfeger **4.** Schwein **4.** Hufeisen **6.** Marienkäfer
b) **1.** das Kleeblatt **2.** das Hufeisen **3.** das Schwein **4.** der Fliegenpilz **5.** der Schornsteinfeger **6.** der Marienkäfer

A 12 **a)** **1.** richtig **2.** falsch **3.** richtig **4.** falsch **5.** falsch **6.** falsch
b) **1.** Beziehungen **2.** Durchschnitt **3.** Umfragen **4.** Anteil **5.** Unterschiede **6.** Bedingungen, Karriere **7.** Druck **8.** Vergleich **9.** Nachteil **10.** Depressionen **11.** Zufriedenheit **12.** Freude
c) **1.** arbeitet, veröffentlicht **2.** gibt **3.** ausüben **4.** empfinden **5.** Mögen

Hörtext:

Moderator: Herzlich willkommen zu unserer Sendung „Ratschläge für jeden Tag." Heute ist unser Thema: Glück und Zufriedenheit. Unser Gast ist Frau Dr. Mitschke, guten Tag.

Dr. Mitschke: Guten Tag.

Moderator: Frau Mitschke, Sie arbeiten als Psychologin und haben schon einige Bücher zum Thema Glück und Zufriedenheit veröffentlicht. Sind Sie selbst glücklich?

Dr. Mitschke: Ja, ich liebe meine Arbeit, deshalb bin ich glücklich. Aber ich denke, so geht das den meisten Menschen, die einen Beruf ausüben, den sie mögen.

Moderator: Was also ist für Sie Glück – Arbeit?

Dr. Mitschke: Eine Arbeit zu haben, die man gern macht, das ist sehr wichtig. Sie gibt einem das Gefühl, dass man etwas Nützliches tut. Wichtig sind aber auch die Beziehungen zu anderen Menschen, Familie, Partner, Kinder.

Moderator: Können Sie unseren Zuhörern sagen, welche äußeren Bedingungen noch notwendig sind, um ein glückliches Leben zu führen? Arbeit nannten Sie ja schon. Wie ist es mit dem Geld?

Dr. Mitschke: Materieller Wohlstand ist auf gar keinen Fall das Wichtigste. Man kann natürlich sagen, dass im Durchschnitt reiche Menschen glücklicher sind als arme Menschen. In den USA und in Großbritannien gaben bei verschiedenen Umfragen 40 % der reichen Leute an, dass sie glücklich sind, bei den armen waren es nur 28 %. Aber interessant ist, dass sich dieser Anteil der Glücklichen in den letzten 50 Jahren nicht verändert hat. Also: Obwohl die westlichen Industrienationen immer reicher werden, wird die Gesellschaft insgesamt nicht glücklicher.

Moderator: Spielt die Politik beim Glücklichsein eine Rolle?

Dr. Mitschke: Ja, Vergleichsstudien zeigen, dass es den Menschen in Gesellschaften, in denen der Einzelne etwas zählt und mitbestimmen kann, also in einer Demokratie, besser geht als zum Beispiel in einem autoritären System.

Moderator: Sind Frauen glücklicher als Männer?

Dr. Mitschke: Nein, da gibt es keine großen Unterschiede.

Moderator: Welche Rolle spielt das Alter beim Glücklichsein?

Dr. Mitschke: Ganz jungen Erwachsenen und älteren Menschen geht es offenbar am besten, wie unsere Untersuchungen zeigen. Zwischen 25 und 45 scheinen wir weniger glückliche Jahre zu haben. Vermutlich liegt das an den äußeren Bedingungen, die uns dann belasten: Kinder, Kredite, Karriere und so weiter. In diesem Alter ist der Druck, etwas zu erreichen, besonders groß, vor allem der Druck, den wir uns selbst machen: Das Streben nach immer mehr Erfolg, der Vergleich mit den anderen ist auch ein Teil des Drucks.

Moderator: Muss man nicht auch Glück haben, um glücklich zu werden?

Dr. Mitschke: Sicher, wenn man Glück hat, ist das kein Nachteil fürs Leben. Trotzdem kennen wir viele Menschen, die zeigen, dass zufälliges Glück und zufälliger Erfolg allein noch nicht glücklich machen. Nehmen Sie zum Beispiel Filmstars, die können Erfolg und Anerkennung haben und versinken trotzdem in Depressionen. Auf der anderen Seite gibt es Menschen, von denen man sagt oder denkt, dass sie kein Glück im Leben haben, zum Beispiel Menschen mit einer Behinderung. Aber viele Behinderte empfinden in ihrem Leben genauso Freude und Glück wie nicht behinderte Menschen. Also, das zufällige Glück ist eben nur eine äußere Bedingung, die nicht automatisch zu mehr Zufriedenheit oder Freude am Leben führt.

Moderator: Welchen Tipp geben Sie unseren Zuhörerinnen und Zuhörern mit auf den Weg?

Dr. Mitschke: Glück ist für mich die Freude am eigenen Leben. Je lieber jemand so lebt, wie er lebt, desto glücklicher ist er. Also: Mögen Sie das, was Sie tun – das ist meiner Meinung nach die wichtigste Voraussetzung für ein glückliches Leben.

A 15 **1.** richtig **2.** richtig **3.** falsch **4.** falsch **5.** falsch **6.** richtig **7.** richtig **8.** falsch

Hörtext:

Moderator: Guten Morgen, liebe Zuhörerinnen und liebe Zuhörer. Wir sprechen heute über ein ganz besonderes Thema: Menschliche Eigenschaften und Sympathie. Als Gast möchte ich gerne die Psychologin und Autorin Caroline Berger begrüßen.

Frau Berger: Guten Morgen.

Moderator: Frau Berger, Sie haben sich intensiv mit dem Thema Eigenschaften befasst, schreiben Artikel für diverse Fachzeitschriften und arbeiten unter anderem für eine Unternehmensberatung, die Mitarbeiter in Firmen unterstützt, ihre positive Wirkung auf andere zu verbessern. Was muss man machen, um zum Beispiel im beruflichen Umfeld gut anzukommen?

Frau Berger: Vielleicht beginne ich mal etwas allgemeiner: Beim Kontakt zwischen Personen, egal ob im privaten oder beruflichen Kontext, geht es oft um Sympathie, also um die Frage, ist mir mein Gegenüber sympathisch oder nicht. Auch wir selbst wollen natürlich als sympathisch wahrgenommen werden, denn auf der Basis von Sympathie kann man leichter miteinander kommunizieren und besser zusammenarbeiten. Nun sagen viele: Ich bin so wie ich bin, vielleicht findet mich die oder der andere sympathisch, vielleicht nicht. Daran kann ich sowie nichts ändern. Aber das ist, vor allem im beruflichen Umfeld, ein Fehler.

Moderator: Warum?

Frau Berger: Ich bin fest davon überzeugt, dass wir unsere Wirkung auf andere bestimmen können. Es gibt in der Zwischenzeit viele wissenschaftliche Studien darüber, welche Eigenschaften und Verhaltensweisen Personen sympathisch wirken lassen.

Moderator: Darf ich raten: Attraktivität und Intelligenz?

Frau Berger: Das denken viele. Und natürlich sind das auch Punkte, die eine positive Wirkung haben können. Neuere Untersuchungen haben aber gezeigt, dass es um andere Eigenschaften geht. Ehrlichkeit, Transparenz und Verständnis für andere Menschen spielen bei der Sympathie eine größere Rolle.

Moderator: Könnten Sie das für unsere Zuhörer und Zuhörerinnen etwas näher beschreiben und vielleicht ein paar Tipps geben, wie man noch sympathischer wirken kann?

Frau Berger: Ja, gerne. Es gibt ein paar ganz einfache Verhaltensweisen, die Menschen sympathisch machen. Ganz wichtig sind dabei Interesse und Aufmerksamkeit. Das beinhaltet, dass man in einem Gespräch wirklich zuhört und offene Fragen stellt. Und, dass das Smartphone während eines Gesprächs in der Tasche bleibt und man nicht nebenbei schnell mal auf das Handy blickt. Aufrichtigkeit und Ehrlichkeit sind ebenfalls wichtige Eigenschaften. Konkret heißt das, dass man seine Meinung nicht ständig ändert, sondern sie mit guten Argumenten vertritt. Natürlich muss man auch offen für neue Ideen und Gedanken sein und darüber nachdenken, ob andere vielleicht doch recht haben. Freundlichkeit und ein bisschen Zurückhaltung wirken ebenfalls positiv. Menschen, die sich immer in den Vordergrund schieben, erzielen auf Dauer eher eine gegenteilige Wirkung.

Moderator: Was ist mit einem netten Lächeln?

Frau Berger: Lächeln gehört zur Körpersprache und sorgt für positive Gefühle, genauso wie ein fester Handschlag und eine aufrechte Körperhaltung. Das Lächeln darf aber kein falsches Lächeln sein. Man sollte auch abwehrende Gesten wie verschränkte Arme vermeiden.

Moderator: Sie nannten zu Beginn des Gesprächs das Wort Verständnis.

Frau Berger: Ja. Wir sprechen hier unter anderem von Hilfsbereitschaft und Mitgefühl. Hilfsbereitschaft sollte natürlich nicht bedeuten, dass man für andere alles macht. Vielleicht sagen wir besser: Man sollte Interesse und Verständnis für andere zeigen und sie als Persönlichkeit ernst nehmen.

Moderator: Das klingt doch nicht so einfach. Ich denke, in manchen Situationen braucht man auch ein bisschen Lebenserfahrung.

Frau Berger: Nein, einfach ist es sicher nicht. Aber man kann mit einzelnen Verhaltensweisen anfangen. Schon wenn man im Gespräch das Handy in der Tasche lässt, freundlich lächelt und aktiv zuhört, kann man sehen, wie schnell sich die eigene Wirkung positiv verändert.

A 16 a) **1.** als sympathisch wahrgenommen werden **2.** an etwas nichts ändern können **3.** jemandem gut zuhören **4.** offene Fragen stellen **5.** auf das Handy blicken **6.** die eigene Meinung nicht ständig ändern **7.** sich in den Vordergrund schieben **8.** eine gegenteilige Wirkung erzielen **9.** für positive Gefühle sorgen **10.** abwehrende Gesten vermeiden **11.** Interesse und Verständnis für andere zeigen
b) **1.** Auf der Basis von Sympathie kann man leichter miteinander kommunizieren und besser zusammenarbeiten. **2.** Wir können unsere Wirkung auf andere selbst bestimmen. **3.** Nach neueren Untersuchungen spielen Eigenschaften wie Ehrlichkeit, Transparenz und Verständnis bei der Sympathie eine große Rolle. **4.** Es gibt ein paar ganz einfache Verhaltensweisen, die Menschen sympathisch machen. **5.** Ganz wichtig sind dabei Interesse, Aufmerksamkeit, Ehrlichkeit und Aufrichtigkeit. **6.** Das Smartphone muss während eines Gesprächs in der Tasche bleiben. **7.** Man sollte die eigene Meinung mit guten Argumenten vertreten. **8.** Man muss aber auch über die Vorschläge anderer nachdenken. **9.** Die Körpersprache ist ebenfalls von Bedeutung. **10.** Dazu gehören ein freundliches Lächeln, ein fester Handschlag und eine aufrechte Körperhaltung.
c) **1.** die Attraktivität **2.** die Intelligenz **3.** die Ehrlichkeit **4.** die Transparenz **5.** das Verständnis **6.** das Interesse **7.** die Aufmerksamkeit **8.** die Aufrichtigkeit **9.** die Freundlichkeit **10.** die Zurückhaltung **11.** die Hilfsbereitschaft **12.** das Mitgefühl
d) unattraktiv, unintelligent, unehrlich, intransparent, verständnislos, uninteressiert/desinteressiert, unaufmerksam, unaufrichtig, unfreundlich
e) **1.** taktlos **2.** selbstsüchtig **3.** hinterhältig **4.** gefühllos **5.** kontaktfreudig **6.** gelangweilt

A 17 **(Mögliche Adjektive) A:** ausgeglichen, aktiv, anpassungsfähig **B:** belastbar, begeisterungsfähig, beharrlich **C:** charismatisch, charmant **D:** dynamisch, diplomatisch, diskussionsfreudig **E:** ehrgeizig, ernst, erfolgsorientiert, einfühlsam, emotional **F:** freundlich, fröhlich, flexibel **G:** großzügig, gutmütig, geduldig, gewissenhaft **H:** hilfsbereit, humorvoll, **I:** innovativ, ideenreich, intelligent **J:** jugendlich **K:** konstruktiv, kontaktfreudig, kollegial, kommunikativ, kreativ **L:** loyal, lernbereit, lösungsorientiert **M:** motiviert, mutig **N:** nett, natürlich, neugierig **O:** offen, optimistisch, ordentlich **P:** pflichtbewusst, phantasievoll, pragmatisch **Q:** qualifiziert **R:** risikobereit, ruhig, rücksichtsvoll **S:** selbstbewusst, schnell, spontan **T:** tolerant, teamfähig, temperamentvoll **U:** umsichtig, umgänglich **V:** verantwortungsbewusst, vertrauenswürdig, verständnisvoll **W:** weltoffen, wissbegierig **Z:** zielstrebig, zuverlässig

A 19 **1.** wichtigste **2.** gesamte **3.** abwechslungsreiche **4.** zahlreiche **5.** kommunikative **6.** professionell **7.** pragmatisch **8.** abgeschlossene

A 20 **1.** Sprecherin 2; **2.** Sprecher 1; **3.** Sprecherin 2; **4.** Sprecher 3; **5.** Sprecher 3; **6.** Sprecher 1
Hörtexte:

Sprecher 1: Mein Problem ist, dass ich sehr wenig Zeit für meine Familie habe. Ich komme gegen 19.00 Uhr müde nach Hause und möchte mich entspannen, aber ich kann es nicht. Mein kleiner Sohn will mit mir spielen und meine Frau möchte sich mit mir unterhalten. Ich weiß, dass meine Familie mehr Zeit verdient, und es stresst mich, dass ich ihren Erwartungen nicht entsprechen kann, aber sie müssten mich auch verstehen. Wenn mein Chef mich fragt, ob ich heute länger im Büro bleiben kann, traue ich mich nicht, Nein zu sagen.

Sprecherin 2: Jedes Mal, wenn ich eine Fremdsprache sprechen muss, bin ich gestresst. Mit diesem Stress kann ich gar nicht umgehen. Zum Beispiel war ich letzten Freitag auf einer Party, zu der auch viele Franzosen eingeladen waren. Ich lerne seit drei Jahren Französisch und ich mag die Sprache, trotzdem finde ich es schwer, mich mit Franzosen zu unterhalten. Obwohl ich im Sprachkurs solche Gespräche geübt habe, war ich am Freitag sehr angespannt. Plötzlich hatte ich alles, was ich gelernt habe, vergessen. Zum Glück waren die Leute auf der Party sehr nett, und nach einem Glas Wein konnte ich schon besser sprechen, aber diese ersten Minuten haben bei mir solch einen Stress erzeugt, dass ich weggehen wollte.

Sprecher 3: Also, ich habe kein besonderes Problem, bei mir löst einfach alles Stress aus. Am schlimmsten ist es, dass ich mit dem Stress überhaupt nicht umgehen kann. Deshalb habe ich oft Kopf- und Bauchschmerzen. Wenn der Zug eine Verspätung hat, wenn ich eine Präsentation geben muss, wenn zu Hause etwas kaputtgeht, könnte ich vor Stress explodieren. Ich weiß, dass es keine gesunde Einstellung ist, aber ich glaube, ich bin nervös geboren und daran kann ich leider nichts ändern.

A 22 Ich kann stressige Situationen überhaupt nicht bewältigen. Ich leide selten unter Stress. Bei mir erzeugt alles/vieles Stress. Ich bin immer gestresst. Ich kann Stress gut abbauen. Die meisten Probleme verursachen bei mir großen Stress. Ich kann mich leicht/gut entspannen. Fast alles löst bei mir Stress aus. Ich lasse mich leicht von anderen Menschen unter Druck setzen.

A 23 c) **1.** Sie möchten Konflikte vermeiden. **2.** Sie äußern ihre Meinung nicht. **3.** Sie überfordern sich. **4.** Sie haben Angst, anderen Menschen weh zu tun. **5.** Sie tun, was andere von ihnen erwarten.

A 24 **1.** Untersuchungen **2.** Rolle **3.** Arbeitsplatz **4.** Lösungen **5.** Kosten **6.** Folgen

A 25 **(Beispielsätze) 1.** Sie könnten die Faktoren, die die Stressreaktion auslösen, vermindern. Kaufen Sie z. B. einen anderen Bürostuhl oder entfernen Sie den lärmenden Kopierer aus dem Büro. **2.** Sie sollten lieber einen Konflikt oder eine Ablehnung riskieren, als sich selbst unter Druck zu setzen. **3.** Ich schlage Ihnen vor, dass Sie die Anspannung durch körperliche Bewegung abbauen. Sie könnten Sport treiben oder einen Spaziergang machen. **4.** Sie sollten sich beruhigen. Ich schlage Ihnen vor, eine Atem- oder Entspannungsübung zu machen. **5.** Sie könnten sich durch Lachen entspannen. Vielleicht sollten Sie Comichefte lesen oder mit netten Menschen sprechen.

A 30 **1. a)** Ich bin wegen des unzuverlässigen Paketzustellers gestresst. **b)** Ich bin gestresst, weil der Paketzusteller unzuverlässig ist. **2. a)** Ich bin wegen des Lärms im Nachbarhaus gestresst. **b)** Ich bin gestresst, weil im Nachbarhaus so viel Lärm ist/weil es im Nachbarhaus so laut ist/weil die Nachbarn so viel Lärm machen. **3. a)** Ich bin wegen der Schlange am Ticketautomaten gestresst. **b)** Ich bin gestresst, weil am Ticketautomaten so eine lange Schlange ist/steht/weil so viele Menschen am Ticketautomaten stehen. **4. a)** Ich bin wegen des täglichen Verkehrschaos gestresst. **b)** Ich bin gestresst, weil der Verkehr jeden Tag so chaotisch ist. **5. a)** Ich bin wegen des frühen Abgabetermins für die Arbeit gestresst. **b)** Ich bin gestresst, weil der Abgabetermin für die Arbeit so früh ist. **6. a)** Ich bin wegen des Fehlers in der Kostenaufstellung gestresst. **b)** Ich bin gestresst, weil ein Fehler in der Kostenaufstellung ist.

B 2 Rache: jemand rächt sich

B 6 **1.** falsch **2.** falsch **3.** falsch **4.** richtig **5.** richtig **6.** falsch **7.** richtig

B 7 **1.** b **2.** b **3.** a **4.** a

B 8 **1.** jemandem ein Kompliment machen **2.** sich versöhnen **3.** ist gut **4.** auslösen **5.** Bereicherung **6.** jemanden kritisieren **7.** jemandem nicht verzeihen **8.** der Konflikt

B 9 **1.** zwischen **2.** um **3.** an **4.** über **5.** an **6.** Im, in, vor

C 1 **1.** mit + Dativ **2.** über + Akkusativ **3.** auf + Akkusativ **4.** bei + Dativ **5.** zu + Dativ **6.** für + Akkusativ **7.** von + Dativ

C 2 **1.** zu **2.** mit **3.** für **4.** auf **5.** von

C 3 **1.** böse auf **2.** neugierig auf **3.** zufrieden mit **4.** interessiert an **5.** begeistert von **6.** wütend auf **7.** beliebt bei **8.** freundlich zu **9.** erstaunt über

C 4 **a)** Ich warte auf …, freue mich auf …/über …, interessiere mich für …, fürchte mich vor …, träume oft von …, erinnere mich gern an …, achte sehr auf …, denke immer an …, ärgere mich über …
b) 1. von **2.** mit **3.** über **4.** worüber **5.** Wofür **6.** an, an **7.** mit, über **8.** an **9.** worauf, wovor **10.** von, von

C 5 **(Beispielsätze) 1. a)** Vielleicht hat Kathrins Zug Verspätung. **b)** Es könnte sein, dass Kathrins Zug Verspätung hat. **2. a)** Das Auto von Martin wird mal wieder kaputt sein. **b)** Ich vermute, dass das Auto von Martin mal wieder kaputt ist. **3. a)** Heiner könnte noch beim Bäcker sein und frische Brötchen holen. **b)** Ich glaube, dass Heiner noch beim Bäcker ist und frische Brötchen holt. **4. a)** Wahrscheinlich joggt Fritz noch durch den Park. **b)** Es könnte sein, dass Fritz noch durch den Park joggt.

C 6 **1.** Das Hotel hatte nicht nur einen Swimmingpool, sondern man konnte dort auch gut essen. **2.** Der Kühlschrank hat nicht nur ein modernes Design, sondern er ist auch umweltfreundlich. **3.** Die Bedienungsanleitung ist nicht nur kurz, sondern sie ist auch verständlich geschrieben. **4.** Erfolgreiche Werbung macht das Produkt nicht nur bekannt, sondern sie erhöht auch die Beliebtheit des Produkts.

C 7 **1.** Martina kann weder Englisch sprechen noch hat sie Computerkenntnisse. **2.** Die Firma hatte weder ein gutes Sortiment noch einen guten Service. **3.** Der Arbeitgeber bot ihr weder ein gutes Gehalt noch Karrieremöglichkeiten. **4.** Wir konnten weder spazieren gehen noch im Meer schwimmen. **5.** Er kann weder Fahrrad fahren noch hat er einen Führerschein. **6.** In meinem neuen Büro war weder ein Schrank noch funktionierte der Computer. **7.** Im Restaurant „Zum Anker" kann man weder bequem sitzen noch gut essen. **8.** Der Reiseleiter kannte weder die Geschichte des Ortes noch sprach er Spanisch. **9.** Ich werde heute Abend weder an dem Projekt arbeiten noch mit dir in die Kneipe gehen.

C 8 **1. a)** Trotz des schlechten Wetters fand der Wettkampf statt. **b)** Wegen des schlechten Wetters wurde der Wettkampf abgesagt. **2. a)** Trotz des Straßenlärms konnte ich mich gut konzentrieren. **b)** Wegen des Straßenlärms musste ich die Arbeit beenden. **3. a)** Trotz der niedrigen Preise konnten wir das Produkt nicht verkaufen. **b)** Wegen der niedrigen Preise wurde das Produkt ein Verkaufserfolg. **4. a)** Trotz seines Erfolges war er nicht glücklich. **b)** Wegen seines Erfolges war er stolz auf sich. **5. a)** Trotz seiner Erkältung gab der Sänger ein hervorragendes Konzert. **b)** Wegen seiner Erkältung musste der Sänger das Konzert abbrechen. **6. a)** Trotz der hohen Personalkosten erzielte die Firma in diesem Jahr einen Gewinn. **b)** Wegen der hohen Personalkosten machte die Firma in diesem Jahr Verluste. **7. a)** Trotz des fleißigen Trainings konnte sie keine Medaille gewinnen. **b)** Wegen des fleißigen Trainings errang sie die Silbermedaille. **8. a)** Trotz der Maßnahmen der Regierung verbesserte sich die Lage auf dem Arbeitsmarkt nicht. **b)** Wegen der Maßnahmen der Regierung sank die Zahl der Arbeitslosen. **9. a)** Trotz der vielen Gespräche fand man keine Lösung. **b)** Wegen der vielen Gespräche wurde das Betriebsklima besser.

C 9 **1. a)** Obwohl Marianne im Lotto gewonnen hat, ist sie nicht glücklich. **b)** Marianne hat im Lotto gewonnen, trotzdem ist sie nicht glücklich. **2. a)** Weil viele Menschen nach dem Glück suchen, kaufen sie Ratgeber. **b)** Viele Menschen suchen nach dem Glück, deshalb kaufen sie Ratgeber. **3. a)** Weil Martina in der Schule gute Noten hat, ist Martinas Mutter sehr stolz. **b)** Martina hat in der Schule gute Noten, Martinas Mutter ist deshalb sehr stolz. **4. a)** Obwohl der Nachbar jede Nacht Schlagzeug übt, kann Joachim sehr gut schlafen. **b)** Der Nachbar übt jede Nacht Schlagzeug, Joachim kann trotzdem sehr gut schlafen. **5. a)** Weil die neue Kollegin sehr neugierig ist, ärgert sich Franziska über sie. **b)** Die neue Kollegin ist sehr neugierig, deshalb ärgert sich Franziska über sie. **6. a)** Obwohl Frau Krüger gestern Abend mit ihrem Chef Tango tanzen war, ist Herr Krüger nicht eifersüchtig. **b)** Frau Krüger war gestern Abend mit ihrem Chef Tango tanzen, trotzdem ist Herr Krüger nicht eifersüchtig. **7. a)** Viele junge Menschen besitzen mehrere Handys, obwohl man nur ein Gerät zum Telefonieren braucht. **b)** Man braucht nur ein Gerät zum Telefonieren, trotzdem besitzen viele junge Menschen mehrere Handys.

C 10 **1.** Matthias und Katja haben sich während des Polnischkurses kennengelernt. **2.** Gabi und Friedrich haben sich während einer Dienstreise nach Kenia kennengelernt. **3.** Thea und Kasper haben sich während der Fußballweltmeisterschaft kennengelernt. **4.** Tanja und Markus haben sich während des Studiums kennengelernt.

C 11 **1.** Man kann sich mithilfe der Medien über Aktualitäten informieren. **2.** Man kann mithilfe einer guten Lehrerin/eines Lehrbuches/des Internets effizient eine Fremdsprache lernen. **3.** Man kann mithilfe eines guten Therapeuten/kurzer Entspannungsübungen Stress abbauen. **4.** Man findet mithilfe eines Navigationssystems/eines Stadtplans schnell eine Straße in einer fremden Stadt.

C 12 **1.** innerhalb **2.** innerhalb **3.** Während **4.** Trotz **5.** Trotz **6.** Mithilfe **7.** Laut **8.** Wegen **9.** Außerhalb **10.** Während **11.** Laut **12.** außerhalb **13.** Innerhalb **14.** Wegen

C 13 **1.** für **2.** beim **3.** Beim **4.** an **5.** zufolge **6.** vor **7.** ohne **8.** vor **9.** auf

8 Essen und trinken

A 3 **1.** Moderator **2.** Frau Sommer **3.** Herr Albrecht **4.** Frau Sommer **5.** Herr Albrecht **6.** Moderator **7.** Herr Albrecht **8.** Frau Sommer

Hörtext:

Moderator: Zu unserem Gespräch über gesunde Ernährung begrüße ich heute ganz herzlich Frau Dr. Sommer von der Weltgesundheitsorganisation und Thomas Albrecht vom Bundesbildungsministerium. Nach sechs Wochen Sommerferien heißt es nun für rund zehn Millionen Kinder und Jugendliche in Deutschland wieder früh aufstehen und in die Schule gehen. In der morgendlichen Hektik fehlt jedoch in vielen Familien die Zeit für ein gemeinsames Frühstück. Jedes vierte Kind verlässt das Haus ohne Frühstück, das jedenfalls sagen die neuesten Untersuchungen.

Frau Sommer: Ja, das stimmt. Und die Untersuchungen sagen auch, dass Kinder aus armen Familien häufiger als andere ohne Frühstück in die Schule gehen.

Herr Albrecht: Vielleicht sollte man hinzufügen, dass bei den 15-Jährigen der Anteil derjenigen, die nicht frühstücken, noch viel höher ist. Wir reden hier von ca. 50 Prozent. Es gibt also auch einen Zusammenhang zwischen Alter und ungesunder Ernährung.

Moderator: Welche Folgen kann das für die Kinder und Jugendlichen haben?

Frau Sommer: Kinder und Jugendliche, die nicht frühstücken, sind viel unkonzentrierter im Unterricht und zeigen im Allgemeinen schlechtere Schulleistungen. Außerdem kommt es bei der nächsten Mahlzeit, also beim Mittagessen, oft zu einem „Überessen“ und wenn man zu viel beim Mittagessen isst, besteht die Gefahr von Übergewicht.

Herr Albrecht: Einige Kinder halten gar nicht bis zum Mittagessen durch, sondern greifen schon in der ersten Pause zu Süßigkeiten.

Moderator: Ich könnte mir vorstellen, dass Eltern, die Stress im Beruf haben, sich nicht die Zeit nehmen können, mit ihren Kindern gemeinsam zu frühstücken.

Herr Albrecht: Ja, das ist ein oft genannter Grund. Aber diese Eltern behindern damit die Entwicklung ihrer eigenen Kinder. Schon mit kleinen Änderungen im Familienalltag am Morgen lässt sich viel erreichen. Eltern sollten mit gutem Beispiel vorangehen: Statt nur hektisch einen Schluck Kaffee zu trinken, sollten sie sich einfach 10 oder 15 Minuten mit ihren Kindern an den Esstisch setzen. So viel Zeit muss sein, auch bei dem stressigsten Job!

Moderator: Wie sieht das perfekte Frühstück aus?

Frau Sommer: Zu einem vollwertigen Frühstück gehören: Milchprodukte, also Milch, Joghurt, Quark und Käse, dann Vollkornbrot oder Brötchen, natürlich Obst oder wenigstens Obstsaft, am besten frisch gepresst, ab und zu ein Ei, Süßes gehört natürlich auch dazu, zum Beispiel Marmelade oder Honig und die Getränke, z. B. Früchtetee, Milch oder Kakao. Für jüngere Schulkinder ist Kalzium sehr wichtig, weil die Kinder noch wachsen. Kalzium ist gut für die Zähne und die Knochen.

Moderator: Und wie kann man das Kalzium zu sich nehmen?

Frau Sommer: Kalzium ist in Käse und anderen Milchprodukten reichlich vorhanden. Käse enthält außerdem Magnesium und wertvolle Vitamine.

Moderator: Was sollen die Eltern machen, wenn das Kind am Morgen einfach keinen Appetit hat?

Frau Sommer: Je interessanter das Frühstück abläuft, desto eher kommt zur ersten Mahlzeit des Tages Freude auf. Manchmal helfen auch kleine Tricks, zum Beispiel buntes Geschirr in den Lieblingsfarben des Kindes. Denn, wie heißt das Sprichwort: Das Auge isst mit.

Moderator: Vielen Dank für das Gespräch.

A 4 **1.** Glas **2.** Jahrhundert **3.** Morgentrunk **4.** Mahlzeit **5.** Abendessen **6.** Gewürzen **7.** Ländern **8.** Reichtum **9.** Volk **10.** Besteck

A 6 **Kühe:** im alten Griechenland, **Reis:** in Korea, **Getreide:** bis 1917 in Russland, **Salz:** bis zum 19. Jh. in Nordafrika, **Muscheln:** in Indien, China und Afrika, **Mandeln:** in Indien; **getrocknete Fische:** in Island; **Tomaten und Käse:** wurden nie als Zahlungsmittel benutzt (nach: Duden, 100 000 Sachen – Das große Buch der Allgemeinbildung)

A 7 A – **Süßigkeiten:** die Schokolade, die Bonbons (*Pl.*), die Gummibärchen (*Pl.*); B – **Geschirr:** das Glas, der Teller, die Tasse; C – **Getreideprodukte:** der Reis, die Spaghetti (*Pl.*), die Hirse; D – **Hülsenfrüchte:** die Erbsen (*Pl.*), die Linsen (*Pl.*), die Bohnen (*Pl.*); F – **Obst:** die Banane, der Apfel, die Birne; G – **Fisch:** der Aal, der Lachs, die Forelle; H – **Erfrischungsgetränke:** das Mineralwasser, der Obstsaft, die Cola; I – **Gemüse:** die Tomate, die Gurke, die Möhre; J – **Wurst:** der Schinken, die Salami, die Mortadella; K – **Fleisch:** der Gänsebraten, der Rinderbraten, der Schweinebraten; L – **alkoholische Getränke:** das Bier, der Wein, der Schnaps; M – **Backwaren:** das Brötchen, das Brot, der Kuchen; N – **Gewürze:** der Pfeffer, das Salz, der Knoblauch; O – **Milchprodukte:** der Joghurt, der Quark, der Käse; P – **Kräuter:** die Petersilie, der Schnittlauch, der Dill

A 8 **b)** Gemüse waschen, schneiden, putzen, schälen; Kuchen backen; Fleisch anbraten/braten, grillen, kochen; Kräuter hacken, trocknen; Salat waschen und trocknen; Wasser kochen; ein Steak anbraten/braten, grillen; die Suppe kochen, umrühren

A 9 **1.** Schälen **2.** hacken **3.** Schneiden **4.** würzen **5.** Braten an **6.** Geben **7.** lassen

A 11 **1.** 4 **2.** 3 **3.** 1 oder 6 **4.** 2 **5.** 5 **6.** 8 **7.** 7

A 12 **Ratskeller:** Art: gutbürgerliche, bezahlbare Küche; Einrichtung: rustikale, dunkle Holzmöbel, alte Bilder an der Wand; Service: freundlich und schnell; Essen: teils sehr gut, teils weniger gut; **Restaurant Kaiser:** Art: Feinschmecker-Restaurant, gehobene Preisklasse; Einrichtung: modern und bequem; Service: hervorragend; Essen: ausgezeichnet, Spitzenklasse; **Restaurant Don Giovanni:** Art: italienische Küche; Einrichtung: traumhaft, Glasdecke, viele Pflanzen; Service: unfreundlich und langsam; Essen: teils gut, teils weniger gut

A 13 a) **1.** Restaurant **2.** Altstadt **3.** Eigentümer **4.** Dienste **5.** Bekanntheit **6.** Jahrhundert **7.** Dichter **8.** Studiums **9.** Teufels **10.** Geschichte **11.** Räumlichkeiten **12.** Wandbildern **13.** Motive **14.** Hauptattraktion

A 16 **1.** Einen guten Rutsch! **2.** Glückliches neues Jahr!/Gesundes neues Jahr! **3.** Gute Besserung! **4.** Gesundheit! **5.** Toi, toi, toi!/Ich drücke dir die Daumen!/Viel Glück! **6.** Gute Reise!/Gute Fahrt! **7.** Kommt gut nach Hause! **8.** Herzlichen Glückwunsch! **9.** Frohe Ostern! **10.** Frohes Fest! **11.** Guten Appetit! **12.** Zum Wohl! **13.** Hals- und Beinbruch! **14.** Lasst euch nicht unterkriegen!

B 2 **1.** Kekse **2.** Schokolade **3.** Fruchtgummi

B 5 a) **1.** b **2.** c **3.** b **4.** b **5.** c
b) **1.** herstellten **2.** hinterließen **3.** entdeckte/fand **4.** fanden **5.** stellten dar **6.** kannten **7.** bereiteten zu **8.** hatte **9.** schmeckte **10.** veränderten **11.** tranken **12.** entstand **13.** produzierte **14.** begann **15.** entwickelte **16.** erfanden

Gesamtwiederholung

C 1 **1.** mitgebracht **2.** gesessen **3.** gewusst **4.** begonnen **5.** umgezogen **6.** abgeschlossen **7.** stattgefunden **8.** erfunden

C 2 **1.** an **2.** zum **3.** auf/über **4.** vor **5.** Um **6.** zu **7.** nach **8.** von

C 3 **Nomen auf *-e*:** die Liebe, die Teilnahme; **Nomen, die vom Verb kommen und ein *-t* anhängen:** die Abfahrt, die Fahrt; **Nomen, die vom Verb kommen und keine Endung haben:** der Druck, der Unterricht, der Gewinn, der Beginn; **Nomen, die vom Verb im Infinitiv kommen:** das Essen, das Treffen; **Geräte auf *-er*:** der Drucker, der Fernseher; **Nomen auf *-ung*:** die Erfindung, die Wohnung

C 4 a) **1.** c **2.** d **3.** a **4.** b
b) **1.** in **2.** am **3.** Im **4.** beim **5.** am, um **6.** während **7.** Im

C 5 a) **1.** behandelt/untersucht **2.** lehrt/unterrichtet/forscht **3.** vertritt **4.** gibt **5.** konstruiert/entwickelt **6.** gestaltet
b) **1.** entlassen **2.** niedriges **3.** selbstständig **4.** befristeten
c) **1.** tun **2.** sprechen **3.** ausrichten/sagen/übermitteln **4.** bitten **5.** erreichen

C 6 a) **1.** Soll **2.** Kann **3.** musst **4.** sollst **5.** musst **6.** mag **7.** Darf **8.** will
b) **1.** wollte **2.** konnte, musste **3.** solltest **4.** durfte **5.** mochte
c) **1.** kein Englisch zu sprechen **2.** keinen Führerschein zu haben **3.** nicht kommunikativ zu sein **4.** nicht im Team zu arbeiten

C 7 **1.** anzuziehen **2.** zu beenden **3.** zusammenbauen **4.** zu gehen **5.** zu bekommen **6.** essen **7.** zu glauben **8.** glauben

C 8 **1.** Patienten **2.** Kunden **3.** Mann **4.** Herrn **5.** Kollegen **6.** Polizisten

C 9 **(Beispielsätze)** **1.** Ich hätte gern noch einen Kaffee. **2.** Würden/Könnten Sie bitte das Fenster öffnen? **3.** Würden/Könnten Sie bitte das Dokument kopieren? **4.** Würdest/Könntest du bitte die E-Mail gleich beantworten? **5.** Würdet/Könntet ihr bitte eure Stundenübersicht rechtzeitig abgeben?

C 10 **(Beispielsätze)** **1.** Ich empfehle Ihnen, immer pünktlich zu sein. **2.** Sie sollten bei einem Geschäftsessen unverbindlichen Smalltalk machen. **3.** Ich empfehle Ihnen, den Gast mit „Sie“ anzusprechen. **4.** Sie sollten gut Englisch sprechen.

C 11 **1.** Könnte ich doch fließend Deutsch sprechen! **2.** Könnte ich doch besser kochen! **3.** Wäre ich doch reich! **4.** Hätte ich doch mehr Freizeit!

C 12 **1.** Wäre ich doch rechtzeitig zum Zahnarzt gegangen! **2.** Hätte er doch mehr gelernt! **3.** Hätte ich doch nicht so teure Schuhe gekauft! **4.** Hätte sie doch ihr Handy oder einen Stadtplan mitgenommen!

C 13 **1.** würde ich mich mehr um meine Familie kümmern. **2.** würde ich öfter spazieren gehen. **3.** würde ich mehr Bücher lesen. **4.** würde ich öfter kochen.

C 14 Ich, mir, ihm, ihm, ihm, mich, Sie, ihn

C 15 **1.** b **2.** e **3.** a **4.** c **5.** g **6.** d **7.** f

C 16 **1.** a) Der Verwaltungsleiter muss noch informiert werden. b) Nein, der Verwaltungsleiter ist schon informiert worden. **2.** a) Die Einladungen müssen noch verschickt werden. b) Nein, die Einladungen sind schon verschickt worden. **3.** a) Die Dokumente müssen noch kopiert werden. b) Nein, die Dokumente sind schon kopiert worden. **4.** a) Das Programm muss noch installiert werden. b) Nein, das Programm ist schon installiert worden. **5.** a) Die Daten müssen noch gespeichert werden. b) Nein, die Daten sind schon gespeichert worden. **6.** a) Der Terminplan muss noch erstellt werden. b) Nein, der Terminplan ist schon erstellt worden.

C 17 **1.** Ich lerne Deutsch, um mit Geschäftspartnern besser verhandeln zu können./damit ich mit Geschäftspartnern besser verhandeln kann. **2.** Peter bereitet sich gut vor, um eine eindrucksvolle Präsentation zu halten./damit er eine eindrucksvolle Präsentation hält. **3.** Der Direktor redet lange mit Klaus, damit Klaus über alles informiert ist. **4.** Das Essen in der Kantine wird verbessert, damit sich die Mitarbeiter wohler fühlen.

C 18 **1.** statt **2.** um **3.** statt **4.** ohne **5.** um **6.** ohne

C 19 **1.** den **2.** in der **3.** in die **4.** von dem **5.** das **6.** in das **7.** mit dem **8.** dem **9.** den **10.** deren

C 20 **1.** meisten **2.** schnellste **3.** teuerste **4.** längste **5.** kürzeste **6.** höchste

C 21 **1.** näher, teurer **2.** hochwertiger, höher **3.** deutlicher, besser **4.** weiter, wärmer

C 22 Eine aktuelle Studie unter deutschen Frauen und Männern ergab ein erstaunliches Resultat: Bis jetzt hatte man geglaubt, der Weg zum Herzen der geliebten Frau führt über einen wertvollen Diamanten. Doch die Ergebnisse der neuesten Umfrage sagen etwas anderes. Nur 7 Prozent der Frauen sehnen sich am Valentinstag nach einem teuren Schmuckstück. Ganz oben auf der Liste der beliebtesten Geschenke steht der Kuss. 43 Prozent würden sich über ein romantisches Essen freuen und 43 Prozent über eine leidenschaftliche Nacht. Bei den materiellen Wünschen belegen schöne Blumen Platz eins. Auch die deutschen Männer sind bescheiden. 49 Prozent wünschen sich eine entspannende Massage. Auf Platz zwei folgt der Kuss oder ein selbst gekochtes Essen.

C 23 **1.** spannender **2.** gelandete **3.** informierte **4.** gelöschten **5.** gekochtes **6.** überzeugendes **7.** gestiegenen **8.** veröffentlichte **9.** gesendete

C 24 **1.** zurückhaltend **2.** interessiert **3.** hilfsbereit **4.** freundlich **5.** mitfühlend

C 25 **1.** verabschiedeten sich **2.** kritisierte **3.** abgeschlossen **4.** gelöst

C 26 **1.** als **2.** wenn **3.** wenn **4.** als

C 27 **1.** Während **2.** Nachdem **3.** Als **4.** während **5.** Bevor **6.** Als **7.** Nachdem

C 28 **1.** bei **2.** zu, nach **3.** in den **4.** im **5.** zu **6.** am, auf dem **7.** an die **8.** im

C 29 **1.** für **2.** zu **3.** für **4.** in **5.** mit **6.** von **7.** bei

C 30 **1.** Während **2.** Trotz **3.** Laut **4.** Mithilfe **5.** Statt **6.** innerhalb

C 31 **1.** Obwohl **2.** deshalb **3.** trotzdem **4.** weil

C 32 **1.** mit **2.** Zum, auf **3.** zu **4.** für **5.** im, für **6.** mit, aus **7.** Für, am **8.** Im, mit **9.** ab, zum **10.** von, aus

A Anhang

Übungstest zur Prüfungsvorbereitung

LESEN

Teil 1: **1.** richtig **2.** richtig **3.** falsch **4.** falsch **5.** falsch **6.** falsch
Teil 2: **7.** a **8.** c **9.** a **10.** c **11.** a **2.** b
Teil 3: **13.** J **14.** G **15.** H **16.** A **17.** C **18.** I **19.** B
Teil 4: **20.** ja **21.** nein **22.** ja **23.** nein **24.** ja **25.** nein **26.** nein
Teil 5: **27.** c **28.** b **29.** b **30.** a

HÖREN

Teil 1: **Beispiel:** Barbara hört folgende Nachricht auf ihrer Voicemail: Hallo Barbara, hier ist Stephanie. Schade, dass ich dich nicht erreichen konnte. Ich wollte nur wissen, ob du heute Abend ins Fitnessstudio mitkommst. Ich könnte dich gegen halb acht zu Hause abholen, wenn du willst. Ruf mich bitte in jedem Fall zurück, auch wenn du nicht kommen kannst. Also, hoffentlich bis gleich. Tschau.
Text 1: Sie fahren auf der Autobahn und hören folgende Durchsage im Radio: Vorsicht für Autofahrer auf der A 5 Kassel Richtung Frankfurt. Zwischen Hattenbacher Dreieck und Alsfeld-Ost ist nach einem Unfall die linke Fahrbahn gesperrt. Es befinden sich noch immer Personen auf der Fahrbahn. 15 Kilometer Stau. Achtung: Das Stauende liegt in einer Kurve.
Text 2: Sie hören auf Ihrem Anrufbeantworter folgende Nachricht: Guten Tag, Ulrike Tarrasch hier, von der Firma Tempoline. Wir hatten für nächsten Mittwoch um 9.00 Uhr einen Termin vereinbart. Es tut mir wirklich leid, aber mir ist etwas dazwischengekommen und ich muss am Mittwoch freinehmen. Können wir uns vielleicht am Donnerstag um 13.00 Uhr treffen? Rufen Sie mich bitte zurück, sobald Sie diese Nachricht erhalten haben. Vielen Dank und auf Wiederhören.
Text 3: Sie rufen im Düsseldorfer Filmpalast an und hören folgende Ansage: Guten Tag! Im Moment haben wir leider geschlossen. Unsere Kasse ist täglich von 13.30 bis 22.30 Uhr geöffnet. Wenn Sie sich über die Vorstellungen informieren möchten, drücken Sie nun die Taste 1 oder besuchen Sie unsere Website. Die Reservierung von Karten ist außerhalb der Kassenöffnungszeiten nur über unsere Website möglich.
Text 4: Sie sind in einem Museum und hören folgende Durchsage: Liebe Besucherinnen und Besucher! Die nächste Führung mit dem Titel „Alte Ideen – moderne Erfindungen" beginnt in wenigen Minuten. Alle Teilnehmer werden gebeten, sich an den Infoschalter in der Eingangshalle zu begeben. Für die Führung ist eine Voranmeldung erforderlich.
Text 5: Sie hören im Radio den Wetterbericht für Sonntag: Am Sonntag ist es stark bewölkt und es fällt zeitweise leichter Regen. Im Osten und Süden gibt es einige Auflockerungen und dort bleibt es die meiste Zeit trocken. Die Höchstwerte betragen 9 bis 14 Grad, im Süden örtlich bis 16 Grad. Im Süden weht ein schwacher, sonst mäßiger Wind, im Nordwesten ist mit starkem bis stürmischem Wind zu rechnen. An den Küsten werden teils schwere Sturmböen erwartet.
Lösungen: **1.** falsch **2.** c **3.** richtig **4.** b **5.** falsch **6.** c **7.** richtig **8.** b **9.** richtig **10.** a

Teil 2: Sie besuchen München und fahren mit Ihrer Reisegruppe zum Deutschen Museum. Ihr Reiseführer gibt Ihnen jetzt bereits einige Informationen über das Museum und den Ablauf:
Wir besichtigen heute Vormittag das Deutsche Museum. Zunächst gebe ich Ihnen ein paar Informationen zum Museum selbst.
Das Deutsche Museum wurde 1903 gegründet und am 12. November 1906 feierlich eingeweiht, es ist also schon über einhundert Jahre alt. Ursprünglich hieß es: „Deutsches Museum von Meisterwerken der Naturwissenschaft und Technik". Der Name ist ein bisschen irreführend, denn es sollten von Anfang an nicht nur deutsche Erfindungen und technische Neuheiten gezeigt werden, sondern auch wichtige Exponate aus anderen Ländern.
Heute umfasst das Deutsche Museum neben dem Stammhaus auf der Museumsinsel in München noch drei Außenstellen. Die erste Außenstelle wurde 1992 mit der Flugwerft Schleißheim auf dem Gelände des alten Schleißheimer Flughafens eröffnet. 1995 folgte das Deutsche Museum in Bonn und 2003 das Verkehrszentrum auf der Münchner Theresienhöhe.
Bevor Sie das Museum betreten, noch ein Hinweis von mir: Das Museum ist eine Fundgrube für technik- und wissenschaftsinteressierte Menschen jeder Altersstufe und bietet rund 50 Ausstellungen auf sechs Etagen. Das bedeutet, es ist wirklich riesengroß und man braucht mehrere Tage, um alles zu sehen. Wir bieten Ihnen heute zwei Führungen an, zwischen denen Sie auswählen können: Eine Führung ist zum Thema Raumfahrt, die andere Führung zeigt uns wissenschaftliche Erkenntnisse aus dem Bereich der Pharmazie und des menschlichen Körpers. Die Führungen dauern etwa eine Stunde und beginnen um 10.00 Uhr. Treffpunkt ist der Eingang zum Museumsshop. Danach haben Sie noch zwei Stunden Zeit, um das Museum selbst zu erkunden. Wir treffen uns alle um 13.00 Uhr wieder am Bus und fahren dann zu einem gemeinsamen Mittagessen.
Lösungen: **11.** a **12.** b **13.** b **14.** c **15.** b

Teil 3:
Moderator: Guten Tag, liebe Hörerinnen und Hörer. Wir begrüßen Sie herzlich zu unserer Sendung Kochkunst für Hobbyköche. Unser Gast im Studio ist heute Klaus Kötzle, Chefkoch im Stuttgarter Restaurant „Idylle".
Herr Kötzle: Guten Tag.
Moderator: Herr Kötzle, Sie sind nicht nur Koch, sondern auch Autor. Vor Kurzem ist Ihr drittes Kochbuch erschienen. Was ist an diesem Buch so besonders?
Herr Kötzle: Das ist ein vegetarisches Kochbuch mit alten deutschen Rezepten.
Moderator: Ein vegetarisches Kochbuch? Gab es vor 100 Jahren echte vegetarische Gerichte?
Herr Kötzle: Ja. Man denkt heutzutage, dass sich unsere Großeltern und Urgroßeltern nur von Fleisch und Kartoffeln ernährt haben, aber das stimmt gar nicht. In alten Kochbüchern findet man eine große Anzahl von Rezepten mit verschiedenen Gemüsesorten. Viele Rezepte sind so einfach, dass auch Kinder sie zubereiten können.
Moderator: Glauben Sie, dass Kinder sich für so etwas interessieren?
Herr Kötzle: Ja, das glaube ich. Ich habe sehr gute Erfahrungen mit Kindern in der Küche gemacht. Früher habe ich manchmal in Stuttgarter Schulen Kochkurse gegeben und sie waren sehr erfolgreich. Es macht den Kindern richtig Spaß, wenn sie zum Beispiel aus Gurken oder Karotten lustige Tierfiguren machen oder eine ganz leckere Schokoladentorte zum Geburtstag eines Freundes backen können.
Moderator: *(lacht)* Ja, das glaube ich Ihnen. Wollten Sie schon als kleiner Junge Koch werden?
Herr Kötzle: Nein. Als Kind wollte ich Rockgitarrist werden, aber meine Eltern haben mir nie eine Gitarre gekauft, und ohne Instrument konnte ich natürlich nicht üben.
Moderator: Herr Kötzle, was macht Ihrer Meinung nach einen guten Koch aus?
Herr Kötzle: Ein guter Koch sollte präzise und konzentriert arbeiten und Kreativität besitzen. Wie Sie sehen, haben Musiker und Köche einiges gemeinsam.
Moderator: Sie haben vor 15 Jahren in einem kleinen Restaurant als Koch angefangen. Haben Sie noch den

gleichen Spaß am Kochen wie damals?

Herr Kötzle: Selbstverständlich. Ich koche und esse immer noch sehr gern. Darüber bin ich sehr froh, denn ich kenne Köche, die nach zehn Jahren im Beruf nur noch in der Arbeitszeit kochen. Ich selbst koche sehr gern für meine Freunde und Familie.

Moderator: Sind Sie kritisch gegenüber anderen Menschen, die für Sie etwas kochen?

Herr Kötzle: Nein, wenn sie keine professionellen Köche sind, dann bin ich überhaupt nicht kritisch. Nur bei mir selbst kann ich keinen Fehler akzeptieren. Ich habe immer ganz genaue Vorstellungen davon, wie ein Gericht schmecken muss, und arbeite so lange daran, bis es den gewünschten Geschmack hat.

Moderator: Haben Sie immer noch Ideen für neue Rezepte?

Herr Kötzle: Ja, ich habe noch jede Menge Ideen. Kommen Sie doch am besten mal in mein Restaurant, dann können Sie meine neuen Kreationen probieren.

Moderator: Gerne ... und vielen Dank für das angenehme Gespräch.

Lösungen: 16. richtig **17.** falsch **18.** falsch **19.** richtig **20.** richtig **21.** richtig **22.** falsch

Teil 4: Moderator: Es gibt sie für Bücher, Ärzte und Hotels, für Millionäre und Küchenmaschinen – Ranglisten sind modern und populär. Käufer, Patienten und Hotelgäste orientieren sich daran. Auch für Hochschulen und Universitäten gibt es Ranglisten. Doch was sagen sogenannte Rankings überhaupt aus? Sind sie sinnvoll oder nicht? Das möchte ich heute mit meinen Gästen besprechen. Herzlich willkommen, Dr. Martin Ehrmann von der Universität Hamburg und Frau Dr. Ivonne Bühler vom Zentrum für Hochschulentwicklung, das die Hochschulrankings in Deutschland durchführt. Frau Dr. Bühler, warum gibt es überhaupt Hochschulrankings?

Dr. Bühler: In Deutschland werden Universitäten und Hochschulen mit öffentlichen Mitteln finanziert. Deshalb muss es auch möglich sein, dass die Leistungen einer Universität öffentlich dargestellt werden, sodass jeder sehen kann, was die Stärken und Schwächen einer Universität bzw. eines Fachbereiches an einer Universität sind. Solche Informationen können für junge Leute, die sich für ein Studium bewerben wollen, eine wichtige Entscheidungshilfe sein.

Dr. Ehrmann: Darf ich dazu gleich etwas sagen?

Moderator: Ja, bitte.

Dr. Ehrmann: Nur die wenigsten Studenten orientieren sich an Ranglisten bei ihrer Studienentscheidung. Es gibt andere Faktoren, die sehr viel wichtiger sind, z. B. Fragen wie: In welcher Stadt will ich studieren, wie teuer ist das Leben dort, wo bekomme ich überhaupt einen Studienplatz usw. Das hat nichts mit Ranking zu tun. Rankings bieten überhaupt keine Orientierungshilfe, weil sie alle Daten zu irgendeiner Punktzahl zusammenrechnen. Und am Ende weiß niemand mehr: Was bedeutet diese Punktzahl eigentlich? Beurteilt sie die Qualität der Lehre oder die Studienbedingungen oder die Forschung oder die Größe der Uni?

Dr. Bühler: Es gibt ja verschiedene Arten von Rankings – und nicht alle Rankings sind sinnvoll, da gebe ich Ihnen recht. Universitäten insgesamt kann man sicher nicht miteinander vergleichen. Aber Fachbereiche kann man miteinander vergleichen. Wir am Zentrum für Hochschulentwicklung haben pro Fachbereich ca. 20 Indikatoren entwickelt, mit denen man die Leistungen sehr gut messen kann.

Moderator: Was sind das für Indikatoren?

Dr. Bühler: Zum Beispiel die Betreuung der Studenten, die Internationalität, die Orientierung am Arbeitsmarkt, aber auch die Leistungen in der Forschung.

Dr. Ehrmann Sie sagen, Sie untersuchen ganz unterschiedliche Aspekte eines Fachbereiches. Trotzdem erstellen Sie am Ende eine Rangliste und weisen Universitäten Plätze zu. Das ist dann wie in der Bundesliga. Der Fachbereich der Universität soundso steht auf Platz 1 und der Fachbereich der Universität soundso steht auf Platz 17. Von außen betrachtet denkt man: Diese Universität ist gut – und die andere schlecht. Und das entspricht nicht der Wirklichkeit. Deshalb haben wir und auch andere Universitäten beschlossen, nicht mehr an Rankings teilzunehmen und keine Daten mehr zu liefern.

Moderator: Das bedeutet aber: Wenn Sie an Rankingumfragen nicht mehr teilnehmen, gehen Ihnen doch sicher viele Studenten verloren, weil sie sich nicht gut beraten fühlen.

Dr. Ehrmann: Die Gesellschaft für Soziologie arbeitet zurzeit z. B. an einem eigenen Informationsportal für Studenten, wo sich Interessierte über alle Studienfächer, die Studienbedingungen oder die Betreuung der Studenten informieren können. Ein weiterer Schwerpunkt des Portals sind die Studieninhalte und die Schwerpunkte der verschiedenen Studienfächer – die sind ja bei der Wahl des Studienfachs und der Universität sehr wichtig. Wir glauben, dass wir mit so einem Portal die zukünftigen Studenten besser informieren können, als eine Rangliste das kann.

Dr. Bühler: Studenten brauchen sowohl Informationen über Studieninhalte als auch über die Qualität der Einrichtung. Beim zweiten Punkt sind die Rankings die neutralste Informationsquelle.

Dr. Ehrmann: Wie schon gesagt, glaube ich nicht, dass Ranglisten eine neutrale Informationsquelle sind – dafür ist die Methodik der Umfrage einfach zu schlecht. Ihre Befragungen und Analysen haben eine sehr schlechte Qualität. Wenn Sie die Qualität Ihrer Analysen überprüfen und verbessern, sind wir als Soziologen eventuell wieder bereit, uns an Rankings zu beteiligen.

Moderator: Vielen Dank erst mal für die rege Diskussion, es gibt zu dem Thema sicher noch viel zu sagen. Liebe Zuhörerinnen, liebe Zuhörer, morgen um 18.00 Uhr sind wir wieder für Sie da mit einer neuen Gesprächsrunde, dann zum Thema: Wie alt darf man sein, um ins Kino gehen?

Lösungen: 23. Frau Dr. Bühler **24.** Frau Dr. Bühler **25.** Herr Dr. Ehrmann **26.** Herr Dr. Ehrmann **27.** Frau Dr. Bühler **28.** Herr Dr. Ehrmann **29.** Moderator **30.** Herr Dr. Ehrmann

Textquellen:

S. 134, A5	Inf. aus: P.M., 7/04
S. 142, A21	Inf. aus: tv, 28/05 und P.M. 4/06
S. 144, A24	Inf. aus: P.M., 6/06
S. 161f., A4	Inf. u. a. aus: Der Spiegel, 31.10.06
S. 167, A16	Inf. aus: Rheinische Post, 22.6.06
S. 172, A27	Inf. aus: Rheinische Post, 22.6.06
S. 189, A4	Inf. aus. P.M. 1/2000
S. 193, A13	Inf. aus. John F. Helliwell u. a.: World Happiness Report. [https://happiness-report.s3.amazonaws.com/2020/WHR20.pdf]
S. 194, A15	Inf. aus: Marco Janoschka: Diese 12 Eigenschaften zeichnen extrem sympathische Menschen aus [https://ze.tt/diese-12-eigenschaften-zeichnen-extrem-sympathische-menschen-aus/]
S. 202, B1	Heinrich Hannover: Herr Böse und Herr Streit. Aus: Der vergessliche Cowboy. Mit freundlicher Genehmigung des Autors
S. 203, B5	Inf. aus: Hannoverische Allgemeine, 22.7.06
S. 217, A4	Inf. aus: P.M. 7/06
S. 226ff. B4, B6	Inf. aus: Planet Wissen [http://www.planet-wissen.de; A. Stober]
S. 245f., 2	Inf. aus: Uni Spiegel [www.spiegel.de/unispiegel]

Bildquellen:
© **stock.adobe.com: S. 131** Jacob Lund (1), Perry Correll (2), Sahaidachnyi Roman (3), SundGo (4); **S. 132** Wayhome Studio; **S. 133** Photographee.eu; **S. 137** kite_rin (2), Raisa Kanareva (4), Drobot Dean (6), Юлия Завалишина (7); **S. 145** Stockfotos-MG (1); **S. 153** Photographee.eu; **S. 154** fizkes (1), Wayhome Studio (2), olgavolodina (3), contrastwerkstatt (4), Carlos David (5), annanahabed (6, 9), Photography by Adri (7), romankosolapov (8); **S. 159** Andrey Armyagov (1); **S. 161** pio3; **S. 162** philipus (1), Pixelshop (2); **S. 166** auremar; **S. 167** Stockwerk-Fotodesign (1), Animaflora PicsStock (2); **S. 170** gui yong nian (3), elxeneize (4); **S. 172** GVS; **S. 182** natalia_maroz; **S. 188** Natalya Lys; **S. 189** Michael; **S. 193** Eugene B-sov (1), Mangostar (2); **S. 194** contrastwerkstatt; **S. 198** Krakenimages.com; **S. 199** StratfordProductions; **S. 202** thoren90; **S. 203** larisa1; **S. 204** JackF; **S. 210** Christian Schwier; **S. 215** JenkoAtaman (1), mavoimage (2), goodluz (3); **S. 216** Nitr; **S. 218** almaje (1), AlenKadr (2), Valentina R (3), Eric Isselée (5), Tetiana (6), azure (7), by-studio (8), photocrew (9); **S. 219** juefraphoto; **S. 220** ZoomTeam (2); **S. 221** Daniel Meunier (2), Guan-Designer.Com (7); **S. 223** ArTo; **S. 225** Monkey Business; **S. 226** GarkushaArt (1), FotoIdee (2), arinahabich (3); **S. 227** Africa Studio; **S. 228** Andrey Kuzmin (1), anitty (3); **S. 234** NicoElNino; **S. 236** hailey_copter; **S. 239** contrastwerkstatt; **S. 243** smolaw11 (1), Robert Kneschke (2); **S. 244** tiagozr; **S. 245** tunedin; **S. 253** Tom Merton Caia Image

© **pixabay.com: S. 134** Katja_Kolumna; **S. 137** nastya_gepp (1), Sammy Williams (3), fh_media (5), Victoria_Borodinova (8); **S. 145** miabrundin (2); **S. 148** monika1607 (1); **S. 129** SofiLayla (2), AndyLeungHK (3); **S. 160** anaterate; **S. 170** Skybluesrich (1), vait_mcright (2); **S. 187** Engin_Akyurt (1), panajiotis (2), (3); **S. 190** Bellezza87; **S. 212** Hermann; **S. 215** Daria-Yakovleva (4); **S. 218** Nikiko (4); **S. 220** RitaE (1); **S. 221** anaterate (1), sapphoris (3), dinamia (4), pasja1000 (6)

© **Wikipedia/Wikimedia: S. 147** Allan warren (1), Photocolorization (2), Grete_Kolliner (3); **S. 148** (2), PAF1 (3), **S. 174**; **S. 175** Vitold Muratov; **S. 221** Geisler Martin (5); **S. 251** Julian Herzog (1), Ank Kumar (2, 3)

Zeichnungen: Jean-Marc Deltorn

Notizen